高等职业院校"十三五"财经专业规划教材

管理学基础

GUANLIXUE JICHU

吴海琴　吕宗明◎主编

图书在版编目(CIP)数据

管理学基础/吴海琴,吕宗明主编. —合肥:安徽大学出版社,2017.10(2019.12重印)
ISBN 978-7-5664-1434-2

Ⅰ.①管… Ⅱ.①吴… ②吕… Ⅲ.①管理学－高等职业教育－教材 Ⅳ.①C93

中国版本图书馆 CIP 数据核字(2017)第 167274 号

管理学基础

吴海琴　吕宗明　主编

出版发行：	北京师范大学出版集团 安 徽 大 学 出 版 社 (安徽省合肥市肥西路3号 邮编230039) www.bnupg.com.cn www.ahupress.com.cn
印　　刷：	合肥远东印务有限责任公司
经　　销：	全国新华书店
开　　本：	184mm×260mm
印　　张：	18
字　　数：	358 千字
版　　次：	2017 年 10 月第 1 版
印　　次：	2019 年 12 月第 2 次印刷
定　　价：	46.00 元

ISBN 978-7-5664-1434-2

策划编辑：邱　昱　　　　　　　　　　　装帧设计：李　军
责任编辑：邱　昱　　　　　　　　　　　美术编辑：李　军
责任印制：陈　如

版权所有　侵权必究

反盗版、侵权举报电话：0551－65106311
外埠邮购电话：0551－65107716
本书如有印装质量问题,请与印制管理部联系调换。
印制管理部电话：0551－65106311

前　言

管理活动伴随着人类活动的出现而产生，一切社会现象和活动都与管理密切相关，有效的管理是任何一个组织走向成功的基础与保证。管理已成为与人类发展关系最密切的词语之一，可以说，不管人们从事何种职业，不管地位高低，不管年龄大小，人人都在进行着有意识或无意识的管理活动。管理连接着自然和社会，它是实现人生目标与组织目标的有效手段，管理的知识与技能已成为人们生活、生存与发展必须具备的知识与技能。

管理学基础是高等专科学校经济管理类专业的重要基础课程之一。本课程旨在通过对管理学基本理论和方法的分析，拓展学生的视野，提升学生的管理技能和管理素质。本教材紧紧围绕着高职高专院校人才培养目标，以理论够用、重在技能训练为原则，按照任务驱动模式进行编写。在编写过程中，对于内容的取舍与安排，力求理论联系实际，博采众长，并注意知识的更新。全书共分为五大模块、十一个项目。在每个项目的安排上，强调逻辑体系新颖、灵活，内容丰富而不繁杂。为了提高学生的学习兴趣，本教材采用了"案例导入""知识小巴士""案例链接""老师讲故事"等多元化的方式展现管理学的基础理论知识。

本教材由宣城职业技术学院的吕宗明、吴海琴、张浪、刘炯、李萍萍、张萍等老师共同完成。其中项目一(绪论)、项目二(管理理论的形成与发展)由刘炯编写；项目三(决策)、项目四(计划)由李萍萍编写；项目五(组织)、项目六(人力资源管理)由吴海琴编写；项目七(领导)、项目八(激励)、项目九(沟通与协调)由张浪编写；项目十(控制)、项目十一(创新)由张萍编写。吕宗明完成了教材编写过程中的协调组织工作和后期的稿件校验工作。

在本教材的编写过程中，我们参阅了有关教材、网站资料，吸收、借鉴并引用了国内外学者的相关研究成果、文献资料、案例等，限于体例，未能一一标出，在此表示诚挚的感谢。编者虽尽全力减少每一处谬误，但限于水平和能力，不足之处在所难免，恳请读者和同行不吝赐教指正。

编　者
2017 年 9 月

目 录

模块一 认识管理

项目一 走近管理 ……………………………………………… 3
    任务一 管理活动 ………………………………………… 4
    任务二 管理者 …………………………………………… 11
    任务三 管理对象 ………………………………………… 17
    任务四 管理学 …………………………………………… 21

项目二 管理理论的形成与发展 ……………………………… 32
    任务一 管理理论的萌芽 ………………………………… 33
    任务二 古典管理理论 …………………………………… 39
    任务三 行为科学管理理论 ……………………………… 48
    任务四 现代管理理论 …………………………………… 53
    任务五 管理理论在新时代的发展 ……………………… 59

模块二 管理决策与计划

项目三 决策 …………………………………………………… 71
    任务一 认识决策 ………………………………………… 72
    任务二 决策过程 ………………………………………… 78
    任务三 定性决策法 ……………………………………… 83
    任务四 定量决策法 ……………………………………… 88

项目四 计划 …………………………………………………… 97
    任务一 认识计划 ………………………………………… 98
    任务二 计划的程序与方法 ……………………………… 104
    任务三 目标管理 ………………………………………… 111

模块三　组织与人事

项目五　组织 ··· 125
　　任务一　认识组织 ··· 126
　　任务二　组织结构设计 ····································· 134
　　任务三　组织结构类型 ····································· 142
　　任务四　职权分配 ··· 148

项目六　人力资源管理 ··· 161
　　任务一　组织的人员配备 ··································· 162
　　任务二　人力资源管理的核心任务 ··························· 166

模块四　指挥与协调

项目七　领导 ··· 185
　　任务一　认识领导 ··· 186
　　任务二　领导理论 ··· 189
　　任务三　领导艺术 ··· 201

项目八　激励 ··· 209
　　任务一　认识激励 ··· 210
　　任务二　激励理论 ··· 212
　　任务三　激励的原则与方式 ································· 217

项目九　沟通 ··· 224
　　任务一　认识沟通 ··· 225
　　任务二　沟通形式 ··· 227
　　任务三　有效沟通 ··· 229

模块五　控制与创新

项目十　控制 ··· 239
　　任务一　初识控制 ··· 240
　　任务二　控制过程 ··· 245
　　任务三　控制方法 ··· 252

项目十一　管理创新 ……………………………………………………………… 258
　　任务一　初识管理创新 ……………………………………………………… 259
　　任务二　管理创新的内容 …………………………………………………… 263
　　任务三　创新性思维 ………………………………………………………… 270

参考文献 ………………………………………………………………………… 279

模块一
认识管理

项目一
走近管理

任务分解

【知识指标】
1. 理解管理的含义。
2. 掌握管理的基本职能和属性。
3. 掌握管理者的类型、素质和角色。
4. 掌握管理客体、环境、机制的含义和内容。
5. 理解管理学的含义和特征。
6. 了解管理学的研究对象、学习方法和学习意义。

【技能指标】
1. 能运用管理二重性原理分析管理活动和管理行为。
2. 认识管理者角色转换。
3. 培养管理技能。

知识结构图

走近管理
- 管理活动
  - 管理的定义
  - 管理的性质
  - 管理的职能
- 管理者
  - 管理者的定义
  - 管理者类型
  - 管理者素质
  - 管理者角色
- 管理对象
  - 管理的客体
  - 管理的环境
  - 管理机制
- 管理学
  - 管理学的研究对象
  - 管理学的特点
  - 管理学的学习和研究方法
  - 学习管理学的意义

任务一　管理活动

问题导入

美国国际商用机器公司的创办人托马斯向其下属讲过如下故事:有一个男孩第一次弄到一条长裤,穿上一试,裤子长了一些。他请奶奶帮忙把裤子剪短一点,可奶奶说眼下家务太多,让他去找妈妈。妈妈回答他,今天已经同别人约好去玩桥牌。男孩去找姐姐,姐姐也有约会,并且时间就要到了。这个男孩非常失望,担心明天穿不上这条裤子,他就带着这种心情入睡了。奶奶忙完家务事,想起孙子的裤子,就去把裤子剪短了一点;姐姐回来后心疼弟弟,又把裤子剪短了一点;妈妈回来后,同样把裤子剪短了一点。可以想象,第二天早上大家就会发现这种没有管理的活动所造成的恶果。

(资料来源:豆丁网)

思考:以上现象说明了一个什么问题?

知识小巴士

管,原意为细长而中空之物,其四周被堵塞,中央可通达,使之闭塞为堵,使之通行为疏。管,就表示有堵有疏、疏堵结合。所以,管既包含疏通、引导、促进、肯定、打开之意,又包含限制、规避、约束、否定、闭合之意。理,本义为顺玉之纹而剖析,代表事物的道理、发展的规律,包含合理、顺理的意思。管理犹如治水,疏堵结合、顺应规律而已。所以,管理就是合理地"疏"与"堵"的思维与行为。

(资料来源:《极简管理:中国式管理操作系统》)

一、管理的定义

什么是管理,不同学者从不同角度给过不同的解释和定义,至今仍未有统一的界定。

(一)管理学家的观点

1."科学管理之父"弗雷德里克·泰罗(Frederick Winslow Taylor)认为:"管理就是

确切地知道你要别人干什么,并使他用最好的方法去干。"(《科学管理原理》)在泰罗看来,管理就是指挥他人用最好的办法去工作。

2. 诺贝尔奖获得者赫伯特·西蒙(Herbert A. Simon)对管理的定义是:"管理就是制定决策。"(《管理决策新科学》)

3. 彼得·德鲁克(Peter F. Drucker)认为:"管理是一种工作,它有自己的技巧、工具和方法;管理是一种器官,是赋予组织以生命的、能动的、动态的器官;管理是一门科学,一种系统化的并到处适用的知识;同时管理也是一种文化。"(《管理——任务、责任、实践》)

4. 亨利·法约尔(Henri Fayol)在其著作《工业管理与一般管理》中给出"管理"概念:管理是所有的人类组织都有的一种活动,这种活动是由计划、组织、指挥、协调和控制五项要素组成的。这个概念对西方管理理论的发展具有重大的影响力。法约尔认为:法约尔对管理的看法颇受后人的推崇与肯定,形成了管理过程学派。孔茨(Koontz)是二战后这一学派的继承与发扬人,使该学派观点风行全球。

5. 斯蒂芬·罗宾斯(Stephen P. Robbins)给"管理"下定义:所谓管理,是指同别人一起,或通过别人使活动完成得更有效的过程。

(二)美、日、欧教科书中的观点

当前,美国、日本以及欧洲各国的一些管理学著作或管理教科书中,也对管理有不同的定义,如:

"管理就是由一个或者更多的人来协调他人的活动,以便收到个人单独活动所不能收到的效果而进行的活动";

"管理就是计划、组织、控制等活动的过程";

"管理是筹划、组织和控制一个组织或一组人的工作";

"给管理下一个广义而又切实可行的定义,可把它看成这样的一种活动,即它发挥某些职能,以便有效地获取、分配和利用人的努力和物质资源,实现某个目标";

"管理就是通过其他人来完成工作"。

(三)本书的观点

在前人研究的基础上,本书认为:管理是指在特定的环境条件下,以人为中心,对组织所拥有的资源进行有效的决策、计划、组织、领导、控制,以便达到既定组织目标的过程。

它有四层含义:

1. 管理是一种有意识、有目的的活动,它服务并服从于组织目标。

2. 管理是一个连续进行的活动过程,实现组织目标的过程,就是管理者执行计划、组织、领导和控制等职能的过程。由于这一系列职能之间是相互关联的,从而使得管理过程体现为一个连续进行的活动过程。

3.管理活动是在一定的环境中进行的,在开放的条件下,任何组织都处于千变万化的环境之中,复杂的环境成为决定组织生存与发展的重要因素。

4.管理的对象是组织的资源。组织拥有的资源包括人、财、物、信息、技术、时间、社会关系和组织的声誉等。管理的实质就是对组织拥有的各项资源的协调和整合。

知识小巴士

广义的管理是指应用科学的手段安排组织社会活动,使其有序进行,其对应的英文是administration或regulation。狭义的管理是指为保证一个单位全部业务活动而实施的一系列计划、组织、协调、控制和决策的活动,对应的英文是manage或run。

管理可以分为很多种类,比如行政管理、社会管理、工商企业管理、人力资源管理、情报管理等。在现代市场经济中,工商企业管理最为常见。管理的高级阶段是信息化管理。

每一个组织都需要对其事务、资产、人员、设备等资源进行管理。每一个人同样需要对自己的起居、饮食、时间、健康、情绪、学习、职业、财富、人际关系、社会活动、精神面貌等进行管理。工商企业管理可以划分为人力资源管理、财务管理、生产管理、物控管理、营销管理、成本管理、研发管理等几个分支。

(资料来源:百度百科)

二、管理的性质

(一)管理的二重性

管理二重性是指管理的自然属性和社会属性。管理的二重性是马克思主义关于管理问题的基本观点,它反映出管理的必要性和目的性。所谓必要性,就是说管理是生产过程固有的属性,是有效的组织劳动所必需的;所谓目的性,就是说管理直接或间接地同生产资料所有制有关,反映生产资料占有者组织劳动的基本目的。

1.管理的自然属性。

管理的自然属性是指管理是由许多人进行协作劳动而产生的,是有效组织共同劳动所必需的,具有同生产力和社会化大生产相联系的自然属性;它与具体的生产方式和特定的社会制度无关,不随社会形态的变化而变化,也不以人的意志而转移,完全是一种客观存在,任何时期、任何国家都是相同的,这是管理的共性,也称为管理的一般性。

管理要处理人与自然的关系,要合理地组织社会生产力,故管理的自然属性也称作"管理的生产力属性"。

2. 管理的社会属性。

管理的社会属性是指管理体现着生产资料所有者指挥劳动、监督劳动的意志,因此,它具有同生产关系和社会制度相联系的社会属性。管理是为统治阶级服务的,受一定生产关系、政治制度和意识形态的影响和制约。

管理活动是在特定的社会生产关系条件下进行的,必然体现着一定社会生产关系的特定要求,为特定的社会生产关系服务,实现其调节和维护社会生产关系的职能。所以,管理的社会属性也叫作"管理的生产关系属性",或"管理的特殊性"。

管理的社会属性既是生产关系的体现,又反映和维护一定的社会生产关系,其性质取决于不同的社会经济关系和社会制度的性质。在不同的社会制度条件下,监督者、监督的目的和方式都会不同,因而管理活动也必然具有不同的性质。

3. 管理的二重性的解析。

管理的二重性的关系是辨证的。一方面,管理的自然属性总是在一定的社会形式、社会生产关系条件下发挥作用;管理的社会性也不可能脱离管理的自然属性而存在,否则,管理的社会属性就成为没有内容的形式。另一方面,二者又是相互制约的,管理的自然属性要求具有一定的社会属性的组织形成和生产关系与其相适应;管理的社会属性也必然对管理的科学技术等方面产生积极影响或制约作用。

资本主义企业管理的二重性表现在两方面:一方面,它是劳动过程进行的必要条件,反映了社会化大生产的一般要求;另一方面,它又对资本主义价值增值过程进行管理、监督和调节,体现了资本主义生产关系的实质。社会主义企业管理的二重性也表现在两方面:一方面,它的一般性质仍然是合理组织生产力,组织社会化大生产;另一方面,它的特殊性体现在管理的权力属于劳动者,管理的目的是发展社会主义生产,满足社会全体成员日益增长的需要。

(二) 管理的科学性和艺术性

1. 管理的科学性。

凡是科学都具有共同的特点:客观规律性、系统性和实践指导性等。管理是一门科学,是因为它具有科学的特点。管理是人类不可或缺的社会实践活动,在此过程中存在着不以人的意志为转移的客观规律。人类经过漫长的社会生产实践活动,经过无数次的成功与失败,在管理实践中发现、归纳出一系列反映管理活动过程中客观规律的管理理论和管理方法,逐步建立了系统化的管理理论体系。人们把这些理论应用到管理实践中去,指导自己的管理实践,再以管理活动的效果来衡量管理过程所用的理论和方法的有效性、正确性,从而使管理理论和方法得到不断丰富与发展。

管理的科学性是指在管理领域应用科学方法,综合抽象出管理过程的规律、原理所表现出来的性质。揭示管理过程的客观规律性是管理者实践的结晶。如果不承认管理是一门科学、不按照客观规律办事,违背管理原则,在实践中随心所欲地进行管理,那么必然会遭到惩罚,导致管理效果不佳。

2.管理的艺术性。

所谓艺术就是以个人的经验和熟练程度为基础的技艺和技巧。管理活动是处理和协调人与人之间关系的社会活动,管理主体是人,人是有思想、有意识的高级社会动物。虽然管理活动必须遵循客观规律,但是管理者在应用管理理论指导管理实践时,不可能像自然科学应用定理和公式去指导自然科学实践那么"刻板"和"一丝不苟",而是要求管理者在管理实践中灵活多变地运用管理理论对具体问题进行具体分析。

管理的艺术性是指管理者的人格魅力、灵感与创新意识。管理者如何在管理工作中应用不同的管理方法艺术和领导艺术关系到管理工作的成效。

管理是一门艺术,主要强调其实践性和灵活性。这就是说,仅仅凭借书本上的管理理论和管理原则来进行管理,无异于纸上谈兵,是不能保证其成功的。

3.管理的科学性和艺术性的关系。

(1)管理科学性是指管理作为一个活动过程,具有自身的客观规律,管理的科学性强调管理活动必须以反映管理客观规律的管理理论和方法为指导,掌握科学的方法论。

(2)管理的艺术性强调的是管理的实践性,管理者必须因地制宜地将管理知识与具体管理活动相结合,同时要有灵活的技巧。

(3)管理艺术是以它所依据的管理理论的理解为基础的。

(4)要保证管理实践的成功,管理者就必须懂得如何在管理实践中运用科学的理论。

管理的科学性是艺术性的前提和基础,艺术性是科学性的突破和创新。管理是科学性与艺术性的有机统一体,是辩证统一的关系。这一点对于学习管理学的专业人士和从事管理工作的管理者来讲,具有十分重要的意义,既有助于促进我们重视管理理论知识的学习,又不忽视在管理实践中灵活地运用理论。

三、管理的职能

管理是人们的一项实践活动、一项实际工作和一种行动。人们发现不同管理者在管理工作中,往往采用程序上具有类似性、内容上具有某些共性的管理行为,比如计划、组织、控制等。人们对这些管理行为加以系统性归纳,逐渐形成了"管理职能"这一被普遍认同的概念。所谓"管理职能"(management functions),是对管理过程中各项行为内容的概括,是对管理工作应有的一般过程和基本内容所作的理论概括。

管理职能一般根据管理过程的内在逻辑,划分为几个相对独立的部分。划分管理的职能,并不意味着这些管理职能是互不相关、截然不同的。划分管理职能的意义在于将管理过程划分为几个相对独立的部分,在理论研究上能更清楚地描述管理活动的整个过程,有助于实际的管理工作以及管理教学工作;有助于管理者在实践中实现管理活动的专业化,使管理人员更容易从事管理工作。在管理领域中实现专业化,如同在生产中实现专业化一样,能大大提高效率。管理者运用职能观点去建立或改革组织机构,根据管理职能规定组织的职责、义务和权力以及内部结构,从而确定管理人员的人数、素质、学历、专业、技能、知识结构等。

最早系统地提出"管理职能"概念的是法国人法约尔。他提出管理的职能包括计划、组织、指挥、协调、控制五个职能,其中计划职能为他所重点强调。在法约尔之后,许多学者根据社会环境的新变化,对管理的职能进行了进一步的探究,有了许多新的认识。但当代管理学家们对管理职能的划分,大体上没有超出法约尔的范围。本书在前人研究的基础上,把管理职能归类为四大主要职能:计划、组织、领导和控制。

1. 计划职能(planning)。

计划职能是指管理者对将要实现的目标和应采取的行动方案作出选择及具体安排的活动过程,简言之,就是预测未来并制定行动方案。其主要内容涉及分析内外环境、确定组织目标、制定组织发展战略、提出实现既定目标和战略的策略与作业计划、规定组织的决策程序等。任何组织的管理活动都是从计划出发的,因此,计划职能是管理的首要职能。

在管理学中,计划具有两重含义,其一是计划工作,是指根据对组织外部环境与内部条件的分析,提出在未来一定时期内要达到的组织目标以及实现目标的方案途径。其二是计划形式,是指用文字和指标等形式来表述组织以及组织内不同部门和不同成员在未来一定时期内的行动方向、行动内容和行动方式。

无论是计划工作还是计划形式,计划都是根据社会的需要以及组织的自身能力,通过编制计划、执行计划和检查计划,确定组织在一定时期内的奋斗目标,有效地利用组织的人力、物力、财力等资源,协调安排好组织的各项活动,从而取得最佳的经济效益和社会效益。

2. 组织职能(organizing)。

组织职能是指管理者根据既定目标,对组织中的各种要素及人们之间的相互关系进行合理安排的过程,简言之,就是建立组织的物质结构和社会结构。其主要内容包括设计组织结构、建立管理体制、分配权力、明确责任、配置资源、构建有效的信息沟通网络等。

在管理学中,组织的含义可以从静态与动态两个方面来理解。从静态方面看,组织是指组织结构,即反映人、职位、任务以及它们之间的特定关系的网络。这一网络可以把分工的范围、程度、相互之间的协调配合关系、各自的任务和职责等用部门和层次的方式确定下来,成为组织的框架体系。从动态方面看,组织是指维持与变革组织结构,以完成组织目标的过程。通过组织机构的建立与变革,生产经营活动的各个要素、各个环节从时间上、空间上科学地组织起来,每个成员都能接受领导、协调行动,从而产生大于个人或小集体功能简单加总的整体职能。

3. 领导职能(leading)。

领导职能是指管理者为了实现组织目标而对被管理者施加影响的过程。管理者在执行领导职能时,一方面要调动组织成员的潜能,使组织成员在实现组织目标过程中发挥应有的作用;另一方面要促进组织成员之间的团结协作,使组织中的所有活动和努力统一和谐。其具体途径包括激励下属、对他们的活动进行指导、选择最有效的沟通渠道解决组织成员之间以及组织与其他组织之间的冲突等。

领导职能的"职"代表职责,"能"代表能力。作为一个领导,其主要的责任是激发下属人员的潜能,让每一个下属工作人员的潜力得以充分发挥。领导,是引领指导的意思,不单纯是"管人"这么简单。

领导职能专指在某一个职位上的能力,所谓"不在其位,不谋其政"。在某一领导岗位上,拥有驾驭这个岗位的能力以及能够很好地执行相应的权责,对于领导个人及其所领导的团队都有相当重要的意义。

领导职能是实现管理效率和效果的灵魂,是管理过程的核心环节。

4. 控制职能(Controlling)。

在执行计划的过程中,环境的变化可能会导致人们的活动或行为与组织的要求或期望不一致。为了保证组织工作能够按照既定的计划进行,管理者必须对组织绩效进行监控,并将实际工作绩效与预先设定的标准进行比较。如果偏差超出一定的限度,管理者就需及时采取纠正措施,以保证组织工作在正确的轨道上运行,确保组织目标的实现。管理者运用事先确定的标准,衡量实际工作绩效,寻找偏差及其产生的原因,并采取措施予以纠正,这个过程就是执行管理的控制职能过程。简言之,控制就是保证组织的一切活动符合预先制定的计划。

现代管理越来越重视创新职能。管理的创新职能包括计划创新、组织创新、控制创新和领导创新,即创新贯穿于计划、组织、领导和控制的管理职能之中。

(二)管理职能之间的关系

管理的四项基本职能,计划、组织、领导、控制之间是相互联系、相互制约的关系。它们共同构成一个有机的整体,其中任何一项职能出现问题,都会影响其他职能的发挥乃至组织目标的实现。正确认识四项职能之间的关系应当把握两点:

第一,从理论上讲,这些职能是按一定顺序发生的。计划职能是首要职能,因为管理活动首先从计划开始,而且计划职能渗透在其他各种职能之中,或者说,其他职能都是为执行计划职能,即实现组织目标服务的。为了实现组织目标和保证计划方案的实施,合理的组织机构、权力体系和信息沟通渠道被建立,因此产生了组织职能;管理者必须选择适当的领导方式,有效地指挥、调动和协调各方面的力量,解决组织内外的冲突,最大限度地提升组织效率,于是产生了领导职能;为了确保组织目标的实现,管理者还必须根据预先制定的计划和标准对组织成员的各项工作进行监控,并纠正偏差,即实施控制职能。可见,管理过程是先有计划职能,之后才依次产生了组织职能、领导职能和控制职能,体现出管理过程的连续性。

第二,从管理实践来考察,管理过程是各种职能活动循环进行的动态过程。例如,在执行控制职能的过程中,往往为了纠正偏差而需要重新编制计划或对原有计划进行修改完善,从而启动新一轮管理活动。

(三) 管理职能的变化和社会环境的关系

管理职能的变化和社会环境的变化有密切的关系。在19世纪末20世纪初,企业的外部环境变化不大,市场竞争并不激烈,管理者的主要工作是做好计划,组织和领导工人把产品生产出来。在行为科学出现之前,人们往往侧重于对技术因素及物的因素的管理,管理工作中强调实行严密的计划、指挥和控制。但自霍桑实验之后,一些学者在划分管理职能时,对有关人的因素的管理开始重视起来,人事、沟通、激励职能开始提出。20世纪50年代以后,特别是自60年代以来,由于现代科学技术的发展和诸多新兴学科的出现,管理学家又在管理职能中加进了创新和决策职能。决策理论学派的代表人物西蒙提出了决策职能。他认为决策贯彻于管理的全过程,管理的核心是决策。管理的决策职能不仅存在于各个层次的管理中,而且分布在各项管理活动中。创新职能源于20世纪70年代后的世界环境尤其是技术环境的剧变。我们可以预见,随着科学技术的不断发展和社会生产力水平的不断提高,管理职能的内容和重点还会有新的变化。

任务二　管理者

问题导入

江南机械厂是一家拥有职工两千多人、年产值约五千万元的中型企业。厂长虽然年过半百,但办事仍风风火火。厂长每天都要处理厂里大大小小的事情,从厂里的高层决策、人事安排到职工的生活起居,可以说无事不包,人们每天都可见到厂长骑着他那辆破旧的自行车穿梭于厂里厂外。正因为这样,厂长在厂里的威信很高,人们有事都找他,他也是有求必应。不过,厂长的生活也的确过得很累,有人劝他少管些职工的鸡毛蒜皮的事,可他说:"我作为一厂之长,职工的事就是我自己的事,我怎能坐视不管呢?"为了把这个厂办好,提高厂里的生产经营效益,改善职工的生活,厂长一心扑在事业上。每天从两眼一睁忙到熄灯,根本没有节假日,妻子患病他没时间照顾,孩子的家长会他也没时间出席,他把全部的时间和心血都花在了厂里。正因为厂长勤勤恳恳、兢兢业业的奉献精神,他多次被市委市政府评为市先进工作者,市晚报还专门对他的事迹进行报道呢!

(资料来源:百度文库)

思考:这位厂长是一名优秀的管理者吗?

一、管理者的定义

管理者是管理行为过程的主体。管理者一般由拥有相应的权力和责任、具有一定管理能力、从事现实管理活动的人担任或人群组成。管理者及其管理技能在组织管理活动中起决定性作用。管理者是在协作过程中协调他人活动,并对组织完成预期任务负有责任的人。与管理者相对应的是非管理者。

(一)管理者是具有职位和相应权力的人

管理者的职权是指管理者从事管理活动的资格,管理者的职位越高,其权力越大。组织或团体必须赋予管理者一定的职权。如果一个管理者处在某一职位上,却没有相应的职权,那么他是无法进行管理工作的。

(二)管理者是负有一定责任的人

任何组织或团体的管理者都具有一定的职位,都要运用和行使相应的权力,也要承担一定的责任。权力和责任是矛盾的统一体,一定的权力总是和一定的责任相联系的。当组织赋予管理者一定的职务和地位,从而形成了一定的权力时,相应地,管理者也就对组织担负了一定的责任。在组织中的各级管理人员中,责和权必须对称和明确,没有责任的权力必然会导致管理者的用权不当,没有权力的责任是空泛的、难以承担的责任。有权无责或有责无权的人,都难以在工作中发挥应有的作用,都不能成为真正的管理者。

责任是对管理者的基本要求,管理者被授予权力之后,应该对组织或团体的命运负有相应的责任,履行相应的义务。权力和责任应该同步消长,权力越大,责任越重。权力只是尽到责任的手段,责任才是管理者真正的象征。如果一个管理者仅有职权,而没有相应的责任,那么他是做不好管理工作的。如果管理者没有尽到自己的责任,就意味着失职,等于放弃了管理。

二、管理者的类型

(一)基层管理者

基层管理者是指那些在组织中直接负责非管理类员工日常活动的人,又称"一线管理者"。

基层管理者的主要职责是直接指挥和监督现场作业人员,保证完成上级下达的各项计划和指令。他们工作的好坏,直接关系到组织计划能否落实,目标能否实现,所以,基层管理者在组织中起着十分重要的作用。

基层管理者主要有督导、团队主管、教练、轮值班长、教研室主任、部门协调人、部门组长等。

（二）中层管理者

中层管理者是指位于组织中的基层管理者和高层管理者之间的人。中层管理人员不直接指挥、协调一线人员的活动，他们主要是将高层管理者的决策和指示传达给基层管理者，同时将基层的意见和要求反映到高层管理部门，他们是连接高层管理者与基层管理者的桥梁和纽带，起着承上启下的作用。中层管理者还担负协调和控制基层生产活动，保证完成各项任务，实现组织目标的责任。

中层管理者主要有部门主管、机构主管、项目经理、业务主管、系主任、地区经理、部门经理、门店经理等。

（三）高层管理者

高层管理者是指组织中居于顶层或接近于顶层的人。

高层管理者对整个组织的管理负有全面的责任，他们的主要职责是制定组织的总目标、总战略及发展方针，并评价整个组织的绩效。

高层管理者主要有总裁、副总裁、行政长官、总经理、校长、首席运营官、首席执行官、董事会主席等。

案例链接

对于一个公司而言，为什么总经理全面负责公司的运营情况，而生产部经理只负责产品生产这个环节？

启示：按管理工作领域划分，管理者可以分为综合管理者和职能管理者。

综合管理者负责全面管理整个组织或组织中某个事业部的全部活动，他们对组织目标负全部责任，有权指挥和支配组织中的全部资源与职能活动。

职能管理人员则通常是拥有某种专业技术特长的管理者，他们只负责管理组织中某一类活动或职能。

三、管理者的素质

管理的主体是人，管理者的素质是形成管理水平与能力的基础，是做好管理工作、取得管理成效的主观条件。

（一）政治与文化素质

政治素质是指政治主体在政治社会化的过程中所获得的对他的政治心理和政治行为发生长期稳定内在作用的基本品质，是社会的政治理想、政治信念、政治态度和政治立场在人的心理中形成的并通过言行表现出来的内在品质。

文化素质指人们在文化方面所具有的较为稳定的、内在的基本品质,体现人们在掌握知识、运用知识方面所具有的能力和素养。

管理者要不断加强学习,提升自身政治与文化素质。

(二)身心素质

身心素质是身体素质与心理素质的合称,主要指管理者应该具备健康的体魄和健康的心理。

身体素质一般是指人体在活动中所表现出来的力量、速度、耐力、灵敏、柔韧等机能。身体素质是一个人体质的外在表现。身体素质经常潜在地表现在人们的生活、学习和劳动中。一个人的身体素质不仅与遗传有关,而且与营养和体育锻炼的关系更为密切,合理的饮食和适当的锻炼可以提高身体素质。

心理素质是以生理素质为基础,在实践活动中通过主体与客体的相互作用,逐步发展和形成的潜能、特点、品质与行为的综合。心理素质包括人的认识能力、情绪和情感品质、意志品质、气质和性格等方面。

(三)基本业务素质

基本业务素质主要通过管理者的技能来体现,管理者的技能主要有以下几点:

1. 技术技能。

技术技能是指对某一特殊活动,特别是对包含方法、过程、程序或技术活动具有深刻理解和熟练。它包括专门知识、在专业范围内的分析能力以及灵活运用专业工具和技巧的能力。

2. 人事技能。

人事技能是指一个人能够以小组成员的身份有效地进行工作,并能够在他所领导的小组中建立合作的能力,也即创造一种良好的氛围,以使员工能够自由地、无所顾忌地表达个人观点的能力。管理者的人事技能是指管理者为完成组织目标而应具备的领导、激励和沟通能力。

3. 思想技能。

思想技能是指"把企业看成一个整体的能力,包括识别一个组织中彼此互相依赖的各种职能,一部分的改变如何影响其他各部分,并进而影响个别企业与工业、社团之间以及与国家的政治、社会和经济力量这一总体之间的关系",即总揽全局、判断重要因素并了解这些因素之间关系的能力。

4. 设计技能。

设计技能是指以有利于组织利益的种种方式解决问题的能力。高层管理者不仅要发现问题,还必须像一名优秀的设计师,具备找出解决某一问题切实可行的办法的能力。如果管理者只能看到问题的存在,那他只是"看到问题的人",就不是合格的管理者。管理者还必须具备设计能力,即能够根据所面临的现状找出行得通的解决方法的能力。

5. 概念技能。

概念技能也称"构想技能",指"把观念设想出来并加以处理以及将关系抽象化的精神能力"。通俗地说,概念技能是指管理者对复杂事物进行抽象和概念化的能力。具有概念技能的管理者能够准确把握工作单位之间、个人和工作单位之间以及个人之间的相互关系,能够深刻认识组织中任何行动的后果以及正确行使管理者的各种职能。

6. 人际技能。

人际技能也叫"人际交往技能",是指成功地与他人进行有效沟通的能力,也就是处理人与人之间关系的能力。一名管理者只有具备良好的人际技能,才能建立良好的团队关系。

管理者的技能对于不同管理层次管理者的相对重要性是不同的。技术技能、人事技能的重要性依据管理者所处的组织层次从低到高逐渐下降,而思想技能和设计技能则相反。对基层管理者来说,技术技能是最为重要的,人事技能在同下层的频繁交往中也非常有帮助。当管理者在组织中的组织层次从基层往中层、高层发展时,随着他同下级直接接触的次数和频率的减少,人事技能的重要性也逐渐降低。也就是说,对于中层管理者来说,对技术技能的要求下降,而对思想技能的要求上升,具备人事技能仍然很重要。对于高层管理者而言,思想技能和设计技能特别重要,而对技术技能、人事技能的要求相对来说则很低。当然,这种管理技能和组织层次的联系并不是绝对的,组织规模等一些因素对此也会产生一定的影响。

(四)创新素质

创新是指以现有的知识和物质,在特定的环境中,改进或创造新的事物(包括各种方法、元素、路径、环境等),并能获得一定有益效果的行为。在社会化环境不断发展、市场竞争日趋激烈的今天,没有创新,就不会有发展。创新素质包括创新意识、创新精神、创新思维、创新能力等,不具备创新素质的管理者不能被称为优秀的管理者。

管理者的素质是多种要素共同构成的有机统一体,各要素之间相互联系、相互制约。提高管理者素质要坚持整体推进,从系统的角度去思考、去学习、去掌握、去提高。

四、管理者的角色

美国管理学家彼得·德鲁克于1955年首先提出"管理者角色"的概念。所谓管理者角色,是指管理者在组织体系内从事各种活动时的立场、行为表现等特性归纳。他认为管理者大体上扮演管理组织、管理下属、管理工人和工作三种角色。

到了20世纪70年代,加拿大管理学家亨利·明茨伯格研究发现管理者扮演着十种角色,这十种角色可被归入三大类:人际角色、信息角色和决策角色。

人际角色直接产生自管理者的正式权力;在信息角色中,管理者负责确保和其一起工作的人能够得到足够的信息,从而能够顺利完成工作,整个组织的人依赖管理者来获取或传递必要的信息,以完成工作;在决策角色中,管理者负责处理信息并得出结论,负责作出决策、分配资源,以保证决策方案的实施。

亨利·明茨伯格的管理角色理论

角色	描述	特征活动
人际关系方面		
1.挂名首脑	象征性的首脑,必须履行许多法律性的或社会性的例行义务	迎接来访者,签署法律文件
2.领导者	负责激励和动员下属,负责人员配备、培训和交往的职责	实际上从事所有的有下级参与的活动
3.联络者	维护自行发展起来的外部接触和联系网络,向人们提供恩惠和信息	发感谢信,从事外部委员会工作,从事其他有外部人员参加的活动
信息传递方面		
4.监听者	寻求和获取各种特定的信息(其中许多是即时的),以便透彻地了解组织与环境	阅读期刊和报告,保持私人接触,作为组织内部和外部信息的神经中枢
5.传播者	将从外部人员和下级那里获得的信息传递给组织的其他成员——有些是关于事实的信息,有些是解释和综合组织有影响人物的各种观点	举行信息交流会,用打电话的方式传达信息
6.发言人	向外界发布有关组织的计划、政策、行动结果等信息;作为组织所在产业方面的专家	举行董事会,向媒体发布信息
决策制定方面		
7.企业家	寻求组织和环境中的机会,制定"改进方案"以发直变革,监督这些方案的策划	制定战略,检查会议决策执行情况开发新项目
8.混乱驾驭者	当组织面临重大的、意外的乱时,负责采取补救行动	制定战略,检查陷入混乱和危机的时期
9.资源分配者	负责分配组织的各种资源——事实上是批准所有重要的组织决策	调度、询问、授权,从事涉及预算的各种活动和安排下级的工作
10.谈判者	在主要的谈判中作为组织的代表	参与工会的谈判

知识小巴士

"角色"一词,有三种含义。

1. 演员在戏剧中所扮演的人物;小说或戏剧中的人物。
2. 对生活中某种类型人物的比喻。
3. "社会角色"的简称,指个体在特定的社会关系中的身份及由此而规定的行为规范和行为模式的总和。具体地说,它就是指个人在特定的社会环境中相应的社会身份和社会地位,并按照一定的社会期望,运用一定权力来履行相应社会职责的行为。它规定了一个人活动的特定范围和与之相适应的权利义务与行为规范,是社会对一个处于特定地位的人的行为期待。

任务三　管理对象

问题导入

某建筑公司经过几十年的发展,已经成为当地知名的建筑龙头企业。在总结企业成功的经验时,许多管理人员将其归结为"天时、地利、人和"三个方面,如国家经济的持续发展,与当地政府、银行的良好关系,几十年形成的固定客户和良好的信誉,较高的员工素质,等等。在2008年北京奥运会的鼓舞下,公司确立了"打破地区界限,成为全国乃至世界知名建筑企业"的发展目标。当企业为之努力时,却发现曾经的优势——"天时、地利、人和"似乎已不存在。例如,就在前不久,日本一家建筑企业在与公司谈判时,让公司在两天内给出一个项目的报价。由于公司没有既懂建筑专业又精通日语的人员,没有能够及时报价,很遗憾地没有抓住这个项目。

(资料来源:百度文库)

思考:分析该公司的内外部环境以及应采取的措施。

一、管理的客体

(一)什么是管理的客体

管理客体,也称为"管理对象",是指管理者实施管理活动的对象。在一个组织中,管理对象主要是指人、财、物、信息、技术、时间等一切资源,其中最重要的是人。

(二)管理客体的内容

1. 对人的管理,主要涉及人员分配、工作评价、人力开发等。
2. 对财的管理,主要涉及财务管理、预算控制、成本控制、资金使用、效益分析等。
3. 对物的管理,主要涉及资源利用,物料的采购、存储与使用,设备的保养与更新,办公条件和办公设施的改善等。

4. 对信息的管理,主要涉及组织外部、内部信息的快速收集、传递、反馈、处理与利用,对发展趋势的准确预测等。

5. 对技术的管理,主要涉及新技术新方法的研发、引进与使用,各种技术标准和工作方法的制定与执行等。

6. 对时间的管理,主要是指如何合理安排工作时间并提高工作效率,在最短的时间内达到组织目标等。

7. 对信用的管理,主要是指通过组织的实践活动、媒体宣传和从事公益事业等手段,提高组织的社会声誉和社会地位,为组织目标的实现创造良好的环境。

以上七类资源是一般组织需要的资源类型,现实中的某些特别组织除了需要这些资源之外,有可能还需要其他特别的资源。而人力资源,除了可以作为管理的对象,即管理的客体外,还可以作为管理的主体。

 知识小巴士

作为管理客体的人与作为领导客体的人有所区别?

启示:作为管理客体的人,主要是指在工作中处于第一线的技术工作者、操作者;作为领导客体的人,主要是指具备较高的综合素质和一定管理能力的管理者。

二、管理的环境

(一)什么是管理环境

任何组织都是在一定环境中从事活动的。任何管理都要在一定的环境中进行,这个环境就是管理环境。管理环境是指存在于一个组织内外部的、影响组织业绩的各种力量和条件因素的总和,包括组织外部环境和内部环境。管理环境的特点影响管理活动的进行。管理环境的变化要求管理的内容、手段、方式、方法等随之调整,以把握机会,趋利避害,更好地实施管理。

(二)管理环境的内容

管理环境分为外部环境和内部环境,外部环境一般有政治环境、社会文化环境、经济环境、技术环境和自然环境。内部环境有人力资源环境、物力资源环境、财力资源环境以及内部文化环境。

1. 外部环境。

外部环境是组织之外客观存在的各种影响因素的总和,它是不以组织的意志为转移的,是对组织的管理必须面对的重要影响因素。

对非政府组织来说,政治环境包括一个国家的政治制度、社会制度等。文化环境包括一个国家或地区的居民的文化水平、宗教信仰、风俗习惯、道德观念、价值观念等。经济环境包括宏观和微观两个方面。宏观经济环境主要指一个国家的人口数量及其增长趋势、国民收入、国民生产总值等,这些指标能够反映国民经济的发展水平和发展速度。微观经济环境主要指消费者的收入水平、消费偏好、储蓄情况、就业程度等。技术环境反映了组织物质条件的技术水平,除了直接相关的技术手段外,技术环境还包括国家对科技开发的投资和支持重点、技术发展动态和研究开发费用、技术转移和技术商品化速度、专利及其保护情况等。自然环境包括地理位置、气候条件及资源状况,其中,地理位置是影响组织活动一个重要因素。

外部环境与管理相互作用,一定条件下甚至对管理有决定作用。外部环境影响管理活动的方向和内容。无论出自什么样的管理目的,管理活动都必须从客观实际出发。脱离现实环境的管理是不可能成功的。"靠山吃山,靠水吃水"这句话在一定程度上反映了外部环境对管理活动的决定作用。外部环境还影响着管理决策和管理方法。当然,管理对外部环境具有能动的反作用。

对于不同的组织,有一般的共同的外部环境,也有活动的特殊领域。一般环境对不同类型的组织均产生某种程度的影响,而与具体领域有关的特殊环境则直接、具体地影响着组织的活动。如企业需要面对的特殊环境包括现有竞争对手、潜在竞争对手、替代品生产情况及用户和供应商的情况。

2. 内部环境。

内部环境是指组织内部各种影响因素的总和,它是随组织产生而产生的,在一定条件下是可以控制和调节的。人力资源对于任何组织而言始终都是最重要的因素。人力资源根据不同组织、不同标准有不同的类型。比如企业人力资源根据工作性质的不同,可分为生产工人、技术工人和管理人员三类。物力资源是指内部物质环境的构成内容,即在组织活动过程中需要运用的物质条件的拥有数量和利用程度。财力资源指的是组织的资金拥有情况、构成情况、筹措渠道、利用情况,它是一种能够改善组织其他资源的资源。财力资源的状况决定了组织业务的拓展状况和组织活动的进行状况。文化环境是指组织的文化体系,包括组织的精神信仰、生存理念、规章制度、道德要求、行为规范等。

内部环境随着组织的诞生而产生,对组织的管理活动产生影响。内部环境不仅决定了管理活动可选择的方式方法,而且在很大程度上影响到组织管理的成效。

老师讲故事

我国的永久自行车、飞鸽自行车都是国内外久负盛名的优质产品,但在卢旺达却十分滞销。卢旺达是一个山地国家,骑自行车的人经常要扛车步行,永久自行车、飞鸽自行车的车体较重,当地人使用起来十分不便。日本人瞅准这一机遇,在作了详细的市场调查后,专门生产了一种用铝合金材料作车身的轻型山地车,抢夺了市场。我国的企业由于只知己而不知彼,错过了一个很好的占领市场的机会。

20世纪80年代初,我国向某伊斯兰国家出口塑料底鞋,由于忽视了研究当地人的宗教信仰和文字,设计的鞋底花纹酷似当地文字中"真主"一词,结果被当地政府出动大批军警查禁销毁,造成了很大的经济损失。

三、管理机制

(一)什么是管理机制

管理机制是指管理系统的结构及其运行机理。管理机制本质上是管理系统的内在联系、功能及运行原理,决定了管理功效。

当管理机制这一概念应用于工商企业时,就成为广为运用的、非常重要的一个概念——企业经营机制。我国国有企业改革的大方向就是"转机建制",即转换企业经营机制,建立现代企业制度。可见,管理机制十分重要。

(二)管理机制的特征

1. 内在性。管理机制是管理系统的内在结构与机理,其形成与作用完全是由自身决定的,是一种内运动过程。

2. 系统性。管理机制是一个完整的有机系统,具有保证其功能实现的结构与作用系统。

3. 客观性。任何组织只要客观存在,其内部结构、功能既定,必然要产生与之相应的管理机制。这种机制的类型与功能是客观存在的,是不以任何人的意志为转移的。

4. 自动性。管理机制一经形成,就会按一定的规律、秩序,自发地、能动地诱导和决定企业的行为。

5. 可调性。机制是由组织的基本结构决定的,只要改变组织的基本构成方式或结构,就会相应改变管理机制的类型和作用效果。

(三)管理机制的表现形式

管理机制主要表现为以下三大机制:

1. 运行机制是指组织基本职能的活动方式、系统功能和运行原理,其本身具有普遍性。

2. 动力机制是指管理系统动力的产生与运作的机理,主要由以下三个方面构成:

(1)利益驱动是社会组织动力机制中最基本的力量,是由经济规律决定的。例如:在一个企业中,多劳多得,少劳少得,员工为了多得而多劳。

(2)政令推动是由社会规律决定的。例如:管理者通过下达命令等方式,要求员工完成工作。

(3)社会心理推动是由社会与心理规律决定的。例如:管理者通过对员工进行人生观教育,调动员工的积极性。

3.约束机制是指对管理系统行为进行限定与修正的功能与机理,主要包括以下四个方面的约束因素:

(1)权力约束,即既要利用权力对系统运行进行约束,又要对权力的拥有者与运用者进行约束。

(2)利益约束,即既要以物质利益为手段,对运行过程施加影响,又要对运行过程中的利益因素加以约束。

(3)责任约束,指通过明确相关系统及人员的责任来限定或修正系统的行为。

(4)社会心理约束,指运用教育、激励、舆论、道德与价值观等手段,对管理者及有关人员的行为进行约束。

任务四　管理学

问题导入

某宾馆经理接到处分职工王大成的报告,他觉得问题不太清楚,就作了一番调查。事实是王大成的母亲患病住院,他母亲想喝鸡汤。由于王大成白天上班,晚上去医院陪母亲,连去市场买鸡的时间都没有。在这种情景下,他在餐厅里偷了一只鸡,犯了错误。经理了解了情况以后,批准了餐厅对王作记大过一次、扣发当月奖金的处罚决定。然后经理带着慰问品去医院看望王大成的母亲,并对他母亲说:"王大成在工作中表现很好,在家里对你也很孝顺,他是你的好儿子。"患病的母亲含笑听着。次日,经理找王大成谈话,先肯定他工作好,接着指出偷东西是十分错误的,并征求其对处分的想法。

王大成对这种赏罚分明、合情合理的处理十分感动,并表示自己错了,愿意接受这种处分。这时,经理说:"你母亲生病半个多月,我们都不知道,没有给予关心,我们很对不起你。"说完,经理毕恭毕敬地向王大成鞠了一个躬。

(资料来源:百度文库)

思考:从管理与道德的关系,分析王大成的行为。

管理学是一门研究人类社会管理活动中各种现象及规律的学科,是在近代社会化大生产条件下,在自然科学与社会科学日益发展的基础上形成的。

管理学是在自然科学和社会科学两大领域交叉点上建立起来的一门综合性交叉学科,涉及数学(概率论、统计学、运筹学等)、社会科学(政治学、经济学、社会学、心理学、人类学、生理学、伦理学、哲学、法学)、技术科学(计算机科学,工业技术等)、新兴科学(系统论、信息科学、控制论、耗散结构论、协同论、突变论)以及领导学、决策科学、未来学、预测学、创造学、战略学、科学学等学科。

自有人群出现便有了管理活动,管理思想也与此同时产生。事实上,无论是在东方还是在西方,我们均可以找到古代哲人在管理思想方面的精彩论述。现代管理学的诞生是以弗雷德里克·温斯洛·泰勒(Frederick Winslow Taylor)的名著《科学管理原理》(1911年)的发表为标志。现代意义上的管理学诞生以来,管理学有了长足的进步与发展,管理学的研究者、管理学的学习者、管理学的著作文献等在数量上均呈指数上升。管理学作为一门年轻学科显示出勃勃向上的生机和兴旺发达的景象。

进入21世纪,随着人类文明的进步,管理学仍然需要大力发展其内容和形式。

一、管理学的研究对象

(一)研究对象的范围

由于管理活动总是在一定的社会生产方式下进行的,因此管理学研究对象的范围涉及社会的生产力、生产关系和上层建筑三个方面。

1.生产力方面。该方面主要研究如何合理配置组织中的人、财、物,使各生产要素充分发挥作用;如何根据组织目标,社会需求,合理使用各种资源,以求得最佳经济效益与社会效益。

2.生产关系方面。该方面主要研究如何处理组织内部人与人之间的相互关系;如何完善组织机构与各种管理体制,从而最大限度地调动各方面的积极性和创造性,为实现组织目标服务。

3.上层建筑。该方面主要研究如何使组织内部环境与组织外部环境相适应;如何使组织的意识形态(价值观、理念等)、规章制度与社会的政治、法律、道德等上层建筑保持一致,从而维持正常的生产关系,促进生产力的发展。

(二)具体研究内容

管理学的具体研究内容,应涉及以下几个主要方面:

1.基础部分。

该部分主要介绍管理的概念、管理者的角色与技能、管理的性质、管理的职能、管理学的特点、管理学的发展历史等,在一般意义上,对管理学进行总体描述,为管理学的学习研究构建总纲和基础。

2. 职能部分。

该部分主要研究管理的计划、组织、领导、控制、协调等各项职能,具体分析每一职能的内涵、地位、功能、过程及要求,从管理过程的角度分析管理,奠定管理学学习与研究的世界观和认识论。

3. 原理部分。

该部分主要研究反映管理活动本质内容及必然联系的系统原理、人本原理、权变原理等基本管理原理,分析由这些原理派生的各项管理原则的内涵、要求及实现途径,从管理规律的角度,阐明管理应遵循的各项原理与原则。

4. 方式部分。

该部分主要探讨管理者应如何根据管理环境、组织性质、人性等变量的综合分析,选择科学有效的管理方式与管理方法,从方法论的视角,揭示各种管理方式的适应性问题。

二、管理学的特点

(一)一般性

管理学是从一般原理、一般情况的角度对管理活动和管理规律进行研究,不涉及管理分支学科的业务和方法的研究。管理学是研究管理活动中的共性原理的基础理论科学,无论是"宏观原理"还是"微观原理",都需要管理学作基础来加以学习和研究,管理学是各门具体的或专门的管理学科的共同基础。

(二)综合性

从管理内容上看,管理学涉及的领域十分广阔,它需要从不同类型的管理实践中抽象概括出具有普遍意义的管理思想、管理原理和管理方法。影响管理活动的各种因素除了有生产力、生产关系、上层建筑这些基本因素外,还有自然因素、社会因素等。从管理学科与其他学科的相关性上看,管理学与经济学、社会学、心理学、数学、计算机科学等都密切相关,是一门综合性的学科。

(三)实践性

管理学所提供的理论与方法都是对实践经验的总结与提炼,管理的理论与方法必须为实践服务。只有这样,才能显示出管理理论与方法的强大生命力。

(四)社会性

构成管理过程主要因素的管理主体与管理客体,都是社会最有生命力的人,这就决定了管理的社会性;同时管理在很大程度上带有生产关系的特征,因此没有超阶级的管理学，这也体现了管理的社会性。

（五）历史性

管理学是对前人的管理实践、管理思想和管理理论的总结、扬弃和发展，割裂历史、不了解前人对管理经验的理论总结和管理历史，就难以很好地理解、把握和运用管理学。

三、管理学的学习和研究方法

（一）唯物辩证法是学习和研究管理学的方法论基础

唯物辩证法是我们学习和研究管理学的强大的思想武器。管理学源于管理的实践活动，在长期的管理实践中，人们运用历史的、全面的、发展的观点去观察和分析各种管理现象和管理问题，对感性积累的经验进行加工提炼，使其上升为理性认识和管理理论；理性认识反过来能动地指导管理实践，验证感性经验的正确性和有效性，从而进一步发展和完善管理理论。因此，学习和研究管理学，必须以唯物辩证法为总的方法论基础，坚持实事求是的科学态度，深入管理实践，进行调查研究，总结管理实践经验并运用判断和推理的方法，使管理实践经验上升为管理理论。在学习和研究中还要认识到一切现象都是相互联系和相互制约的，一切事物也都是不断发展变化的，因此，必须用全面的、联系的、历史的、发展的观点去观察和分析管理问题，重视管理学的历史，考察它的过去、现状及其发展趋势，不能固定不变地看待组织及组织的管理活动。

（二）系统方法是学习和研究管理学的主要思维方法

所谓系统方法，是指用系统论的观点和方法来研究和分析管理活动的全过程。系统是由相互作用和相互依赖的若干组成部分结合而成的、具有某种特定功能的有机整体。系统本身又是它所从属的一个更大系统的子系统。

从管理的角度看，系统有两层含义：在第一层含义中，系统是一种实体，如组织系统。作为实体系统的组织，一般具有整体性、目的性、动态性、层次性、开放性、功能性、结构性等特征。既然组织是个系统，为了更好地研究组织与组织管理，我们就必须用系统理论来理解、分析和研究组织。在第二层含义中，系统是指一种方法或手段，它要求在研究和解决组织管理问题时，必须具有整体观、过程观、反馈观、分级观等有关系统的基本观点。

尽管在现代管理科学领域，各学派在管理系统的定义、具体特征等问题上还存在理论分歧，但没有一个管理学派不运用系统理论来研究组织与组织管理，系统原理也是公认的管理的基本原理，每一本管理学著作都离不开"系统"的概念。

因此，学习研究管理学，必须把系统方法作为主要的思维方法。我们在学习与研究管理理论和管理活动时，应首先把组织与组织管理活动看作一个系统，对影响管理过程的各种因素及其相互之间的关系进行总体的、系统的分析研究，对管理的概念、职能、原理、方法等管理理论作系统的分析和思考。唯有如此,才能形成科学的管理理论和有效的管理活动。

(三)理论联系实际的方法

管理学是一门应用性、实践性很强的科学,它是科学性与艺术性的统一,这决定了管理学应更多地采用理论联系实际的方法进行学习和研究。具体来说,学习和研究的方式可以多种多样:可以对管理案例进行调查和分析,也可以边学习管理理论,边从事管理实践,还可以带着问题学习。通过理论联系实际的方法,学习者可以提高运用管理学的基本理论和方法去发现问题、分析问题和解决问题的能力。由于管理学是一门生命力很强的正在建设中的年轻的学科,因而学习者还应以探讨研究的态度来学习,通过理论与实践的结合,使管理理论在管理实践中不断地丰富、深化和发展。

(四)学习和研究管理学的具体方法

1. 观察总结的方法。

按照理论联系实际的要求,管理学研究者必须观察管理实践、总结管理经验并进行提炼概括,使实践和经验上升为理论。人们的管理实践,特别是众多优秀管理者的管理经验,蕴藏着深刻的管理哲理、原理和方法,因此有必要运用综合、抽象等逻辑方法,总结人们的管理实践经验,从而形成系统的管理理论,并进一步指导管理实践。这样研究和学习管理学,就会收到事半功倍的效果。

2. 比较研究的方法。

有比较才有鉴别。当代世界各国都十分重视管理和管理学的研究,各自形成了有特色的管理科学。学习和研究管理学时,要注意管理学的二重性,既要吸收发达国家管理学中科学性的东西,又要避免盲目照搬,要从我国国情出发,对其加以取舍和改造,有分析、有选择地学习和吸收西方管理的理论和实践经验。在学习和研究外国的管理经验时,至少要考虑到四个不同:即社会制度的不同,生产力发展水平的不同,自然条件的不同,民族习惯和传统文化的不同。这就要求我们学会用比较研究的方法对世界上先进的管理理论和实践进行比较研究,分辨出一般性的东西和特殊性的东西,真正做到兼收并蓄,丰富我国管理学的内容,建立具有中国特色的管理科学体系。

3. 历史研究的方法。

历史研究的方法,就是指研究管理的发展演变的历史,考察管理的起源、历史演变、管理思想和管理理论的发展历程、重要的管理案例,从中揭示管理规律和管理学的发展趋势,寻求具有普遍意义的管理原理、管理原则、管理方式和管理方法。中外历史中有大量的关于管理方面的文化典籍,其中有许多值得研究的管理事例。只要我们坚持正确的指导思想,坚持细致的工作方法,深入地研究前人留下的管理思想精华,就一定会有所收获,有所创新,有所发展。

4. 案例研究的方法。

案例研究的方法是指对有代表性的案例进行剖析,从中发现可借鉴的经验、方法和原则,从而加强对管理理论的理解与对管理方法的运用,这是管理学研究和学习的重要方法。哈佛商学院因其成功的案例教学,培养出了大批的优秀企业家。管理案例研究的方法是当代管理科学比较发达的国家在管理学教学中广为推行的学习研究方法。学习研究管理学,必须掌握案例研究的方法,置身于模拟的管理情境中,学会运用所学的管理原理、原则和方法去指导管理实践。

5. 试验研究的方法。

试验研究的方法是指有目的地在设定的环境下认真观察研究对象的行为特征,并有计划地变动试验条件,反复考察管理对象的行为特征,从而揭示管理的规律、原则和艺术的方法。试验研究不同于案例分析,案例分析是将自己置于已发生过的管理情境中,一切都是模拟的,而试验研究是在真实的管理环境中对管理的规律进行探讨。只要设计得合理,组织得好,试验方法就能够得到很好的结果。如管理学发展史上,泰罗的科学管理原理,就以"时间—动作"的实验性研究为基础。著名的"霍桑试验"就是运用试验研究方法研究管理学的典范,该试验所得到的重要成果是扬弃了传统管理学将人视为单纯"经济人"的假说,建立起了"社会人"的观念,从而为行为科学这一管理学的新分支的形成和发展奠定了基础。因此,试验研究的方法是管理学研究的一种重要的方法。

四、学习管理学的意义

(一)管理在现代社会中的地位和作用决定了学习管理学的重要性

管理与科学技术是现代文明社会前进的两大车轮。就科学技术和管理二者的关系来看,科学技术是第一生产力,是社会发展的原动力;而管理为科学技术作用的充分发挥和进一步发展提供了保证。换言之,先进的科学技术必须通过有效的管理才能充分发挥应有的作用。

老师讲故事

1961年,美国实施了震惊世界的阿波罗登月计划,发射火箭的"土星一号"有590万个零部件,飞船也有300万个零部件。为了这项研究前后有400万人参与,参加该项目研究开发的有200家公司、120所大学,整个项目共耗资约300亿美元。阿波罗登月计划的总负责人韦伯博士后来总结说:"我们没有使用一项没用过的技术,我们的技术就是科学的组织管理。"事实上,美国经济的强大,日本经济的崛起,无不得益于先进的科学技术和先进的管理。

(资料来源:豆丁网)

(二)学习管理学是提高管理人员管理能力的重要途径

当前,我国正在发展社会主义市场经济,需要大批合格的管理人员,而管理人员只有通过学习和研究管理学才能掌握扎实的管理理论与方法,才能很好地指导管理实践,并取得成效。

(三)学习研究管理学是未来社会的需要

管理是由共同劳动引起的,随着未来社会共同劳动规模的日益扩大,劳动分工协作将更加精细,社会化大生产将更加复杂,因而未来社会将更加需要科学的管理。

(四)学习和研究管理学是我们每一个人在社会中生存的需要

人们在生活中可以切实地感受到高效的管理对个人乃至整个社会的重要性。试想一下,假如你去学校食堂办一张卡要耗时几小时,你会不感到沮丧吗?假如你到百货商店购物,店里的售货员都不搭理你,你不会感到困惑吗?当你三次打电话到民航售票处询问机票价格,办事员每次答复你的价格都不一样时,你会不生气吗?由于低水平管理导致的不良后果将直接影响我们每一个人的生活质量。当你从学校毕业,开始职业生涯时,你所面对的现实:不是去管理别人,就是被别人管理。对于那些渴望成为管理者的人来说,学习管理学的基础知识将有助于你成为优秀的管理者。即使你不想成为管理者,但在生活中你总要面对某个组织,你得服从组织的管理。学习管理学可以帮助你更好地了解管理者的行为方式和组织的内部运作方式,更好地适应组织,增强竞争能力。

实践活动

(一)实训目的

掌握每种管理角色应具备的技能。

(二)实训内容

在学生中挑选四个人分别扮演绩效管理中的四种角色,组织一场关于绩效管理的会议,让学生认识到管理者不同角色与技能的差别。

1.绩效管理中的四个角色:总经理、人力资源经理、直线部门经理和员工。

2.角色分配。

(1)总经理:赞助、支持、推动绩效管理向深入开展。

(2)人力资源经理:设计绩效管理实施方案,提供有关绩效管理的咨询,组织绩效管理的实施。

(3)直线部门经理:执行绩效管理方案,对员工的绩效提高进行指导,对员工的绩效水平进行反馈。

(4)员工:作为绩效管理的主人,拥有绩效并产生绩效。

3. 角色扮演的详解。

角色划分完成后,每个人都要依据自己的角色制定一份详细的专门针对绩效管理的职责说明书,即以职责明确的责任书的形式将绩效管理中每个人的责任确立下来,作为推动绩效管理的有力的政策依据。

(1)总经理所扮演的角色是赞助支持。这就要求总经理关心关注绩效管理的工作,不能把担子全部压在人力资源经理的身上。绩效管理是公司管理的一个重大改革举措,阻力和困难不可避免,当阻力和困难出现的时候,总经理必须出面协调统一,排除困难,使绩效管理改革向前推进。一定要明确,绩效管理不是人力资源部一个部门的工作,绩效管理的实施也不是人力资源经理一个人的责任,仅凭人力资源部的力量,不仅不足以协调各个部门,甚至可能引来众异。由于绩效管理要改变的是管理者的习惯,而习惯了旧管理方式的管理者是不太喜欢这种改变的,因此做绩效管理,要做计划,要沟通,要考核,还要反馈,许多管理者往往以没有时间为借口推辞、敷衍。这个时候,总经理必须出面协调,总经理的角色贯穿于整个绩效管理的始终,绩效管理的推进、改善与提高都离不开总经理的关注。要使改革方案得到实施,总经理就必须科学把握自己的角色定位。

(2)人力资源经理应该是企业中的绩效管理专家,通晓绩效管理的理念、意义、方法和作用。绩效管理的实施方案可以由总经理提出,也可以由人力资源经理建议,通常由人力资源经理提议实施方案的情况比较多。人力资源经理首先要掌握绩效管理,成为绩效管理方面的专家,只有自己弄明白,才能跟总经理讲清楚,说服总经理,培训其他直线经理和员工。现在研究绩效管理的书籍和培训班都比较多,人力资源经理可以从繁忙的工作中抽出专门的时间学习与研讨,把绩效管理的意义、作用、程序和方法搞清楚,进而为培训直线经理和员工打下基础。

(3)直线部门经理的主要职责是充分地理解公司绩效管理方案,组织部门员工实践绩效管理,对员工绩效水平的提高负责任。直线部门经理应该认真执行公司颁布实施的绩效管理方案,用绩效管理的理念管理本部门的员工,改进自己的管理方法和管理手段;以本部门员工绩效管理的有效性为目标,帮助员工制定绩效目标,就绩效目标达成过程中出现的问题时刻与员工保持沟通,帮助员工去除工作当中的障碍,改善和提高员工为达成绩效目标所需要的技能;年终对员工的绩效进行公平、公开、公正的考核,并将考核结果以适当的沟通形式反馈给员工,向员工指出哪些地方值得表扬,哪些地方需要改进,努力使员工成为自我绩效管理的专家。

(4)员工是绩效管理的主人,绩效管理最终要致力于让每个员工都成为自我绩效管理的专家,知道如何为自己设定绩效目标,如何有效地实现自己的目标,并在目标实现的过程中提高自我绩效管理能力。员工在绩效管理中不是完全被动的,而是绩效的主人,产生并拥有绩效,主动地为提高自己的绩效努力,发现问题主动与主管经理沟通,寻求帮助,不断进步。

绩效角色的划分是绩效管理的第一步,也是最重要的一步。好的开端是成功的第一步,绩效角色划分好,职责明确了,绩效管理的推行也就有了保障,就能沿着健康正确的路线走下去。所以,做好绩效管理必须先划分好各自的绩效角色。

(三)实训评估

1. 在这次绩效管理会议中,不同的管理角色分别起到了怎样的作用?
2. 不同层次的管理者在掌握管理技能侧重点上有何不同?如何协调他们的关系?

一、单项选择题

1. 原材料、生产设施等属于以下哪种资源(　　)?
   A. 人力资源　　　　B. 金融资源　　　　C. 物质资源　　　　D. 信息资源
2. 以下不属于管理职能的是(　　)。
   A. 组织活动　　　　B. 控制活动　　　　C. 有效获取资源　　D. 计划与决策
3. 管理者在作为组织的官方代表对外联络时,他扮演的角色是以下哪一方面(　　)?
   A. 信息情报方面　　　　　　　　　　　B. 决策方面
   C. 人际关系方面　　　　　　　　　　　D. 业务经营方面
4. 管理的基本职能是(　　)。
   A. 计划、组织、指挥、协调　　　　　　B. 计划、组织、领导、控制
   C. 计划、决策、选人、用人　　　　　　D. 决策、计划、领导、协调
5. 管理的二重属性是指(　　)。
   A. 科学性与艺术性　　　　　　　　　　B. 自然属性与社会属性
   C. 主观性与客观性　　　　　　　　　　D. 科学性和社会性

二、多项选择题

1. 管理的经济环境是一个多元、动态的系统,主要由(　　)要素构成。
   A. 经济结构　　　B. 经济发展水平　　C. 气候条件　　　　D. 宏观经济政策
   E. 资源状况　　　F. 经济体制
2. 法约尔认为企业管理活动的内容包括(　　)。
   A. 计划　　　B. 组织　　　C. 指挥　　　D. 协调　　　E. 控制
3. 下列关于管理者技能的表述正确的是(　　)。
   A. 技术技能对于基层管理者最重要
   B. 人际技能对于高层管理者最重要
   C. 概念性技能对于高层管理者最重要
   D. 概念性技能对于中层管理者最不重要
   E. 人际技能对于基层管理者最不重要

4. 管理者所扮演的人际角色包括（　　）。
   A. 代表人角色　　　B. 领导人角色　　　C. 联络人角色　　　D. 监督者角色
5. 管理的二重性是指管理的（　　）。
   A. 科学性　　　　　B. 自然属性　　　　C. 艺术性　　　　　D. 社会属性
   E. 实践性

案例分析

升任总裁后的思考

经过多年奋斗，周伟最近终于被一家生产机电产品的公司聘为总裁。回忆起他在该公司工作二十多年的情况，不禁感慨万千。

在大学时，周伟学的是工业管理，大学毕业后就到该公司工作，最初担任液压装配单位的助理监督。因为他对液压装配所知甚少，在管理工作上也没有实际经验，每天工作他都手忙脚乱。可是他学习态度端正，经常翻阅该单位所定的工作手册，努力学习有关的技术知识；上级主管领导也对他主动指点，使他渐渐摆脱了困境，胜任了工作。经过半年多的努力，他已有能力独自承担液压装配的监督长工作。可是，当时公司没有提升他为监督长，而是直接提升他为装配部经理，负责包括液压装配在内的四个装配单位的领导工作。

在他当助理监督时，主要关心的是每日的作业管理，工作的技术性很强。而当他担任装配部经理时，他发现自己不能只关心当天的装配工作状况，还得作出此后数周乃至数月的规划，完成许多报告和参加许多会议。他没有多少时间从事他过去喜欢的技术工作。当上装配部经理不久，他就发现原有的装配工作手册已基本过时，因为公司已安装了许多新的设备，这令他花了整整一年时间去修订工作手册，使之切合实际。在修订过程中，他发现要让装配工作与整个公司的生产作业协调起来，需要进一步的研究。他主动到几个工厂去访问，学到了许多新的工作方法，并把这些吸收到的知识纳入了修订工作中。由于该公司的生产工艺频繁发生变化，工作手册也不得不经常修订，周伟对此完成得很出色。几年之后，他不但自己学会了这些工作，还学会了如何把这些工作交给下属去做，指导他们如何做好，这样他可以腾出更多时间用于规划工作和帮助下属将工作做得更好，用更多的时间去参加会议、批阅报告和向上级进行工作汇报。

当他担任装配部经理六年之后，正好该公司负责规划工作的副总裁辞职，周伟便主动申请担任此职务。在同另外五名竞争者较量之后，周伟被正式提升为副总裁。他拥有能够担任此新职务的自信，但由于此项工作的复杂性，在刚接任时仍然碰到了不少麻烦。但是，他渐渐适应了工作，作出了成绩，后又被调为负责生产工作的副总裁，而这一职位通常是由该公司工作资历最深的、辈分最高的员工担任。现在，周伟被提升为总裁。他知道一个人当上公司最高主管职位之时，他应该相信自已有处理可能出现的任何情况的才能,但他也明白自己尚不具这样的能力。因此,他一想到自己明天就要上任了,今后数月的情况不知将会怎么样,不免感到担忧!

(资料来源:百度文库)

思考:

1. 你认为周伟当上总裁后,他的管理职责与过去相比有了哪些变化?

2. 你认为周伟要成功地胜任公司总裁的工作,哪些管理技能是最重要的?你觉得他具有这些技能吗?试加以分析。

项目二
管理理论的形成与发展

任务分解

【知识指标】
1. 了解中国早期管理实践与管理思想。
2. 了解西方早期的管理思想和管理实践。
3. 掌握古典管理理论的内容。
4. 掌握行为科学管理理论的内容。
5. 熟悉现代管理理论。
6. 了解管理理论在新时代的发展。

【技能指标】
1. 培养学生理论和实践相结合的能力。
2. 培养学生管理思维能力。
3. 能够通过管理理论去指导管理实践。

知识结构图

管理理论
- 管理理论的萌芽
  - 中国早期管理思想
  - 西方早期管理思想
- 古典管理理论
  - 古典管理理论的产生
  - 泰勒的科学管理理论
  - 法约尔的一般管理理论
  - 韦伯的组织理论
- 行为科学管理理论
  - 霍桑实验
  - 人际关系理论
  - 行为科学理论
- 现代管理理论
  - 现代管理理论的形成与发展
  - 管理理论的热带丛林
  - 现代管理理论的特点
- 管理理论在新时代的发展
  - 战略管理理论
  - 知识管理
  - 学习型组织
  - 企业再造
  - 虚拟组织

任务一　管理理论的萌芽

福特首创移动式汽车生产线

1908年,亨利·福特决定生产较便宜、利润较低的新车型,以突破汽车高价位对市场开拓的妨碍。他宣称:"我要为大众生产汽车。"

为了降低生产成本,福特于1910年开始了持续四年之久的工厂自动化试验。他的格言是"任何事情都可以做得更好"。福特率领一群效率专家检查装配线上的每一个环节,运用各种方法以求提高生产力,而他最重要的突破就是创设了移动式装配线。在汽车复杂生产过程中最重要的是时间控制,任何一个步骤出现问题都会影响后面的作业。1914年1月,福特开发出了"链条带动永不停歇"的输送带,在工作站之间运送半成品,工人在车间可以原地不动。三个月之后,公司又设立了一条生产线,该生产线上的所有零件输送带都达到一般人腰部的高度,工人可以重复装配工作,连腰也不用弯了。1914年,福特公司一万多名工人生产了二十六万辆汽车,而其他同行业的六万多名工人只生产了二十八万辆。

福特开创了一个人人都可以拥有汽车的新时代。他的"为大众服务"的管理经营理念,一方面给自己带来了丰厚的利润,另一方面也改变了美国人的消费观念。无数像他一样关注管理效率的智者的思想,汇入了源远流长的西方管理思想的长河。

人类有组织的管理活动伴随着人类发展的始终,人类活动的最大特点就是有目的的集体活动。管理因人类集体活动的需要而产生,人类就是在对集体活动不断进行思考、实践、再思考、再实践的循环和积累过程中逐渐创建了系统的管理理论——管理学。

(资料来源:豆丁网)

思考:管理理论是从何时产生,其主要内容又是怎样的呢?

自从有了人类社会,人们的社会生活就离不开管理,所以管理的实践很早就出现了。随着社会生产力的发展,人们把各种管理思想加以归纳和总结,形成了管理理论。人们反过来又运用管理理论去指导管理实践,以取得预期的效果,并在管理实践中修正和完善管理理论。

管理学的形成过程大体上可以分为以下几个阶段：

早期管理思想发展阶段(公元前5000年—19世纪末)；

古典管理思想发展阶段(19世纪末—20世纪30年代)；

近代管理思想发展阶段(1930年—1945年)；

现代管理思想发展阶段(1945年—现在)。

管理学形成的标志是19世纪末20世纪初泰勒科学管理理论的诞生。

各个阶段管理思想的形成和发展为现代管理学的形成和发展奠定了坚实的基础。学习和了解管理思想的发展历史，对掌握管理学的基本原理、基本理论和知识体系是极为重要的。

一、中国早期管理思想

（一）中国古代的管理思想

中国是四大文明古国之一，早在五千年前，中国就有了人类社会最古老的组织——部落和王国，有了部落的领袖和帝王，因而也就有了管理。中国古代管理思想在中国古代的管理活动中具有不可忽视的地位和作用。总结这份遗产，对于发展现代管理理论，指导现代管理实践，具有十分重要的意义。

1.儒家管理思想。

儒家管理哲学的基本精神是以"人"为中心，"为政以德"，"正己正人"，在管理的载体、手段、途径方面提出了独到的见解。

(1)关于管理的载体，儒家管理哲学的中心概念是"仁"。《说文解字》中说："仁，亲也，从人从二。"孔子说："为政在人，取人以身，修身以道，修道以仁。仁者人也，亲亲为大。"(《礼记·中庸》)这就表明，儒家管理哲学把"人"作为管理的载体(包括管理的主体和管理的客体，即管理者和被管理者)，把人以及人际关系作为理论出发点。在儒家思想那里，管理的本质是"治人"，管理的前提是"人性"(善恶)，管理的方式是"人治"，管理的关键是"择人"("得人")，管理的组织原则是"人伦"。管理的最终目标是"安人"。总之，一切都离不开"人"。

(2)关于管理的手段，儒家强调"为政以德"，主张用道德教化的手段感化百姓，从而达到治理的目的。孔子说："道之以政，齐之以刑，民免而无耻；道之以德，齐之以礼，有耻且格。"(《论语·为政》)在他看来，用道德感化感动人心，会比惩罚收到更好的效果。与此同时，儒家并不否认法治的作用。所谓"政宽则民慢，慢则纠之以猛；猛则民残，残则施之以宽。宽以济猛，猛以济宽，政是以和"(《左传·昭公二十年》)，即主张交替使用软硬手段来安定社会秩序。当然，在儒家的观点看来，即使施行法律手段，也应配合使用道德手段。

(3)关于管理的途径。儒家讲"为政以德"，也就是指管理要靠管理者的德行。"为政以德,譬如北辰,居其所而众星供之"。(《论语·为政》)管理者要想取得"众星供之"的效果,就要从自己做起,注意个人的道德修养。所谓"修身、齐家、治国、平天下"(《礼记·大学》),从管理者的自我管理到家庭管理、国家管理和社会管理,层层推进,不能跳越。

2. 道家管理思想。

道家管理哲学的基本精神是以"道"为中心,讲"道法自然""无为而治""弱者道之用",在管理的规律、方式和艺术方面提出了独特的见解。

(1) 关于管理的规律。老子提出"人法地,地法天,天法道,道法自然"(《老子·二十五章》),这里的"道"是指人类社会运行的规律。人们必须按照自然规律办事,以自然为法,而不要把自己的意志强加给自然界。从管理的角度讲,这就要求管理者必须遵循社会管理的客观规律,一切顺其自然,只有这样才能取得良好的效果。

(2) 关于管理的方式。管理既然要按照"道"即客观规律办事,而"道常无为"(《老子·三十七章》),所以,管理者就要"处无为之事,行不言之教"(《老子·二章》)。比如高速公路的修建通行就相当于"无为而治",高速公路对个体的控制实有似无,一方面非常有效地控制了交通秩序,另一方面又使车辆的行驶方便自如,既从总体上维持了交通的平衡和稳定,又给个体提供了更多自主选择的机会,这就是总体的自然有序和个体的自由自主达到了统一。无为而治的管理方式,具体来说,就是通过最少的、必要的、有效的法律制度把社会干涉行为减少到最低限度,从而实现组织的自然和谐与个人自由的协调发展。

(3) 关于管理的艺术。老子指出:"反者道之动,弱者道之用。"(《老子·四十章》)这句话的意思是:事物向相反方向变化、发展、运动,是"道"的作用方式。道之用,是"道"的作用性质,也可以说,"道"的作用是柔弱。老子为了证实"柔弱胜刚强"这一原理,在《老子》中列举了不少事例。他说:"天下莫柔弱于水,而攻坚强者莫之能胜,以其无以易之。弱之胜强,柔之胜刚。"(《老子·七十八章》)这句话的意思是天下的东西,没有比水更柔弱的了,但攻坚克强的能力,没有什么东西能胜过水,因为没有东西可以代替它。弱能胜强,柔能胜刚。这里强调"弱"是"道"的根本的属性,"守弱"才是保持事物符合"道"根本手段,充分展现了老子关于管理辩证思想的精湛之处。

3. 法家管理思想。

法家管理哲学以"法"为中心,讲"法、术、势"相结合,在管理的制度、技巧、权威方面提出了独特的见解。

(1) 关于管理的制度。就执法而言,法家主张"法治",反对"人治"。韩非提出"上法而不上贤"(《韩非子·孝忠》)。他认为,历史上的贤君和暴君都是很少的,绝大多数君主都属于"中人",即只具有中等管理水平的统治者。如果实行法治,靠这些"中人"就可以把国家管理好;如果实行"人治",则非要等"千世一出"的圣贤不可,那是不现实的。退一步说,即使是由圣贤来管理国家,也不能离开法律制度。当然,就立法而言,法家仍以君主为中心,说到底也是"人治"。

(2)关于管理的技巧。法家所谓"术"相当复杂,韩非提出统治者必须采用"七术":"一曰众端参观,二曰必罚明威,三曰信赏尽能,四曰一听责下,五曰疑诏诡使,六曰挟知而问,七曰倒言反事。"(《韩非子·内储说上》)这里涉及的都是君主驾驭臣下的技巧,既有管理的技术,又有管理的艺术,更有管理的权术。其中的管理权术,在道德上虽不可取,但在实际的管理活动中,都为中国历代的封建帝王所身体力行。

(3)关于管理的权威。韩非认为,帝王之所以为帝王,关键在于有"势"。他指出:"势者,胜众之资也。"(《韩非子·八经》)"势"可区分为"自然之势"和"人为之势"。"自然之势"指在既成条件下管理者对权力的运用。"人为之势"则指管理者创造条件强化自己的权威。

4. 兵家管理思想。

兵家的活动领域主要在于军事。军事管理也是人类社会管理的一个组成部分。它们的基本原则对于任何类型的社会组织和任何类型的社会管理活动都普遍适用。以孙子为代表的中国兵家思想十分丰富,它以"谋略"为中心,讲"谋攻庙算""因变制胜""令文齐武",对于管理的战略、策略、方略均有一定的启发作用。

(1)对于管理的战略。孙子强调,优秀的战争指挥员应该依靠计谋取胜,"故上兵伐谋,其次伐交,其次伐兵,其下攻城"。"知己知彼,百战不殆;不知彼而知己,一胜一负;不知彼,不知己,每战必殆"。(《孙子·谋攻篇》)这些重视战略筹划的思想,对于管理人员具有重要的启迪作用。

(2)对于管理的策略。孙子指出:"水因地而制流,兵因敌而制胜。故兵无常势,水无常形;能因敌变化而取胜者,谓之神。"(《孙子·虚实篇》)这种"因变制胜"的策略思想,对于管理(特别是经济管理和企业管理)是有参考价值的。

(3)对于管理的方略。孙子提出了分级管理的原则,即:"治众如治寡,分数是也。"(《孙子·势篇》)要使管理多数人像管理少数人一样,就要依靠组织和编制的作用。如何形成富有战斗力的组织呢?孙子又提出了"令文齐武"的原则,就是要用思想教育的手段,对部属动之以情、晓之以理,同时严明纪律、严肃法度。这一套方略对于任何管理都是适用的。

(二)中国近代的管理思想

鸦片战争前后,延续了两千多年的中国封建社会进入了暮年,古老的中国大地上酝酿着一场剧烈的社会变动。1840年的鸦片战争加快了变动的进程,迫使人们用新的眼光、新的思维方法寻求政治管理、经济管理理论。

1. 林则徐、魏源的管理思想。

林则徐在直接与外国侵略者打交道的过程中,最早意识到中国确有不如西方资本主义国家之处,积极主张向西方学习科学技术知识。魏源总结了林则徐向西方学习的主张,提出了著名的"师夷之长技以制夷"的时代课题,迈出了近代中国向西方学习的第一步。在经济方面,魏源主张把发展工商业作为富民之路,主张引进西方先进技术,发展采矿、造船业,在经营方式上提出改变官营、主张私营的观点,采用公司的组织形式,主张对外通商。这些都标志着中国经济管理思想的转折。

2. 理想社会的美好蓝图——《天朝田亩制度》。

与林则徐、魏源等地主阶级改革派希望在维持封建制度的前提下,依靠学习西方的"坚船利炮"使中国走上富强的道路不同,农民领袖洪秀全则从打破封建制度的愿望出发,计划建立一个地上的"天国"来实现其治国理想。这种理想集中反映在纲领性文件《天朝田亩制度》中,它的主要内容有以下三点:

(1)废除封建土地所有制,实行人人有田种,土地所有权收归国有。

(2)实行平均主义的分配制度,实现"有田同耕、有饭同食、有衣同穿、有钱同使、无处不均、无人不饱暖"的绝对平均主义的"大同"境界。

(3)在社会组织结构上,《天朝田亩制度》设计了以"两"(由二十五家组成)为农村基层组织的公社或共同体。

二、西方早期管理思想

从人类社会产生到18世纪,人类为了谋求生存自觉或不自觉地进行着管理活动和管理的实践,其范围是极其广泛的,但是人们仅凭经验去管理,尚未对经验进行科学的抽象和概括,没有形成科学的管理理论。早期的一些著名管理实践和管理思想大都散见于埃及、中国、希腊、罗马和意大利等国的史籍和许多宗教文献之中。18世纪到19世纪的工业革命使以机器化大生产为主的现代意义上的工厂成为现实,管理方面的问题越来越多地被涉及,管理学开始逐步形成。

西方最早对经济管理思想进行系统论述的学者,首推亚当·斯密(Adam Smith, 1723—1790)。亚当·斯密是英国古典政治经济学的主要代表人物之一,他的《国富论》不仅是经济学的不朽巨著,也是管理学宝贵的思想遗产。在该书中,他阐述了劳动价值理论和劳动分工理论。斯密认为,劳动是国民财富的源泉,各国人民每年消费的一切日用必需品的源泉是本国人民每年的劳动。日用必需品的供应情况取决于两个因素:一是人民的劳动熟练程度、劳动技巧和判断力;二是从事有用劳动的人数和从事无用劳动人数的比例。他同时提出,劳动创造的价值是工资和利润的源泉,并经过分析得出了工资越低、利润就越高,工资越高、利润就会降低的结论。

斯密在分析增进"劳动生产力"的因素时,特别强调了分工的作用,通过对比手工制造业实行分工前后的变化情况以及易于分工的制造业和当时不易分工的农业的情况,说明分工可能提高劳动生产率。他认为:劳动分工可以使工人重复完成单项操作,从而提高劳动熟练程度,提高劳动效率;劳动分工节省了通常由一种工作转移到其他工作所损失的时间;劳动分工使劳动简单化,使工具专门化,从而有利于创造新的工具和改进设备。

在斯密之后，另一位英国人查尔斯·巴贝奇（Charles Babbage，1792—1871）发展了斯密的论点，提出了许多关于生产组织机构和经济学方面的带有启发性的问题。巴贝奇原来是一名数学家，后来对制造业发生了兴趣。1832年，他在《论机器和制造业的经济》一书中概述了他的思想。巴贝奇赞同斯密的劳动分工能提高劳动效率的论点，但认为斯密忽略了分工可以减少支付工资这一好处。巴贝奇对制针（普通直针）业做了典型调查，把制针业的生产过程划分为七个基本操作工序，并按工序的复杂程度和劳动强度雇佣不同的工人，支付不同的工资。如果不实行分工，整个制造过程由一个人完成，那就要求每个工人既有全面的技艺，能完成制造过程中技巧性强的工序，又有足够的体力来完成繁重的操作。工厂主必须按照全部工序中技术要求最高、体力要求最强的标准来支付工资。由此，巴贝奇提出了"边际熟练"原则，即对技艺水平、劳动强度定出界限，作为报酬的依据。

巴贝奇虽然是一位数学家，却没有忽视人的作用。他认为工人同工厂主之间存在利益共同点，并竭力提倡利润分配制度，即工人可以按照其在生产中所作的贡献，分到工厂利润的一部分。巴贝奇也很重视对生产的研究和改进，主张实行有益的建议制度，鼓励工人提出改进生产的建议。他认为工人的收入应该由三部分组成，即：按照工作性质所确定的固定工资；按照生产效率及所做贡献分得的利润；为提高劳动效率而提出建议所应给予的奖励。提出按照生产效率来确定报酬的制度的观点，是巴贝奇作出的重要贡献。

这一时期的著名管理学者除了斯密和巴贝奇之外，还有英国的空想社会主义者罗伯特·欧文（1771—1858）。他经过一系列试验，首先提出在工厂生产中要重视人，要缩短工人的工作时间，提高工人工资，改善工人住宅。他的改革试验证实，重视人的作用和尊重人的地位也可以使工厂获得更多的利润。所以，有人认为欧文是人事管理的创始人。

上述各种管理思想是随着生产力的向前发展，为适应当时工厂制度发展的需要而产生的。这些管理思想虽然不系统、不全面，没有形成专门的管理理论和学派，但对于促进生产发展及对科学管理理论的产生和发展产生了积极的影响。

案例链接

古罗马的士兵在第一次服役时，要在庄严的仪式中宣誓，保证不背离规范，服从上级指挥，为皇帝和帝国的安全而牺牲自己的生命。宗教信仰和荣誉感的双重影响使罗马军队遵守规范，所有罗马士兵都把金光闪闪的金鹰徽章视作他们最愿意为之献身的目标，在危险时刻抛弃神圣的金鹰徽章被认为是最可鄙的行为。

罗马士兵深知他们行为的后果。一方面，他们可以在指定的服役期满之后享有固定的军饷，可以获得不定期的赏赐以及一定的报酬，这些都在很大程度上减轻了军队生活的困苦程度；另一方面，由于怯懦或不服从命令而企图逃避严厉的处罚，那也是办不到的。军团百人队队长有权用拳打士兵以作惩罚，司令官则有权判处士兵死刑。古罗马军队有一句格言：好的士兵害怕长官的程度应该远远超过害怕敌人的程度。这种做法使古罗马军队作战勇猛顽强、纪律严明。显然,单凭一时的冲动是做不到这一点的。

在西方,上述管理方法被总结为一句格言:"胡萝卜加大棒。"拿破仑说得更形象:"我有时像狮子,有时像绵羊。我的全部成功秘诀在于我知道什么时候应当是前者,什么时候是后者。"

在东方,则有"滴水之恩,涌泉相报""视卒如爱子,故可与之俱死"等说法。又有"将使士卒赴汤蹈火而不违者,是威使然也""爱设于先,成严在后,不可反是也"等说法。《孙子兵法》总结说:"故令之以文,齐之以武,是为必取。"总之一句话:"软硬兼施,恩威并济。"

(资料来源:豆丁网)

思考:
1. 东西方在管理思想上有何差异?
2. 如果你当领导,用不用这些手段?或者还有其他更高明的替代手段?
3. 在现代管理中,这些说法是否有意义?

任务二 古典管理理论

问题导入

位于南卡罗来纳州的 Springs Industries of Fort Mill(简称 Springs)创建于1887年,在跌宕起伏的行业中挺过了一个多世纪。作为北美最大的家具公司,Springs 有一万四千名员工生产浴室地毯、床罩、枕头、毛巾、窗帘等,此外,它还在美国的十三个州、加拿大和墨西哥的工厂生产其他纺织品。公司 CEO(首席执行官)鲍尔斯是公司创建者的后代。1998年,当她担任公司的 CEO 时,美国的纺织业正遭受着廉价进口商品的猛烈攻击。鲍尔斯意识到,她必须进行改革以保持竞争力。她通过优化工作流程和缩减国内生产,提高了工作的效率。尽管她好不容易才作出了在美国以外进行生产的艰难决策,并被认为比员工更在意利润,但是,鲍尔斯说:"如果我们不能盈利,我们能有多少工作?如果零售商只销售这里生产的产品,而顾客只购买这里生产的产品,我就重开这里所有的工厂。我也想这样做,但是这是不可能的。"在决定不完全依赖外包的生产时,鲍尔斯运用了一种名为"制镜"(mirror manufaturing)的方法,即在国内复制公司大多数的产品线。如果顾客急需产品以满足需求的增长,或如果产品比预期要卖得好,产品从供应商那里装运就无须等待九十天了。公司在美国的工厂在短短几天之内就能完成装运。

CEO仍然需要从长远的角度考虑管理公司。但是,鲍尔斯说她最大的挑战是"激励员工并向他们再次保证,公司有美好的未来,我们都会成长并成功"。她迎接挑战的一种方法是实施奖励和认可方案,该方案鼓励并给予优秀的员工报酬。每个工厂的员工都会得到提名,其中一个人会被评选为年度企业员工。2004年,南卡罗来纳州的一名织布工南希·奥格本由于一直以来杰出的表现而获得了这个奖项。南希·奥格本的部门经理说:"南希的质量、安全、生产率和出勤记录都是最优秀的,她是公司最好的员工之一。"当给奥格本颁奖时,鲍尔斯说:"她体现了这个方案所要体现的内容——比别人多做一点点。正因为有像她这样的员工,我们公司才存续了一百多年。这就是我们在行业中领先并有一个美好未来的原因。"存续一个世纪不容易,然而这家公司认识到,虽然过去是重要的,但是当前的决策和行动会影响到公司的未来。

　　思考:科学管理的原则如何在Springs公司中发挥作用?

一、古典管理理论的产生

　　由于生产力发展水平的限制,系统化的管理理论实际上一直到19世纪末20世纪初才开始形成。19世纪末以前,工业上实行的是传统的管理,管理方法和人员培训都是凭经验确定的,主要靠饥饿"政策迫使"工人工作,靠延长绝对劳动时间和增加劳动强度来赚取利润。

　　随着生产力的发展,工业革命以后,西方各国社会发生了巨大的变化——以自由资本主义过渡到垄断资本主义,企业规模不断扩大,管理日趋复杂。所有者与经营者分离,企业由特殊的雇佣人员——经理、厂长、领班进行管理。职业管理者将过去积累的经验系统化、标准化和科学化。如何有效利用技术进步来适应不断扩大的工厂规模,成为人们日益关注的焦点。随着工人阶级的壮大,旧的管理方法遭到越来越强烈的反对,工人要求缩短工作日、降低劳动强度、提高工资。人们对管理的重视和探索上了一个台阶。于是,一些有志之士开始致力于总结经验,进行各种试验和研究,并把当时的科技成果应用于企业管理。因此,人们把从19世纪末到20世纪30年代所形成的管理理论称为"古典管理"理论,其主要代表人物有美国的泰勒、法国的法约尔和德国的韦伯,他们的理论分别反映了那个时代在管理理论发展中的三个重要方面,即"科学管理""一般管理""行政组织"。这些管理理论是现代管理学的重要理论基础,对现代管理思想产生了极大的影响。

二、泰勒的科学管理理论

　　19世纪末、20世纪初产生的科学管理思想使管理实践活动从经验管理上升到科学管理。弗雷德里克·温斯洛·泰勒(Frederick Winslow Taylor,1856—1915)是美国著名管理学家、经济学家,"科学管理"理论的创始人,被后世称为"科学管理之父",其代表作为《科学管理原理》。

泰勒二十二岁时到米德维尔钢铁公司当学徒,在技术水平、管理能力上得到过锻炼,后来被提拔为工头、中层管理人员和总工程师。泰勒的经历使他对生产现场很熟悉,对生产基层很了解。他认为单凭经验进行管理是不科学的,必须进行改革。但是,当时的旧势力很强大,工人自己决定制造方法,工厂主决定管理方法,各人所掌握的技艺和积累的经验对别人都严守秘密。虽然处在这样僵化和守旧的环境中,泰勒还是利用自己取得的地位,开始了管理方面的革新。

泰勒提出科学管理思想的目的是要改变传统的一切凭经验办事(工人凭经验操作机器、管理人员凭经验进行管理)的落后状态,使经验的管理转变成为"科学的"管理。

泰勒的主张被认为是管理思想史上的一次"革命",它使劳资双方关注的焦点从盈余的分配比例转到了通过共同努力把盈余的绝对量做大,从而使盈余分配比例的争论成为不必要。泰勒还提出了关于提高劳动生产率的一系列科学的管理方法。

(一)泰勒的科学管理理论主要内容

1. 工作定额。

要制定出有科学依据的、合理的日工作量,就必须对时间和动作进行研究,把工人的操作分解为基本动作,再对尽可能多的工人测定完成这些基本动作所需的时间,选择最适用的工具、机器,确定最适当的操作程序,消除错误的和不必要的动作,以最有效的操作方法作为标准。最后,将完成这些基本动作的时间汇总,加上必要的休息时间和其他延误时间,从而得到完成这些操作的标准时间,据此制定一个工人的"合理的日工作量",这就是所谓的工作定额原理。

泰勒在伯利恒钢铁公司进行了著名的"搬运生铁块"试验。该公司有 75 名工人负责把 40 千克重的生铁块搬运到 30 米远的铁路货车上,他们每人每天平均搬运 12.5 吨,日工资 1.15 美元。泰勒找了一名工人进行试验,试验搬运的姿势、行走的速度、持握的位置以及休息时间的长短对其搬运量的影响。结果表明,存在一个合理的搬运生铁块的方法,在这种方法下,工人 57% 的时间用于休息。按照这样的方法搬运,每个工人的日搬运量将达到 47 吨,工人的日工资将提升至 1.85 美元。

2. 标准化原理。

让工人掌握标准化的操作方法,使用标准化的工具、机器和材料,并使作业环境标准化,这就是所谓的标准化原理。

泰勒在伯利恒钢铁公司做过著名的"铁锹"试验。当时公司的铲运工人拿着自家的铁锹上班,这些铁锹各式各样、大小不等。堆料场中的物料有铁矿石、煤粉、焦炭等,每个工人的日工作量为 16 吨。泰勒经过观察发现,由于物料的比重不一样,一铁锹的负载大不一样。如果是铁矿石,一铁锹有 17 千克;如果是煤粉,一铁锹只有 1.5 千克。那么一铁锹到底负载多少才合适呢？经过试验，最后确定一铁锹9.5千克对于工人是最适合的。根据试验的结果，泰勒针对不同的物料设计不同形状和规格的铁锹。以后工人上班时都不用自带铁锹，而是根据物料情况从公司领取特制的标准铁锹，工作效率得到了大幅提高。堆料场中的工人从400多名降为140名，平均每人每天的操作量提高到59吨，工人的日工资从1.15美元提高到1.88美元。这是工具标准化的典型事例。

3. 能力与工作相适应。

为了提高劳动生产率，管理者必须为工作挑选"第一流"的工人。"第一流"的工人是指能力最适合做这种工作，而且愿意去做这种工作的人。管理者要根据人的能力把他们分配到相应的工作岗位上，鼓励他们努力工作并进行培训，教会他们科学的工作方法，使他们成为"第一流"的工人。

4. 差别计件工资制。

泰勒认为，工人"磨洋工"的一个重要原因是报酬制度不合理。计时工资不能体现劳动的数量。计件工资虽能体现劳动的数量，但工人担心劳动效率提高后雇主会降低工资率，这样等同于劳动强度的加大。针对这些情况，泰勒提出了一种新的报酬制度——差别计件工资制，其内容包括通过时间和动作研究来制定有科学依据的工作定额；实行差别计件工资制来鼓励工人完成或超额完成工作定额。所谓"差别计件工资制"，是指计件工资率随完成定额的程度而上下浮动。如果工人完成或超额完成定额，则定额内的部分连同超额部分都按比正常单价高25%计酬；如果工人完不成定额，则按比正常单价低20%计酬；工资支付的对象是工人而不是职位，即根据工人的实际工作表现而不是根据工作类别来支付工资。

5. 计划职能与执行职能相分离。

泰勒认为应该用科学的工作方法取代经验工作方法。经验工作方法是指工人采用什么操作方法、使用什么工具等都根据个人经验来决定。科学工作方法是指工人采用什么操作方法、使用什么工具等都根据试验和研究的结果来决定。为了采用科学的工作方法，泰勒主张把计划职能同执行职能分开，由专门的计划部门承担计划职能，由所有的工人和部分工长承担执行职能。计划部门的具体工作包括关于时间和动作的研究；制定科学的工作定额和标准化的操作方法，选用标准化的工具；拟定计划，发布指示和命令；对照标准，对实际的执行情况进行控制等。

(二)对泰勒制的评价

泰勒制用在生产现场管理中虽然效果显著，但其推广并不顺利。当时，资本家是反对的。他们认为这套办法给了工人更多的好处，提高了工资；管理人员分离出来，增加了非生产人员的开支；用科学化、标准化的管理方法取代资本家按个人旨意、经验进行管理的传统方法后，会影响资本家的权威。工人也是反对的。当时的工会领袖们把科学管理当作对劳工的一种威胁，认为泰勒把工作执行与工作计划分开的做法损害了劳动者的权利;劳动分工越来越细,一个工人的工作很容易被其他人代替;实行差别计件工资制,工人的工资完全由管理人员根据产量来确定,就会失去工人"集体同资本家谈判决定工资"的权力。工会组织同泰勒主义者之间的冲突在1909年达到了最激烈的程度。当时,美国联邦政府公布了在沃特顿兵工厂推行一项经济刺激的制度,工会发动工人罢工,并得到了美国劳工联合会的支持。由于各方面的反对,政府也怕事态扩大,美国国会通过了一项法律,制止在军工企业和政府企业采用泰勒的管理方法,并且不准用钟表测定工人的劳动操作。这项法律直到1949年才被撤销。

泰勒制在当时之所以遭到反对,一方面是受社会传统意识的影响,另一方面是由于其本身也存在着弱点。我们应当用历史的观点客观地加以评价:

1. 它冲破了数百年沿袭下来的传统的落后的经验管理办法,将科学引进了管理领域,用一套具体的科学管理方法来代替单凭个人经验进行作业和管理的旧方法。这是管理理论上的创新,也为管理实践开辟了新局面。

2. 由于采用了科学的管理方法和科学的操作程序,企业的生产效率提高了,推动了生产的发展,适应了资本主义经济在当时的发展需要。

3. 由于管理职能与执行职能的分离,企业中开始有了一些人专门从事管理工作,这就使管理理论的创立和发展有了实践基础。

4. 泰勒把工人看成"会说话的机器",他认为,工人的集体行为会降低工作效率,只有使"每个工人个别化"才能达到最高效率。工人只能按照管理人员的决定、指示、命令进行劳动,在体力和技能上受到最大限度的压榨。泰勒的"标准作业方法""标准工作量",都是以身体最强壮、技术最熟练的工人进行最紧张的劳动时所测定的时间定额为基础的,是大多数工人无法忍受和坚持的。因此,泰勒制是资本家最大限度压榨工人血汗的手段。泰勒把人看作纯粹的"经济人",认为人的活动仅仅出于个人的经济动机,忽视了企业成员之间的交往及工人的感情、态度等社会因素对生产效率的影响。

泰勒制是适应历史发展的需要而产生的,也受到历史条件和倡导者个人经历的限制。当时,要增加企业的利润,关键是提高工人的劳动效率。泰勒本人长时间从事现场的生产和管理工作,故泰勒的一系列主张主要是解决工人的操作问题、生产现场的监督和控制问题,管理的范围比较小,管理的内容比较窄。企业的供应、财务、销售、人事等方面基本没有涉及。

三、法约尔的一般管理理论

与泰勒同时代的法国人亨利·法约尔(Henri Fayol,1841—1925)把企业作为一个整体来研究管理问题,补充了泰勒管理理论的不足。法约尔的代表作是《工业管理和一般管理》,在这本书中,他提出了一般管理理论。

(一)"经营"与"管理"

法约尔指出"经营"与"管理"是两个不同的概念,管理只是经营活动的一部分。

法约尔对工业企业的经营活动作了科学的分类,将其分为六大类工作:技术工作(生产、制造、加工)、商业工作(采购、销售、交换)、财务工作(资金的筹集和使用)、安全工作(财产及人员的保护)、会计工作(财产盘点、资产负债表制作、成本核算、统计等)、管理工作(计划、组织、指挥、协调和控制)。法约尔将管理与经营区别开来。管理既不包含在技术职能中,也不属于商业、财务、安全、会计中的任何一个职能,而是同其他五种职能并列的、自成体系的独立职能。将管理活动从企业经营活动中分离出来,是法约尔管理理论的出发点。

(二)管理的职能

法约尔管理思想的另一内容是他首先指出了管理的五项职能,并对这五项职能进行了较为详细的论述。法约尔认为,管理的基本职能包括计划、组织、指挥、协调和控制。

1. 计划职能。

在五项基本职能中,法约尔特别强调计划职能的重要性。他主张任何组织要达到预定的目标首先应有科学的计划。企业制定计划时要考虑企业资源、目前正在进行的工作的性质和重要性、企业未来的发展趋势等。他还强调了预测对制定组织计划的重要性,并指出了一个合理的计划应具备统一性、连续性、灵活性、准确性的特点。他特别强调两点内容,一是制定计划时,要考虑到下级管理人员以及一般工人的意见,使所有的资源不被遗漏。这事实上是"参与管理"思想的萌芽。二是要随着时间的推移和条件的改变而拟定出一系列的计划:每日的、每周的、每月的、每年的、五年的和十年的计划,这一系列的计划构成了一个企业的一套完整的计划。法约尔对长期计划的强调是有独创性的。

2. 组织职能。

在法约尔看来,组织职能就是组织机构为达到预定目标而进行的活动,它不仅包括组织的各种活动、规章制度以及职工的招募、评价、考核、培训等,也包括对物质资源的组织搭配。法约尔特别强调组织必须贯彻统一领导和统一指挥的原则,主张在组织内维持一种比较小的管理幅度,每个上级直接领导的下属人员不应过多。

3. 指挥职能。

指挥就是对下属人员给予指导。法约尔认为,指挥的任务是在组织机构建立之后,设法使组织发挥作用,使所有人员作出最大的贡献。

4. 协调职能。

协调就是连接、联合、调和所有的活动和力量,使组织的一切工作密切配合,以取得成功而进行的一切活动。法约尔认为,协调包括安排好一系列工作的比例(组织机构与物资设备、企业支出与收入、产品生产与销售等),调整好各个部门之间的配合(技术、供销、财务等部门)等。协调和指挥的主要区别在于前者主要是要保证组织中各部门的努力相一致,而后者涉及较多的是上级与下级人员之间的指导关系问题。

5. 控制职能。

法约尔认为,控制就是检验每一件事情是否同所拟定的计划、发出的指示和确定的原则相符合,其目的是发现、改正和防止重犯错误,使管理活动在周期内得以完成,以便在以后的管理周期中加以改进。

(三)提出了十四条管理原则

法约尔根据自己的工作经验,归纳出简明的十四条管理原则。

1. 分工。他认为这不仅是经济学家研究有效使用劳动力的问题,也是在各种机构、团体、组织中进行管理活动所必不可少的工作。

2. 职权与职责。他认为职权是指发号施令的权力和要求服从的威望。职权与职责是相互联系的,在行使职权的同时,必须承担相应的责任,有权无责或有责无权都是组织上的缺陷。

3. 纪律。纪律是管理所必需的,是对协定的尊重,通过协定以达到服从以及尊重的目的。也就是说,组织内所有成员通过各方所达成的协议对自己在组织内的行为进行控制。纪律对企业的成功极为重要,要尽可能做到严明、公正。

4. 统一指挥。这是指组织内每一个人只能服从一个上级并接受他的命令。

5. 统一领导。这是指一个组织,对于目标相同的活动,只能有一个领导、一个计划。

6. 个人利益服从整体利益,即个人和小集体的利益不能超越组织的利益。当二者不一致时,主管人员必须想办法使它们一致起来。

7. 个人报酬。报酬与支付的方式要公平,要给雇员和雇主以最大可能的满足。

8. 集中化。这主要指权力的集中或分散的程度问题,即根据各种情况,包括组织的性质、人员的能力等来决定"产生全面的最大收益"的集中程度。

9. 等级链。等级链是指"从最高的权威者到最低层管理人员的等级系列"。它表明权力等级的顺序和信息传递的途径。为了保证命令的统一,不能轻易违背等级链,请示要逐级进行,指令也要逐级下达。有时这样做会延误信息,鉴于此,法约尔设计了一种"跳板",便于同级之间的横向沟通。但在横向沟通前要征求各自上级的意见,并且事后要立即向各自上级汇报,从而维护统一指挥的原则。

10. 秩序。这是指组织中的每个成员应该有各自的岗位,"人皆有位,人称其职"。

11. 公正。主管人员对下属仁慈、公平,就可能使下属对上级表现出热心和忠诚。

12. 保持人员的稳定。如果人员不断变动,工作将得不到良好开展。

13. 首创精神。这是提高组织内各级人员工作热情的主要源泉。

14. 团结精神。这是指必须注意保持和维护每一集体中团结、协作、融洽的关系,特别是人与人之间的相互关系。

法约尔强调指出,以上十四条原则在管理工作中不是死板和绝对的东西,这里全部是尺度问题。在同样的条件下,从不两次使用同一原则来处理事情,应当注意各种可变因素的影响。因此,对这些原则的使用必须是灵活的,是可以适应于一切需要的,其真正的本质在于懂得如何运用它们。这是一门很难掌握的艺术,要求管理者有智慧、经验,注意尺度(即"分寸")。

老师讲故事

在管理发展史上,法约尔与泰勒是并驾齐驱的古典管理理论创始人之一,泰勒开始是作为普通工人进入工厂的,主要从事工程技术工作,把工作的重点放在作业现场上,从工业等级制的底层向上研究。法约尔则从进入企业开始,就参加了企业的管理集团,又担任了大公司的最高领导,他集中注意于经理人员并向下研究。因此他俩的管理理论具有明显不同的特色。泰勒是以工厂管理合理化这一具体目标为出发点的,他的科学管理法是非常富有实践性的,但缺乏一般科学性。而法约尔是从实施管理教育的目的出发的,他的管理理论是概括性的,也非常富有原则性。泰勒创立了职能组织理论。这种理论的核心在于管理人员专业化,管理任务单一化。在泰勒主张的职能工长制中,原来由直线型组织中一个监工所做的全部事情,现在改由八位职能工长分管。这种组织理论的提出,推动了脑力劳动和体力劳动的进一步相互分离,完成了企业的日常生产经营管理组织的进一步分工,奠定了低一级的组织形态向更高级的组织形态发展演变的模式。但泰勒设计的这种职能组织理论,使政出多门、命令冲突等现象极易发生,因此,对于现代管理来说,依然是不完善的。法约尔不同意泰勒的职能工长制组织设计,认为职能工长制否定了统一命令和统一指挥原则,是一条危险的道路。他强调,组织必须是层级分明的等级节制系统,所以,他相当重视传统的直线式组织结构,并以此为基础设计了大型企业的组织模式。他主张用参谋组织来改善直线组织,使参谋组织与直线组织很好地吻合起来。泰勒和法约尔在组织设计上的这种对立,在他们以后的组织理论中走向吻合。泰勒强调的专业分工被坚持了下来,而法约尔强调的命令统一也被发扬光大,最后形成了直线职能(参谋)制组织模式。直到今天,直线职能(参谋)制组织模式依然是最常见的。

(资料来源:企业管理世界网)

四、马克斯·韦伯的组织理论

马克斯·韦伯(Max Weber,1864—1920)是著名的德国社会学家,被誉为"组织理论之父"。他提出的通常称作"官僚制""科层制"或"理想行政组织"理论,对工业化以来各种不同类型组织产生了广泛而深远的影响,成为现代大型组织广泛采用的一种组织管理方法。其主要内容如下:

（一）理想行政组织的结构特征

1. 劳动分工。工作应当分解成为简单的、例行的和明确定义的任务。
2. 职权等级。公职和职位应当按等级来组织。每个下级应当接受上级的控制和监督。
3. 正式的选拔。所有的组织成员都是依据经过培训、教育或正式考试取得的技术资格选拔的。
4. 正式的规则和制度。为了确保一贯性和全体雇员的活动，管理者必须倚重正式的组织规则。
5. 非人格性。规则和控制的实施具有一致性，避免掺杂个性和雇员的个人偏好。
6. 职业定向。管理者是职业化的官员而不是他所管理的单位的所有者，他们领取固定的工资并在组织中追求他们职业生涯的成就。

理想行政组织是一种体现劳动分工原则的、有着明确定义的等级和详细规则与制度、非个人关系的组织模式。韦伯认为，尽管这种"理想行政组织"在现实中是不存在的，但它代表了一种可供选择的现实世界的重构方式。

（二）权力的类型

权力是统治社会或管理某个组织的基础。社会或组织与其构成部分的关系不是通过契约关系或道德来维持的，而是通过权力的行使来维持的。韦伯把权力定义为一种引起服从的命令结构。为了保证权力的有效运用，统治者必须极力使之合法化。韦伯认为，被社会所接受的合法权力有三种类型。

1. 传统型权力。

这种权力建立在对于习惯和古老传统的神圣不可侵犯性要求之上，是一种由族长或部落首领来行使的权力，臣民或族人之所以服从，是基于对神圣习惯的认同和尊重。

2. 个人魅力型权力。

这是一种建立在个人崇拜基础之上的权力。个人魅力型权力的维持在于拥有者能够使追随者确信自己的能力。为此，拥有者必须经常作出英雄之举，不断创造奇迹，而这在日常管理中是很难做到的。因此，韦伯认为，个人魅力型权力产生于动乱和危机之中，而崩溃于稳定秩序条件下的日常事务管理以及使这种权力制度化的尝试之中。所以个人魅力型权力不能作为稳固政治统治制度的基础。

3. 法理型权力。

建立这类权力的依据是对标准规则模式"合法化"的信念，或对那些按照标准规则被提升到指挥地位的人的权力的信念，这是一种对由法律确定的职位或地位的权力的服从。

韦伯认为，只有法理型权力才能成为科层组织的基础，因为这种权力具有下述特征:为管理的连续性提供了基础,因为权力是赋予职务而不是个人的,因此权力的运用不会因领导人的更换而中断;担任职务的人员是按照完成任务所需的能力来挑选的;领导人可以借助法律手段来保证权力的行使;所有权力都有明确的规定,是按照组织任务所必需的职能加以详细划分的。

任务三 行为科学管理理论

 问题导入

某民营企业经理通过学习有关激励理论,受到很大启发,并着手付诸实践。他赋予下属员工更多的工作和责任,并通过赞扬和常识来激励下属员工。结果事与愿违,员工的积极性非但没有提高,反而对经理的做法强烈不满,认为他是在利用诡计来剥削员工。

(资料来源:百度文库)

思考:请分析该经理做法失败的原因并提出建议。

一、霍桑实验

美国芝加哥郊外西方电器公司的霍桑工厂具有比较完善的娱乐设施、医疗保险制度和养老退休金制度,本来工人应有较高的劳动效率和一定的积极性、主动性、创造性,然而实际上,工人们仍有强烈的不满情绪,生产效率依然很低。为了探究原因,1924年,美国国家研究委员会组织了一个包括许多专家在内的研究小组进驻霍桑工厂,进行了大规模、多方面的试验。

总体来说,霍桑实验可以分为四个阶段:照明实验、继电器装配工人小组实验、大规模的访问交谈以及对接线板接线工作室的研究。

(一)照明实验(1924—1927)

这一实验的研究目的是弄清照明情况对生产效率的影响。在开始实验前,专家小组以泰勒的科学管理原理为指导思想。他们认为,工作的物理环境与生产效率之间应该存在着因果关系,而照明度又是工作的物理环境之一,所以他们决定做此实验。在具体做实验时,专家小组选择了两个实验小组。其中一个小组称为实验组,一个小组称为控制组。实验组的照明度不断变化,控制组的照明度始终不变。通过对比研究,专家小组发现,照明度的改变对生产率几乎没有什么影响,这说明照明度的改变不是引起生产

效率变化的决定性因素,肯定有其他未知的因素在起决定性作用。所以,专家小组决定继续研究。

(二)继电器装配工人小组实验(1927—1928)

为了研究影响生产效率的因素,专家小组决定单独分出一组工人进行研究。在研究时,专家小组对实验小组分期改善工作条件。例如,增加工间休息、公司负责供应午餐与茶点、缩短工作时间、实行团体计件工资制等。研究发现,这些条件的变化会引起劳动生产率的不断变化。专家小组为了进一步研究影响劳动生产率变化的因素,把可能的因素列为五大类分别加以研究,即:改善休息时间,减少工作日数,减轻疲劳;改善休息时间,减轻工作中的单调性;改善材料供应方法与供应情况;改善劳动工资制度;改善监督与指导方式,从而改善工人的工作态度。通过对上述因素的研究,结果发现,第五类因素有利于提高工人的劳动生产率,于是专家小组决定继续研究。

(三)大规模访问交谈(1928—1931)

到此时,实验已进行到第三个阶段,通过大规模的访问交谈和反复对比实验研究,结果发现,在众多因素中,影响工作效率的重要因素是工作中发展起来的人际关系,而不是工资待遇与工作环境等。经过进一步的反复试验研究,研究者发现每个工人的劳动效率,不但受自身条件与因素的影响,也受到人际关系或者同事的影响。由于这只是初步的倾向性认识,为了进一步研究具体的影响劳动生产率的因素,专家小组决定进行第四阶段的研究。

(四)对接线板接线工作室的研究(1931—1932)

该实验以集体计件工资制作为刺激手段,企图形成"快手"对"慢手"的压力,以提高效率。公司当局给工人规定的产量标准是焊合7312个接点,但工人只完成了6000多个接点。实验发现,工人既不会为超定额而充当"快手",也不会因完不成定额而成"慢手",当工人达到他们自认为是"过得去"的产量时就会自动松懈下来,究其原因,生产小组无形中形成默契的行为规范,即工作不要做得太多,否则就是"害人精";工作不要做得太少,否则就是"懒惰鬼";不应当告诉监工任何会伤害同伴的事,否则就是"告密者";不应当企图对别人保持距离或多管闲事,不应当过分喧嚷、自以为是或热心领导;等等。造成这种结果的根本原因有三点:一是工人怕标准再提高,二是怕失业,三是为保护速度慢的同伴。这一阶段的实验还发现了"霍桑效应",即对于新环境的好奇和兴趣,足以获得较佳的成绩,至少在初始阶段是如此。因此,实验专家得出如下结论:

工作室的大部分成员都故意自行限制工作定额;工人对待不同上级的态度不同;工作室的成员存在着几个派系,这些派系后来就被称为"非正式组织"。

通过四个阶段历时近八年的霍桑实验,研究者认识到,人们的生产效率不仅要受到生理方面、物理方面等因素的影响,更重要的是受到社会环境、社会心理等方面的影响,这个结论的获得是相当有意义的,它对"科学管理"只重视物质条件,忽视社会环境、社会心理对工人的影响来说,是个重大的修正。

二、人际关系理论

人际关系理论的代表人物是乔治·埃尔顿·梅奥(Gecrge Elton Mayo,1880—1949)。梅奥原籍澳大利亚,二十岁时在阿德雷德大学获得逻辑学与哲学的硕士学位,并在澳大利亚昆士兰大学讲授多年的逻辑学和哲学课程,后到苏格兰研究精神病理学,对精神上的不正常现象进行分析。1922年,在洛克菲勒基金会的资助下,梅奥移居美国,在宾夕法尼亚大学任教。1926年,他进入哈佛大学从事工业管理问题的研究。

梅奥在代表作《工业文明中的人类问题》中,总结了其人群关系的主要思想。

(一)工人是"社会人"而不是"经济人"

泰勒的科学管理理论假定工人是追求最大限度工资收入、雇主是追求最大限度利润的"经济人",而霍桑试验研究发现,工人作为集体的一员,不但追求最大限度的工资收入,而且追求多方面需求的满足,包括受到社会环境和社会心理等方面因素的影响,因而是"社会人"而不仅是"经济人"。所以,影响工人积极性的不但有经济方面的,而且有社会和心理的因素。

(二)工人的工作态度与士气是影响工作效率的关键因素

泰勒的管理原理说明生产效率、作业条件与作业方法三者之间存在着因果关系。但是,霍桑实验的研究表明,作业条件与作业方法并不是影响生产效率的决定性因素,决定因素应该是工人的工作态度与士气。从上述意义上说,提高生产效率的主要途径是提高工人的满足度,并以此来提高职工的士气。当然,也可以把途径具体化,例如,了解并满足职工的复杂需要,处理好人际关系,创造良好的工作气氛等。

(三)企业中存在着"非正式组织"

"非正式组织"不仅影响工人的工作效率,还影响正式组织的工作效率。因而,企业的主管人员既要能够识别与发现企业中的各种"非正式组织",也要善于利用各种"非正式组织"来提高工人的劳动生产率与组织的效率。例如,"非正式组织"的领袖人物是组织中威望比较高、对"非正式组织"成员有较大影响的人员,因此,企业的主管人员要善于做好"非正式组织"领袖人物的工作,通过提高他的积极性来带动整个"非正式组织"成员积极性的提高。

上述结论虽然强调了管理中人的因素,为行为科学的发展奠定了基础,但是,管理过程涉及的因素较多,并不仅仅是要建立良好的人际关系。人也决非是在任何情况下都感情用事,在许多方面,人都是有理性的,因而霍桑实验的结论也有一定的局限性。

三、行为科学理论

在20世纪20年代末、30年代初,由梅奥指导并参与的霍桑实验的研究结果否定了古典管理理论对于人的假设,指出领导能力在于提高工人的满意度。梅奥的这一理论在当时被称为人际关系理论,也就是早期的行为科学。许多社会学家、人类学家、心理学家、管理学家都从事行为科学的研究,先后发表了大量优秀著作,提出了许多很有见地的新理论,逐步完善了人际关系理论。1949年,在美国芝加哥召开的一次跨学科会议上首先提出了各种学科互相结合的一门边缘性学科——行为科学。行为科学据其研究的侧重点不同,总体上可分为两个分支:人际行为学派和群体行为学派。

对行为科学有重大贡献的代表人物及理论很多,主要有马斯洛的需要层次理论、赫兹伯格的双因素理论、麦格雷戈的"X—Y"理论。

(一)需求层次理论

需求层次理论是由美国心理学家亚伯拉罕·马斯洛于1943年发表的《人类激励理论》论文中所提出的一种激励模式理论。该理论认为,人的需求取决于他已经得到什么、尚缺少什么,只有在尚未满足需求时能够影响人的行为;人的需求都有轻重层次之分,某一层需求得到满足后,另一个需要才出现。

该理论将需求分为五种,像阶梯一样从低到高,按层次逐级递升,分别为生理需求、安全需求、社会需求、尊重需求和自我实现需求。

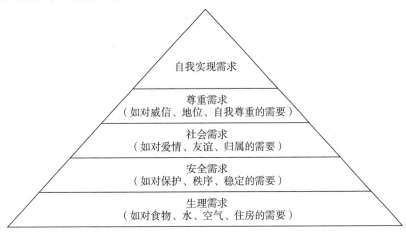

需求层次理论

(二)双因素理论

双因素理论是由美国心理学家赫兹伯格于1959年提出来的,全名叫"激励—保健因素理论"。

赫兹伯格认为有两种因素影响员工行为，一类是保健因素，一类是激励因素。保健因素就是那些造成职工不满的因素，它们的改善能够消除职工的不满，但不能激发起职工的积极性。激励因素就是使职工感到满意的因素，唯有它们的改善才能让职工感到满意，给职工以较高的激励，调动职工的积极性，提高劳动生产效率。

双因素理论是针对满足的目标而言的。保健因素是满足人们对外部条件的要求；激励因素是满足人们对工作本身的要求。前者为间接满足，后者为直接满足。双因素理论认为，要调动人的积极性，就要在"满足"上下功夫。

（三）"X－Y"理论

美国管理学家麦格雷戈于1957年提出了"X－Y"理论。麦格雷戈把传统管理学称为"X理论"，他自己的管理学说称为"Y理论"。

"X理论"认为：多数人天生懒惰，尽一切可能逃避工作；多数人没有抱负，宁愿被领导批评，怕负责任，视个人安全高于一切；对多数人必须采取强迫命令、软硬兼施的管理措施。

"Y理论"的看法则相反，它认为：一般人并不天生厌恶工作，多数人愿意对工作负责，并有相当程度的想象力和创造才能；控制和惩罚不是使人实现企业目标的唯一办法，企业还可以通过满足职工爱的需要、尊重的需要和自我实现的需要，使个人和组织目标融合一致，达到提高生产率的目的。

从现代管理发展的趋势来看，似乎"Y理论"更容易被大多数人接受，但这并不代表说"Y理论"就十分正确、任何情况都适用，也不等于说"X理论"就完全错误、毫无用处。在实际管理工作中，两者还是要结合起来，根据不同情况灵活运用。

需要指出的是，"X理论"和"Y理论"是两种极端的观点，"X理论"更适用于人们低层次需求不能得到满足的情况下，"Y理论"则更适用于人们低层次需求已经得到满足的情况下。事实上，"X理论"和"Y理论"给我们提供了思考问题的角度，在使用时要根据社会发展现状以及人的个体因素综合考虑，不能机械地照搬使用。

案例链接

在一场管理经验交流会上，有两个厂的厂长分别论述了他们各自对如何进行有效管理的看法。

A厂长认为，企业首要的资产是员工，只有员工们都把企业当成自己的家，把个人的命运与企业的命运紧密联系在一起，才能充分发挥他们的智慧和力量为企业服务。因此，不管有什么问题都应该与员工们商量解决；平时要十分注重对员工需求的分析，有针对性地给员工提供学习、娱乐的机会和条件；每月的黑板报上应公布当月过生日的员工的姓名，并祝他们生日快乐；如果员工生孩子，厂里应派车接送，厂长应亲自送上贺礼。在A厂，员工都普遍把企业当成自己的家，全心全意地为企业服务，工厂日益兴旺发达。

B厂长则认为,只有实行严格的管理,才能保证实现企业目标所必需的各项活动的顺利进行。因此,企业要制定严格的规章制度和岗位责任制,建立严密的控制体系;注重上岗培训;实行计件工资制等。在B厂,员工们都非常注意遵守规章制度,努力工作以完成任务,工厂发展迅速。

(资料来源:豆丁网)

思考:

1. A厂长的做法体现了什么管理思想?
2. B厂长的做法体现了什么管理思想?
3. 两个厂长谁的观点正确,为什么?

任务四 现代管理理论

问题导入

海伦、汉克、乔、萨利四个人都是美国西南金属制品公司的管理人员。海伦和乔负责产品销售,汉克和萨利负责生产。他们刚参加过在大学举办的为期两天的管理培训班学习。他们在培训班里主要学习了权变理论、社会系统理论和有关职工激励方面的内容。他们对所学的理论各有不同的看法,现正展开激烈的争论。

乔首先说:"我认为系统管理理论对于像我们这样的公司是很有用的。例如,生产工人偷工减料或做手脚、原材料价格上涨等,都会影响我们的产品销售。系统理论中讲的环境影响与我们的情况很相似。我的意思是,在目前这种经济环境中,一个公司会受到环境的极大影响。在油价暴涨期间,我们还能控制自己的公司,现在呢?我们在销售方面前进一步,都要经过艰苦的战斗。这方面的艰苦你们大概都深有感触吧?"

萨利插话说:"你的意思我已经了解了。我们的确有过艰苦的时期,但是我不认为这与系统管理理论之间有什么必然的联系,我们曾在这种经济系统中受到过伤害。当然,你可以认为这与系统理论是一致的。但是我并不认为我们就有采用系统管理理论的必要。我的意思是,如果每个东西都是一个系统,而所有的系统都能对某一个系统产生影响的话,我们又怎么能预见到这些影响所带来的后果呢?所以,我认为权变理论更适用于我们。如果你说事物都是相互依存的话,系统理论又能帮我们什么忙呢?"

海伦对他们这样的讨论表示了不同的看法。她说:"对系统管理理论我还没有很好地考虑。但是,我认为权变理论对我们是很有用的。虽然我们以前也经常采用权变理论,但是我没有认识到自己是在运用权变理论。例如,我经常听到一些顾客讨论如何跟孩子度过周末之类的问题,从他们的谈话中我就知道他们需要采购什么东西了。顾客不希望逼他们去买他们不需要的东西。我认为,如果我们花上一两个小时与他们自由交谈的话,那肯定会扩大我们的销售量。但是,我也碰到过一些截然不同的顾客,他们一定要我向他们推销产品,要我替他们在购货中作主。这些人也经常到我这里来走走,但不是闲谈,而是做生意。因此,你们可以看到,我每天都在运用权变理论来对付不同的顾客。为了适应形势,我经常都在改变销售方式和风格,许多销售人员都是这样做的。"

汉克显得有些激动地插话说:"我不懂这些被大肆宣传的理论是什么东西。但是,关于系统管理理论和权变理论问题,我同意萨利的观点。教授们都把自己的理论吹得天花乱坠,他们的理论听起来很好,却无助于我们的管理实际。对于培训班上讲的激励要素问题我也不同意。我认为泰勒在很久以前就对激励问题有了正确的论述。要激励工人,就是要根据他们的工作付给他们报酬。如果工人什么也没做,就用不着付任何报酬。你们和我一样清楚,人们只是为钱工作,钱就是最好的激励。"

思考:你同意哪个人的意见?他们的观点有什么不同?

一、现代管理理论的形成与发展

现代管理理论是继科学管理理论、行为科学理论之后,西方管理理论和思想发展的第三阶段,特指第二次世界大战以后出现的一系列学派。与前阶段相比,这一阶段最大的特点就是学派林立,新的管理理论、思想、方法不断涌现。现代管理思想和理论的形成和发展是各种因素相互作用的结果。

在 20 世纪 40 年代,一方面,由于工业生产的机械化、自动化水平不断提高以及电子计算机进入工业领域,在工业生产集中化、大型化、标准化的基础上,出现了工业生产多样化、小型化、精密化的趋势。另一方面,工业生产的专业化、联合化不断发展,工业生产对连续性、均衡性的要求提高,市场竞争日趋激烈、变化莫测,即社会化大生产要求管理改变孤立的、单因素的、片面的研究方式,形成全过程、全因素、全方位、全员式的系统化管理。第二次世界大战期间,交战双方提出了许多亟待解决的问题,如机场和港口的调度问题、对大量的军火进行迅速检查的问题等,这些都涉及管理的方法。

资本主义生产关系出现了一些新变化,由于工人运动的发展,赤裸裸的剥削方式逐渐被新的、更隐蔽、更巧妙的剥削方式所掩盖。新的剥削方式着重从人的心理需要、感情方面等着手,形成处理人际关系和人的行为问题的管理。

管理理论的发展越来越借助于多学科交叉作用。经济学、数学、统计学、社会学、人类学、心理学、法学、计算机科学等各学科的研究成果越来越多地被应用于企业管理。

进入20世纪80年代，随着社会、经济、文化的迅速发展，特别是信息技术的发展与知识经济的出现，世界形势发生了极为深刻的变化。面对信息化、全球化、经济一体化等新的形势，企业之间竞争加剧、联系增强，管理出现了深刻的变化与全新的格局。

二、管理理论的"丛林"

第二次世界大战后，从20世纪40年代到80年代，除了行为科学学派得到长足发展以外，许多管理学者都从各自不同的角度发表自己对管理学的见解。这其中主要的代表学派有社会系统学派、系统管理学派、决策理论学派、管理过程学派、管理科学学派、经验主义学派、经理角色学派和权变理论学派等。这些管理学派研究方法众多，管理理论不统一，各个学派都有自己的代表人物，各自所主张的理论、概念和方法，孔茨称其为管理理论的"丛林"。

（一）社会系统学派

社会系统学派认为，人的相互关系就是一个社会系统，它是人们在意见、力量、愿望以及思想等方面的一种合作关系。管理人员的作用就是让组织围绕着物质的、生物的和社会的因素，去适应总的合作系统。

该学派的创始人是美国的高级经理人员和管理学家切斯特·巴纳德（Chester Barnard，1886—1961）。巴纳德担任过美军服务协会会长、洛克菲德基金会会长、美国国家科学基金会会长、美国财政部长助理、联合国原子能委员会的美国代表顾问、美国科学促进会委员和美国艺术和科学院院士等。巴纳德的主要贡献有以下几个方面：

1. 提出了社会的各种组织都是一个协作系统的观点。巴纳德认为，组织的产生是人们协作愿望导致的结果。个人办不到的许多事，通过协作就可办到。

2. 分析了正式组织存在的三种要素，即成员协作的意愿、组织的共同目标及组织内的信息交流。

3. 提出了权威接受理论。过去的学者是从上到下解释权威的，认为权威都是建立在等级系列组织地位基础上的。巴纳德则是从下到上解释权威，认为权威的存在必须以下级的接受为前提。至于怎样才能接受，需具备一定的条件。

4. 对经理的职能进行了新的概括。经理应主要作为一个信息交流系统的联系中心，致力于实现协作努力工作。

（二）系统管理学派

系统管理学派侧重以系统观点考察组织结构及管理基本职能，代表人物是理查德·约翰逊、卡斯特和罗森茨韦克。系统管理学派认为：系统是由相互联系、相互作用的若干要素结合而成的具有特定功能的有机整体；系统不断地同外界进行物质和能量的交换，从而维持一种稳定状态;整体是主要的,部分是次要的;部分围绕整体目标发挥作用,其行为受到整体的制约,部分最优不等于整体最优;协同作用应使整体大于部分之和。

该学派强调管理的系统观点,要求管理人员树立全局观念、协作观念和动态适应观念,即不能局限于特定领域的专门职能,也不能忽视各自在系统中的地位和作用。

(三)决策理论学派

决策理论学派的主要代表人物是美国的赫伯特·西蒙。决策理论的主要论点有以下五方面:

1. 强调决策的重要性。决策理论认为,管理的全过程就是一个完整的决策过程,即决策贯穿于管理的全过程,管理就是决策。

2. 分析决策过程中的组织影响。上级不是代替下级决策,而是提供给下级决策前提,包括价值前提和事实前提,使之贯彻组织意图。价值前提是对行动进行判断的标准,而事实前提是对能够观察的环境及环境作用方式的说明。

3. 提出决策应遵循的准则。该理论主张用"令人满意的准则"去代替传统的"最优化原则"。

4. 分析决策的条件。管理者决策时,必须利用并凭借组织的作用,尽量创造条件,以解决知识的不全面性、价值体系的不稳定性及竞争中环境的变化性问题。

5. 归纳决策的类型和过程。该理论把决策分成程序化决策和非程序化决策两类。程序化决策是指反复出现和例行的决策;非程序化决策是指那种从未出现过的,或者其确切的性质和结构还不很清楚或相当复杂的决策。

(四)管理过程学派

管理过程学派又称"管理职能学派",是由美国加利福尼亚大学的教授哈罗德·孔茨和西里尔·奥唐奈里奇提出的。管理过程学派认为,管理是一个过程,是在有组织的集体中让别人和自己一起去实现既定的目标。管理人员在管理活动中执行着计划组织、领导、控制等若干职能。管理是一个循环的过程,从计划到控制,再从控制到计划,表明了过程的连续性。控制职能确保组织达到其计划的目的。孔茨继承了法约尔的理论,并把法约尔的理论更加系统化、条理化,使管理过程学派成为管理各学派中最具有影响力的学派。

(五)管理科学学派

管理科学学派也被称为"管理数理学派"或"管理计量学派"。这一学派的主要代表人物有美国的伯法。该学派认为"管理"就是用数学模型及其符号来表示计划、组织、控制、决策等合乎逻辑的程序,求出最优解,以达到企业目标。因此,该学派认为管理科学就是制定用于管理决策的数学和统计模型,并将这些模型通过电子计算机应用于管理实践中。

（六）经验主义学派

经验主义学派的主要代表人物是德鲁克。该学派主要通过案例研究，向一些大企业的经理提供管理的经验和方法。该学派否认管理理论的普遍价值，主张从"实例研究"和"比较研究"中导出通用规范，由经验研究来分析管理。该学派特别重视对单个公司组织结构、管理职能和程序等方面的研究。

（七）经理角色学派

经理角色学派主要通过观察经理的实际活动来明确经理角色的内容。对经理（从总经理到领班）实际工作进行的研究早就存在，但把这种研究发展成为一个众所周知的学派的人是明茨伯格。

明茨伯格系统地研究了不同组织中五位总经理的活动，得出如下结论：总经理并不只按人们通常认为的职能分工行事，即只从事计划、组织、协调和控制工作，还从事许多别的工作。

明茨伯格根据他自己和别人对经理实际活动的研究，认为经理扮演着角色。

1. 人际关系方面的角色。

该角色包括挂名首脑角色（作为一个组织的代表执行礼仪和社会方面的职责）、领导者角色、联系人角色（特别是同外界联系）。

2. 信息方面的角色。

该角色包括信息接受者角色（接受有关企业经营管理的信息）、信息传播者角色（向下级传达信息）、发言人角色（向组织外部传递信息）。

3. 决策方面的角色。

该角色包括领导者角色、故障排除者角色、资源分配者角色、谈判者角色（与各种人和组织打交道）。

（八）权变理论学派

权变理论学派核心观点认为不存在"普遍适用，一成不变，最好的管理理论或方法"。该学派不强调原则，只关心管理的效果，对管理学而言，权变理论提出了一个具有逻辑性的方法，并强调了组织的多变性，试图了解组织如何在特定环境及不同条件下进行运作。受权变理论影响的企业管理，必须讲求弹性并随时根据环境的变化来设计和使用最适用于某些特定情况的组织设计与管理方法。

权变理论是一种较新的管理思想。权变的意思，通俗地讲，就是权宜应变。该学派认为，在企业管理中，由于企业内外部环境复杂多变，因此管理者必须根据企业环境的变化而随机应变，没有一成不变、普遍适用的"最佳"管理理论和方法，管理者要根据组织的实际情况来选择最好的管理方式。

三、现代管理理论的特点

现代管理理论是近代所有管理理论的综合,是一个知识体系,是一个学科群,它的基本目标就是要在急剧变化的现代社会面前,建立起一个充满创造活力的自适应系统。要使这一系统能够得到持续地高效率地输出,不仅要求有现代化的管理思想和管理组织,还要求有现代化的管理方法和手段来构成现代管理科学。

纵观管理学各学派,虽各有所长,各有不同,但不难寻求其共性,可概括如下:

1. 强调系统化。

这就是指运用系统思想和系统分析方法来指导管理的实践活动,解决和处理管理的实际问题。系统化要求人们认识到一个组织不仅是一个系统,也是另一个更大系统中的子系统。所以,应用系统分析的方法,就是从整体角度来认识问题,以防止片面性和受局部的影响。

2. 重视人的因素。

管理的主要内容是人,而人是生活在客观环境中的,虽然人们在一个组织或部门中工作,但是他们在思想、行为等诸方面,可能与组织不一致。重视人的因素,就是注意人的社会性,对人的需要予以研究和探索,在一定的环境条件下,尽最大可能满足人们的需要,以保证组织中全体成员齐心协力地为完成组织目标而自觉作出贡献。

3. 重视"非正式组织"的作用。

"非正式组织"是人们以感情为基础而结成的集体,这个集体有约定俗成的信念,人们彼此感情融洽。利用"非正式组织",就是在不违背组织原则的前提下,发挥非正式群体在组织中的积极作用,从而帮助实现组织目标。

4. 广泛地运用先进的管理理论与方法。

随着社会的发展,科学技术水平的迅速提高,先进的科学技术和方法在管理中的应用越来越重要。所以,各级主管人员必须利用现代的科学技术与方法,促进管理水平的提高。

5. 加强信息工作。

由于现代社会普遍强调通信设备和控制系统在管理中的作用,所以对信息的采集、分析、反馈等的要求越来越高,即强调及时和准确。主管人员必须利用现代技术,建立信息系统,以便有效、及时、准确地传递信息和使用信息,促进管理的现代化。

6. 把"效率"(Efficiency)和"效果"(Effectiveness)结合起来。

作为一个组织,管理工作不仅仅要追求效率,更重要的是要从整个组织的角度来考虑组织的整体效果以及对社会的贡献。因此,管理者要把效率和效果有机地结合起来,从而使管理的目的体现在效率和效果之中,也即通常所说的绩效(Performance)。

7. 重视理论联系实际。

重视管理学在理论上的研究和发展,进行管理实践,并善于通过实践归纳总结,找出规律性的东西,这些是主管人员应尽的责任。主管人员要乐于接受新思想、新技术,并用于自己的管理实践中,把诸如质量管理、目标管理、价值分析、项目管理等新成果运用于实践,并在实践中创造出新的方法,形成新的理论,促进管理学的发展。

8. 强调"预见"能力。

社会是迅速发展的,客观环境在不断变化中,这就要求人们运用科学的方法进行预测,进行前馈控制,从而保证管理活动的顺利进行。

9. 强调不断创新。

管理意味着创新。创新就是在保证"惯性运行"的状态下,不满足现状,利用一切可能的机会进行变革,从而使组织更加适应社会条件的变化。

任务五 管理理论在新时代的发展

问题导入

某食品企业主要有三种产品,主要在北京地区生产和销售。该企业最近有以下几件事需要处理:

1. 聘请专家对企业存在的问题进行了诊断,专家发现企业内部的生产流程不合理,因而造成成本居高不下、隐性成本无法核算等问题,于是筹划对生产流程进行改造。

2. 目前三种产品的销售情况不错,市场需求旺盛,订单较多,但由于工作人员的疏忽,出现了订单漏记,个别送货时间、品种与数量出现差错的现象,一些客户有些怨言。

3. 食品属于时限性很强的产品,各销售点的订货量相对较少,订货频繁,周期短。该企业的物流配送一直是一个大问题。有一家专业的物流企业希望能利用自身的专业化优势来承担企业的物流配送任务。

4. 目前企业产品的目标顾客定位是老少皆宜,即全方位的顾客。有人提议企业应开发针对儿童和针对白领阶层的营养食品。

5. 调查显示,今后一段时期内河北地区对本企业具有重要意义,有人建议并购河北的一家食品厂,以便开拓河北市场。

思考:

请你就上述几件事,根据企业战略管理的理论进行分析,判断哪些事是与公司战略有关的问题,哪些不是,并说明你的理由。

20世纪80年代后,随着科技发展以及生产力的提高,管理理论在演变进程中,形成了各种理论流派。

一、战略管理

企业战略理论于20世纪60年代出现在美国,70年代盛行,80年代后得到了进一步的完善,企业管理进入了战略管理时期。在现代环境下,从某种意义上说市场竞争就是企业战略的竞争,企业战略是决定一些企业取得最终成功的重要因素,所以管理学者越来越重视企业战略问题的研究和探讨。

迈克尔·波特(Michael Porter,1947—)于1947年出生在密歇安州,是哈佛大学商学院著名教授和当今世界最有影响的管理学家之一,开创了企业竞争战略理论。他认为行业竞争中有五种力量模型决定了企业规模:供应商力量、替代品威胁、购买者力量、潜在竞争加入者威胁和竞争对手威胁。在分析影响五种战略力量的基础上,波特提出企业要有突出业绩,要么成为行业中成本最低的生产者,要么产品和服务在某些方面与众不同,形成消费者偏好。这一理论体现了波特杰出的成功型战略思想。

(一)成本领先战略

成本领先战略,即建立起高效规模的生产设施,在经验的基础上全力以赴地降低成本,抓紧成本和管理费用的控制,最大限度地减少成本费用。贯穿整个战略的是使成本低于竞争对手,当然产品质量和服务也不容忽视,成本领先战略可使企业获得较高利润。

(二)差异化战略

差异化战略,即产品和服务差异化,树立品牌形象,在技术上有独特的性能和特点,在顾客服务和商业网络方面有独到之处。一个企业如果成功实施差异化战略,可在一个行业中赢得高收益。

(三)专业化战略

专业化战略,即主攻某个特殊的顾客群和某一地区市场,为某一特殊目标服务。公司的专业化能够以更高的效率、更好的效果为某一战略对象服务。

波特认为这三种战略每一个公司都必须明确,而徘徊其间将使公司处于极差的战略地位,不利于公司的发展。

二、知识管理

知识管理的研究最早始于美国。20世纪90年代中期,知识管理理论蓬勃发展。目前,知识管理已经不仅仅局限于理论上的探讨,开始进入实用化阶段。

(一)知识管理的内容

知识管理可分为人力资源管理和信息管理两个方面。人力资源管理是知识管理的核心内容,人力资源管理就是一种以"人"为中心,将"人"看作最重要资源的现代管理思想。

在知识经济时代,决定企业成功的不仅仅是企业掌握了多少显性知识,更重要的是能够使那些隐性知识转换为显性知识。隐性知识集中储存在人的脑海里,是个人所获得的经验和技能的体现、结合与创造性的转化和发挥。知识管理就是有效地实现隐性知识的转换并在转换中创新,使企业能够明智地运用内部资源并预测外部市场的发展、变化,对外部需求作出快速反应。

(二)知识管理的特点

1. 知识管理重视对组织成员进行精神激励。

组织成员拥有不断创新和创造新的有用知识的能力,他们是组织知识创新的主体。因此,采取恰当的激励机制就显得尤其重要,不仅要注重物质激励,更要注重精神激励。

2. 知识管理重视知识的共享和创新。

未来组织间的竞争取决于企业的整体创新能力,有效的知识管理要求把集体知识共享和创新视为赢得竞争优势的支柱,创造一种组织知识资源能够得到共享和创新的环境。其目的是通过知识的有效地利用来提高个人或组织创造价值的能力。

3. 知识管理强调运用知识进行管理。

传统管理是经验管理,经验只是知识中的一个层次。管理科学产生后,管理的知识是不完整而又有失偏颇的。在知识管理中,管理的知识应当是完整的、全面的而又有机统一的,它要求管理者将知识视为组织最重要的战略资源,把最大限度地掌握和利用知识作为提高竞争力的关键。

(三)知识管理的实施

1. 设立知识总监。

设立知识总监或主管的目的是要在没有先例可循的情况下能够丰富、支配和管理不断发展的知识体系,以便有效地运用集体的智慧,提高应变和创新能力。知识总监或主管的主要职责为了解公司的环境和状况,理解公司内的信息需求,建立一个能够促进学习、积累知识和信息共享的环境,使每个人都认识到知识共享的好处,并为公司知识库的丰富作出贡献;监督保证知识库内容的质量、深度、风格并与公司的发展相一致;保证知识库设施的正常运行与信息更新;不断积累知识和促进新知识的产生,促进知识共享。

2. 从市场和客户那里获得信息和知识。

从市场和客户那里获得信息和知识是实施知识管理的重要途径。

3. 建立知识与信息的共享网络和知识联盟。

知识与信息共享网络主要有两种:一是内部网,二是虚拟网。二者都具有众多的功能。例如:美国的波音公司通过建立虚拟网络,实现了空军地勤的"无纸"开发。波音公司的员工无论在世界哪个角落都能使用相同的数据库。知识联盟有助于组织之间的知识学习和知识共享,使组织能够开展系统思考。知识联盟将比产品联盟更紧密和具有更大的战略潜能,可以帮助组织扩展和改善基本能力,从战略上创造新的核心能力。

4. 以知识创新为基础设立职位。

这体现了知识时代独特的管理理念。发达国家的许多公司都开始实施知识创新管理规则,即根据职员知识创新的表现发放奖金和晋升职位;此外,美国的 IBM 公司、日本各大公司还鼓励专业技术人员与管理人员进行岗位交换,目的是使职员获得更多的有关公司的整体化知识。

5. 建立学习型组织。

破除旧有的管理观念与思维模式的束缚,强调学习和知识的重要性,把知识作为创造财富及其附加价值的主体,获取和应用知识的能力也将成为企业核心竞争力的关键。知识社会的来临使得企业再造和学习型组织成为时代的热潮。

三、学习型组织

学习型组织是指通过营造整个组织的学习气氛,充分发挥员工的创造性思维能力而建立起来的一种有机的、高度柔性的、横向网络式的、符合人性的、能持续发展的组织。

彼得·圣吉(Peter Senge, 1947—)在其 1990 年出版的《第五项"修炼"——学习型组织的艺术与实践》一书中,指出未来组织所应具备的最根本性的品质是学习,并在该书中提出了"学习型组织"这一观念。

彼得·圣吉认为要使组织变成一个学习型组织,必须具有以下五项"修炼"的扎实基础:

(一)系统思考

系统思考是五项"修炼"的核心,强调把各个独立的以及片断的实践联系起来看,注重内在的互动关系。

(二)自我超越

自我超越是五项"修炼"的基础,强调认识真实世界并关注最理想境界,由两者之间的差距而产生不断学习的意愿,不断自我创造和自我超越。

(三)改善心智模式

人们要学习改变多年来养成的思维习惯,摒弃陋习,强制自己进入新的心智模式,破旧立新。

(四)建立共同愿景

所谓共同愿景,是指能鼓舞组织成员共同努力的愿望和远景,或者说是共同的目标和理想。共同愿景主要包括三个要素:共同的目标、价值观与使命感。因此组织需要建立共同的理想、共同的文化和共同的使命,使员工看到组织近期、中期和远期的发展目标和方向,从而使员工心往一处想、劲往一处使,使每个人的聪明才智得以充分发挥,使组织形成一种合力。

(五)团队学习

团队学习就是组织化的学习或交互式的学习。团队学习是适应环境突变的最佳方式。唯有大家一起学习、成长、超越和进步,才能让组织免遭冲击,持续创造佳绩。

学习型组织突破了原有方法论的限制,以系统思考代替机械思考,以整体思考代替片断思考,以动态思考代替静止思考。该理论试图通过一套修炼方法提升人类组织整体动作的"群体智力"。现代组织面临复杂多变的环境,只有增强学习能力,才能适应种种变化,未来真正出色的组织将是能够设法使组织各阶层人员全心投入工作,并有能力不断学习的组织,也就是"学习型组织"。

四、企业再造

所谓企业再造,是指为了获取可以用诸如成本、质量、服务和速度等方面的绩效进行衡量的显著成就,对企业的经营过程进行根本性再思考和关键性再设计。1993年,美国管理学家迈克尔·哈默(Michael Hammer,1948—2008)和詹姆斯·钱皮(James Champy,1942—)以《再造企业——工商业革命宣言》一书,在美国和西方发达国家中掀起了一场工商管理革命。企业再造理论以一种再生的思想重新审视企业,并对传统的管理学赖以存在的基础——分工理论提出质疑,是管理学发展史中的一次巨大变革。

企业再造理论的主要代表人物就是美国著名管理学家、麻省理工学院教授迈克尔·哈默和咨询专家詹姆斯·钱皮。

(一)变革的背景——分工和低效率

亚当·斯密认为:"劳动生产力最大的增进以及运用劳动时所表现的更大的熟练、技巧和判断力,似乎都是分工的结果。"但是,分工理论在不断提高企业生产效率的同时,也给企业的持续发展套上了一道无形的枷锁:将一个连贯的业务流程分成数个支离破碎的片段,既导致劳动者的技能愈加专业化,成为一个片面发展的机器附属,也增加了各个业务部门之间的交流工作,交易费用因此会大大增加;在分工理论的影响下,科层制成为企业组织的主要形态,这种体制将人分为严格的上下级关系,即使进行一定程度的分权管理,也大大地削弱了企业员工的积极性、主动性和创造性。特别是在旧的工业经济时代逐步向新的知识经济时代过渡的过程中,流行两百多年的分工理论已经成为亟须变革的羁绊。因此,以恢复业务流程本来面目为根本内容的企业再造理论便应运而生。

(二)变革的核心——重组流程

企业再造理论首要的内容就是提出对流程的不同理解。哈默和钱皮将流程再造定义为,"针对企业业务流程的基本问题进行反思,并对它进行彻底的重新设计,以便在衡量绩效的重要指标上,如成本、质量、服务和效率等方面,取得显著的进展",并强调要打破原有分工理论的束缚,重新树立"以流程为导向"的思想。企业再造直接针对的就是被割裂得支离破碎的业务流程,其目的就是重建完整和高效率的新流程,因此,在再造的过程中一定要牢固树立流程的思想,以流程为现行的出发点和终点,用崭新的流程替代传统的以分工理论为基础的流程。

(三)变革的启示——重新设计企业

企业再造理论给人们带来的重要启示是需要对企业重新设计。

1. 以价值为导向进行组织设计。

以价值为导向的思想实际就是坚持以顾客为导向,按照价值增值的过程将相关的操作环节进行重新整合,组成高效率的、能够适应顾客需要的完整的流程,并以此为基础重新设计企业的组织结构。

2. 按照"合工"的思想重新设计企业流程。

哈默和钱皮创造性地提出"合工"的思想,将原本属于一个业务流程的若干个独立操作部分重新整合起来,对被分割的支离破碎的企业流程按照全新的思路加以改造,从而获得适应新的经济时代发展要求的高效率和高效益。

3. 用彻底的变革代替渐进式变革。

与采用改良方式推动企业管理发展的续编思路不同,企业再造从一开始就要进行完全彻底的变革,而且这个变革直接针对经历多年的分工思想,为管理理论的发展重新奠定了重要的基石。

五、虚拟组织

虚拟组织是区别于传统组织的以信息技术为支撑的人机一体化组织,其以现代通讯技术、信息存储技术、机器智能产品为依托来实现传统组织的职能及目标。在形式上,它没有固定的地理空间,也没有时间限制,组织成员通过高度的自律和共同的价值取向实现团队目标。

1993年,约翰·伯恩(John A. Byrne, 1946—)将虚拟企业描述成企业伙伴间的联盟关系。一些相互独立的企业(如供应商、客户、甚至竞争者)通过信息技术连接成暂时的联盟,这些企业在诸如设计、制造、分销等领域分别为该联盟贡献自己的核心能力,以实现技能共享和成本分担,其目的在于建立起某种特定产品或服务的世界一流竞争能力,把握快速变化的市场机遇。虚拟组织既没有办公中心也没有组织结构图,可能还是无层级、无垂直一体化的组织。

在虚拟组织平台上,企业间的创新协作可以实现优势互补、风险共担。在网络环境下,企业用虚拟组织的形式组织生产与研发工作,这样可以适应全球化竞争的态势,更好地满足消费者的多变需求,使企业快速发展。

虚拟组织是工业经济时代的全球化协作生产的延续,是信息时代的企业组织创新形式。目前人们对它的认识仍然处在不断探索的阶段,在相关文献中有"虚拟企业""虚拟公司""虚拟团队"等称谓。不过总的说来,虚拟组织具有合作型竞争、动态性、扁平化、学习型等主要特点。

(一)合作型竞争

在数字化信息时代,合作比竞争更加重要。虚拟组织一般由一个核心组织和几个成员组织组成,在推出新产品时以信息网络为依托,选用不同组织的资源,把具有不同优势的组织组合成单一的靠信息技术联系起来的动态联盟,共同对付市场的挑战,联合参与国际竞争。虚拟组织以网络技术为依托,跨越空间的界限,在全球范围内的许多备选组织中精选出合作伙伴,保证合作各方实现资源共享、优势互补和有效合作。虚拟组织是建立在共同目标上的联盟,它随着市场和产品的变化而进行调整,一般情况下在项目完成后联盟便可以解散。

(二)动态性

虚拟组织能动态地集合和利用资源,从而保持技术领先。它快速有效地利用信息技术和网络技术,各成员组织以及各个环节的员工都能参与技术创新的研究和实施工作,从而维持技术领先地位。虚拟组织不仅向顾客提供产品和服务,更重视向顾客提供产品和服务背后的实际问题的解决方案。传统的组织常常为大量顾客提供同一产品,而忽视了同一产品对不同顾客在价值上的差异,虚拟组织则能从顾客的差异入手,给顾客提供一个完整的解决方案。因此虚拟组织能够有针对性地选择和利用经济上可承受和已开发的技术,保证了技术的领先性。

(三)扁平化

扁平化的组织能对市场环境变化作出快速反应。信息技术的高速发展将极大地改变组织内部信息的沟通方式和中间管理层的作用,虚拟组织通过社会化协作和契约关系,使得组织的管理结构扁平化,削减了中间层次,使决策层贴近执行层。虚拟组织的组织结构是"橄榄型"或"哑铃型",组织的构成单位从职能部门转化成以任务为导向、充分发挥个人能动性和多方面才能的过程小组,组织的所有目标都直接或间接地通过团队来完成。虚拟组织的组织边界不断被扩大,在建立起组织要素与外部环境要素互动关系的基础上,向顾客提供优质的产品或服务。虚拟组织能随时把握企业战略调整和产品方向转移、组织内部和外部团队重新构成的情况,以战略为中心建立网络组织,通盘考虑顾客满意度和自身竞争力,不断进行动态演化,对环境变化作出快速响应。

(四)学习型

虚拟组织竞争的核心是学习型组织。学习型组织提倡"无为而治"的有机管理。虚拟组织在其经营过程中,往往处在十分复杂的动态变化中,组织经营者必须不断地根据环境的变化而作适应性的调整。虚拟组织的经营过程是企业管理者和员工互动式教育过程。虚拟组织具有适应动态变化的学习能力。虚拟组织的学习过程不局限于避免犯错误或者避免组织脱离既定的目标和规范,而是鼓励进行打破常规的探索性的试验,是一种允许出现错误的复杂的学习过程,在很大程度上依赖反馈机制,是一个循环的过程。

实践活动

(一)实训准备

1. 目的:提升学生搜集信息的能力,增进学生的对管理学大师的认识、对其管理思想的了解。
2. 形式:集体参与。
3. 时间:四十分钟。
4. 材料:三种颜色的卡纸、一个小箱子(用来盛装写着代表人物的卡纸)。
5. 场地:室内。

(二)实训内容

1. 事先将学生分为六个组,每组分别发放不同颜色的卡纸。学生要分别写出在科学管理理论、一般管理理论、行政组织理论、行为科学理论、现代管理理论丛林、管理理论的新发展这六类管理学理论演进过程的代表人物、代表思想、代表著作及管理理论的优点及缺陷。
2. 每组成员都要围绕主题查阅资料。
3. 课堂上,每组分别派代表抽取代表人物。确保每组抽到的不是本组写出的。
4. 给大家二十分钟的发言时间,针对代表人物,给出其代表思想及代表著作、管理思想的优缺点。
5. 比较哪组答案与正确答案最接近,给出评价。
6. 利用十分钟谈论"你最喜爱的管理大师",并说出喜欢的原因。

（三）实训评估

讨论：

1. 你认为对现代企业管理最有影响的管理理念是什么？
2. 你认为对现代企业管理最有影响的管理大师是谁？

一、单项选择题

1. 在"管理学理论"中首先提出"系统分析"概念的是(　　)。
   A. 日本松下电器公司　　　　　　B. 德国西门子公司
   C. 美国兰德公司　　　　　　　　D. 美国通用公司
2. 组织理论之父是(　　)。
   A. 法约尔　　　B. 韦伯　　　C. 泰勒　　　D. 梅奥
3. 行为科学理论认为，人是(　　)。
   A. 经济人　　　B. 社会人　　　C. 复杂人　　　D. 自我实现人
4. 西方早期的管理思想中，(　　)是最早研究专业化和劳动分工的经济学家。
   A. 亚当·斯密　　　　　　　　　B. 查尔斯·巴比奇
   C. 泰罗　　　　　　　　　　　　D. 大卫·李嘉图
5. 理想的行政组织体系理论，是由马克斯·韦伯提出来的。其中"理想的"是指现代社会(　　)组织形式。
   A. 最有效和合理的　　　　　　　B. 最符合需要的
   C. 最经济和合理的　　　　　　　D. 最先进科学的

二、多项选择题

1. 狭义的行为科学理论包括的内容有(　　)。
   A. 个体行为理论　　B. 社会行为理论　　C. 团体行为理论
   D. 职能行为理论　　E. 组织行为理论
2. "管理科学理论"的内容包括(　　)。
   A. 运筹学　　　　　B. 系统分析　　　　C. 激励过程理论
   D. 激励强化理论　　E. 决策科学化
3. 法约尔认为企业的职能包括管理以及(　　)。
   A. 技术　　　　　　B. 商业　　　　　　C. 财务
   D. 核算　　　　　　E. 安全
4. 正式组织与非正式组织的区别在于(　　)。
   A. 是否程序化设立　　B. 是否程序化解散　　C. 是否程序化运作
   D. 是否正式在工商行政管理部门注册　　E. 是否合法

5. 属于现代管理理论的学派有（   ）。
   A. 管理过程学派　　　B. 社会系统学派　　　C. 决策理论学派
   D. 经验主义学派　　　E. 权变理论学派　　　E. 权变理论学派

案例分析

联合邮包服务公司的科学管理

联合邮包服务公司(UPS)雇佣了15万员工,平均每天将900万个包裹发送到美国各地和180个国家。为了实现他们的宗旨——"在邮运业中办理最快捷的运送",UPS的管理当局系统地培训他们的员工,使他们以尽可能以高效率从事工作。我们以送货司机的工作为例,介绍一下他们的管理风格。

UPS的工业工程师们对每一位司机的行驶路线进行了时间研究,并对每种送货、暂停和取货活动都设立了标准。工程师们记录了红灯、通行、按门铃、穿院子、上楼梯、中间休息喝咖啡的时间,甚至上厕所的时间,将这些数据输入计算机中,从而给出每一位司机每天工作的详细时间标准。

为了完成每天取送130件包裹的目标,司机们必须严格遵循工程师设定的程序。当他们接近发送站时,他们松开安全带,按喇叭,关发动机,拉起紧急制动,把变速器推到1挡上,为送货车启动离开做好准备。然后,司机从驾驶室溜到地面上,右臂夹着文件夹,左手拿着包裹,右手拿着车钥匙。他们看一眼包裹上的地址就把它记在脑子里,然后以每秒3米的速度快步跑到顾客的门前,先敲一下门以免浪费时间找门铃。送完货后,他们回到卡车上在路途中完成登录工作。

这种刻板的时间表是不是看起来有点繁琐?也许是,它真能带来高效率吗?毫无疑问,专家公认为UPS是世界上工作效率最高的公司之一。举例来说,联邦捷运公司平均每人每天取送约80件包裹,而UPS却是130件。在提高效率方面的不懈努力,对UPS的净利润产生了积极的影响,虽然这是一家未上市的公司,但人们普遍认为它是一家获利丰厚的公司。

（资料来源：道客巴巴）

思考：

1. 本案例主要体现了什么管理理论？它是由谁提出来的？这一管理理论的主要内容有哪些？

2. 结合联合邮包服务公司的实际,对上述管理理论进行评价。

模块二
管理决策与计划

项目三
决 策

🌸 任务分解

【知识指标】

1. 了解决策的概念、类型。
2. 掌握决策的原则和过程。
3. 熟悉各个类型决策的制定方法。

【技能指标】

1. 掌握头脑风暴法、德尔菲法、哥顿法。
2. 熟悉各种定量决策法。

🌸 知识结构图

任务一　认识决策

 问题导入

费尔的成功决策

费尔在担任美国贝尔电话公司总裁的二十年里创造了一个世界上最大规模的民营企业。电话系统实行民营在今天的美国被认为是理所当然的,然而在当时世界上已开发电话系统的地区中,只有美国和加拿大的魁北克与安大略省的贝尔电话公司不是由政府经营的。

贝尔电话公司之所以能有这样的成就,主要原因在于费尔担任该公司总裁期间作了四大成功决策。

1.提出"以服务为目的"的决策。贝尔电话公司通过预测社会大众的服务要求,提出了"以服务为目的"的口号。当初费尔认为一个民营的电话公司要站得住脚,不能采取防守政策,而应当比任何政府企业都要更加照顾社会大众的利益,积极为大众服务。费尔还认为应有一项判断管理人员及其作业的尺度,用以衡量服务的程度。把服务的质量视作管理人员的一种责任,公司高层的工作职责在于组织及调整资源,提供最佳服务,并获得适当的收益。

2.实施公众管制的决策。费尔认为一个全国性的电信事业,绝不能以传统的"自由企业"模式进行无拘无束的经营。他认为唯一的方法便是"公众管制"。费尔把有效的"公众管制"作为公司的目标,从而一方面确保了公众利益,另一方面使贝尔公司顺利经营。

3.确定建立贝尔研究所的决策。费尔为公司建立了贝尔研究所,该研究所成为由企业创办的最成功的科研机构之一。费尔认为,一个企业如果没有竞争力,便不能发展。

4.确定建立资金市场的决策。费尔在20世纪20年代开创了大众资金市场,他认为许多企业之所以被政府接管,大多是因为无法取得所需要的资金。为确保贝尔公司民营形态的生存,必须筹集大量资金。费尔让公司发行了一种美国电话电报公司普通股份,直到今天该普通股份仍然是美国和加拿大中产阶级的投资对象,从而使贝尔公司获得了大量资金。

(资料来源:刘秋华.企业管理[M].大连:东北财经大学出版社,2009:72)

思考:

1.从贝尔决策的成功谈决策在企业管理中的重要性。

2.从案例中我们能得到什么启示?

决策是管理的核心,整个管理过程都可以说是围绕着决策的制定和组织实施展开的。提到决策,很容易让人产生错觉,认为这只是企业经理等高级管理人员应该关心的事情,企业的普通员工只要有执行力就可以。其实不然,不仅企业的管理者需要决策,在日常生活和工作中,人人都需要面临决策,不同的只是决策的难度、大小及决策需要承担的风险不同。生活中,人们时时刻刻都在进行着决策,小型决策如买什么样的鞋子、穿什么样的衣服;中型决策如找什么样的对象,买什么样的车子或房子;大型决策如人生规划,企业的投资战略、发展目标以及国与国之间的关系等。较小的决策即使错误,也不会对生活造成太大的损害,但是,中型、大型决策一旦做错,就可能带来难以弥补的损失甚至终生的遗憾。因此,我们一定要善于分析,谨慎决策,正确决策。懂得如何分析与制定战略、如何进行决策对于步入职场与规划人生都是很重要的。

一、决策的定义

何谓决策?通俗地说,当一个人面临着多种可供选择的行动方案时,从中作出抉择,这就是决策。形象地说,决策就是一个人面临分岔路口时,选择一条通往目的地的道路。我们现在普遍认为决策是一个过程,它不仅仅是作选择的那一个瞬间,还包括作出选择之前必须进行的一切活动,如信息的收集、情况的分析等。

路易斯、古德曼和范特(Lewis,Goodman and Fandt)对决策作了如下定义:"管理者识别并解决问题的过程,或者管理者利用机会的过程。"

(一)决策的主体是管理者

管理者既可以单独作出决策,这样的决策称为"个体决策";也可以和其他的管理者共同作出决策,这样的决策称为"群体决策"。

(二)决策的本质是一个过程

决策由多个步骤组成,各人对决策过程的理解可能不尽相同。

(三)决策的目的是解决问题或利用机会

从企业的角度来看,决策是指在组织内外部条件的约束下,为实现组织的特定目标,从拟定的若干备选方案中选择一个最优方案织实施的过程。

这个概念表明,决策的主体既可以是组织,也可以是组织中的个人;决策要解决的问题既可以活动的选择,也可以是对这种活动的调整;决策选择或调整的对象既可以是活动的方向和内容,也可以是从事活动的方式;决策的内容及时限既可以是战略性的,涉及未来较长时间,也可以是战术性的,涉及短时间。

二、决策的原则与特点

（一）决策的原则

决策的制定和实施不是一个主观随意的过程，必须符合客观规律。科学的决策应当建立在认真研究的基础上，经过实事求是地分析，去粗取精，去伪存真，从而作出的合理决断。因此，在进行决策时必须遵守一定的基本原则。

1. 系统原则。

每一个决策都会受到多种因素的影响，其实施结果也会带来广泛的影响，因此要从系统的角度出发，综合考虑，追求总体最优。

2. 信息原则。

信息是决策的基础。想要作出正确的决策，必须事先收集恰当而准确的信息。适量的信息是决策的依据，信息量过大固然有助于提高决策水平，但对组织而言可能是不经济的，信息量过少则使管理者无从决策或导致决策达不到应有的效果。

3. 可行性原则。

决策必须切合实际，能够付诸实施，否则决策将毫无意义。决策的目的是指导组织未来的实践活动。组织的任何活动都需要利用一定的资源，必须依靠必要的人力、物力和技术条件。理论上非常完善的方案，如果不能付诸实施，那也只能是"空中楼阁"。因此，决策方案的拟定和选择，不仅要考察采取某种行动的必要性，而且要注意实践条件的限制。例如，一家矿产公司经过科学研究，发现其他星球上蕴藏了丰富的金矿并决定开采，但该公司就实力而言，目前难以实现该项目。因此，在现阶段，这样的决策既无必要也无意义。

4. 满意原则。

决策遵循的是满意原则，而不是最优原则。对决策者来说，要想使决策达到最优，必须具备以下条件，缺一不可：容易获得与决策有关的全部信息；真实了解全部信息的价值所在，并据此拟定所有可能的方案；准确预测每个方案在未来的执行结果。但现实中，上述这些条件往往得不到满足。具体来说原因有以下几点：组织内外的很多因素都会对组织的运行产生不同程度的影响，决策者很难收集到反映这些因素的所有信息；决策者对于收集到的有限信息的利用程度也是有限的，决策者只能拟定数量有限的方案；任何方案都要在未来实施，而未来是不确定的，决策时所预测的未来状况可能与实际的未来状况不一致。

现实中的上述状况决定了决策者难以作出最优决策，只能作出满意的决策。遵守满意原则包括以下内容：决策的目标是使组织得到实际改善；备选方案不是越复杂越好，而是能够满足组织目标的要求；决策方案不是要避免一切风险，而是选取其中相对利益最大化或相对风险最下化的方案。

老师讲故事

给猫挂铃铛

　　一群老鼠在富翁家里过着无忧无虑的生活,不愁吃喝,安乐自在地繁衍后代。然而,不知是主人担心积存的谷物,还是他的朋友无意送了他一只猫,总之,老鼠们的天敌来了,更糟糕的是,这只猫是捉老鼠的神手,老鼠的数目眼看着一天一天地减少。

　　老鼠们为此召开了一次全体会议。一个德高望重的老鼠站了起来,严肃地说道:"这是关系我们生死和未来的问题,我们即将面临着死亡!下面大家商讨一下解决的方案吧!"

　　大家都静下来了,死亡的阴影笼罩了整个会议。在智能测试中获得第一名的老鼠站了起来,清了清嗓子说:"我现在想出了一个好办法。大家都知道,所有的威胁都来自那只猫,我们只要躲开它,不被它抓住就行了。我们可以把一个铃铛挂到猫的脖子上,一旦猫向我们靠近,就会发出声音。我们听到铃声躲到洞里不就行了吗?"

　　聪明绝顶的老鼠说完,会场里响起热烈的掌声。"对呀,真是个好主意啊!"

　　那个老鼠满面笑容地接受着大家的夸奖,心中暗暗得意。这时,小老鼠一边往后退,一边胆怯地说:"可是谁去往猫脖子上挂铃铛呢?太可怕了,我可办不到。"

　　瞬时之间,会场变得寂静无声了。这个主意非常绝妙,也十分稳妥,但是派谁去实现呢?

(资料来源:《给猫挂铃铛》星球地图电子出版社)

(二)决策的特点

1. 目标性。

决策要有明确的目标。目标是组织在未来特定时间内想要达成的结果。组织决策是为了实现组织在未来特定时间内的特定目标的活动,没有目标就无需开展决策,目标是决策的方向性指引。实践证明,失败的决策往往是因为决策目标不正确或者不明确。

2. 可选择性。

决策至少要有两个以上的可行方案。决策的基本含义就是抉择,如果只有一种方案,没有选择余地,也就无所谓决策。国外有一条管理人员熟悉的格言:"如果看来只有一种行事方法,那么这种方法很可能是错的。"在制定可行方案时,应当从整体考虑,将各种可能实现的方案都考虑到，并且方案应尽可能详细，以免遗漏，同时尽量做到各个方案之间不雷同。这就要求管理人员善于思考，集思广益，利用科学的方法尽量设计出多种可行方案。

3. 过程性。

决策不是一个瞬间的动作，而是一系列过程。决策是为达到一定的目标，从两个或多个可行方案中选择一个合理方案的分析判断和抉择的过程。决策实际上包括了前期信息的收集，可行方案的设计、评价、选择以及实施和反馈等活动，实际上是"决策—实施—再决策—再实施"的循环过程。

4. 动态性。

外界环境不断变化，组织内部也在随时调整，作决策时的预测可能与将来的实际状况有所不同，如果未来实施决策时的环境变化较大，决策者要注意调整决策，保持决策的动态性。

5. 普遍性。

决策是组织日常活动的重要内容，即决策无处不在，无时不有。决策渗透在管理的计划、组织、领导和控制等职能中。无论是各层级管理者，还是一般员工；无论是生产领域、市场领域，还是财务领域，都不可避免地面临着新问题或出现新机会，因而必须就如何科学地解决问题或利用机会作出决策。另外，进行一项特定决策的过程本身是一个更复杂的决策过程。例如，制定评价方案之前需要确立评价标准，而如何制定评价标准又是决策。

三、决策的类型

(一) 按决策的重要程度划分，决策可分成战略决策、战术决策和业务决策

战略决策是对企业有重大影响的长远的决策，是对直接关系企业生存发展的全局性问题的决策。战略决策一般需要考虑企业的目标、方针确定、产品更新、投资方向等重大问题，属于企业高层管理者的职责范围，多是复杂的、不确定性的决策。

战术决策是企业为实现战略决策对企业资源作出合理安排的策略性决策。其作用范围比较小，一般属于企业各职能管理部门的职责范围，作用时间比较短。企业的营销计划、生产计划、物流计划、物资采购、资源配置、设备更新等问题属于战术决策。

业务决策是在管理决策的指导下，为了提高企业各种具体业务工作的质量或效率的决策。业务决策属于常规性、技术性的决策，针对短期目标，具有很大的灵活性，一般属于基层管理人员的职责范围。生产进度安排、广告设计、库存控制等一般属于业务决策。

(二)按决策的重复程度划分,决策将分为程序化决策和非程序化决策

程序化决策是处理例行问题的决策,它主要根据已有的经验,解决经常出现的问题。程序性决策一般由企业中下级管理人员作出。例如,安排日常生产、编制工人薪资、雇佣新员工等都可以通过程序化决策决定。程序化决策虽在一定程度上限制了决策者的自由,但可以较为准确地处理常规化问题,为决策者节约时间和精力。

非程序化决策主要解决新出现的或不常出现的偶然性问题。非程序性决策虽然所占比重较小,但通常关系到企业全局和长远发展,因而一般属于企业高层管理者的决策范围。例如,组织变革、新市场开发等一般属于非程序化决策。

(三)按决策问题所具备的条件分类,决策可分为确定型决策、风险型决策和不确定型决策

确定型决策是在稳定可控条件下进行的决策,决策的问题及各种可行方案的后果已知,能用一定方法计算及预测结果。也就是说,信息资料是确定的,决策条件是确定的,每个可选方案的预期结果是明确的,最终选择哪个方案取决于对各个方案结果的直接比较。

风险型决策是指每个方案都有两个以上的自然状态,决策者根据不同自然状态下的损失概率来作出决策,所作的决策有一定的风险性。

不确定型决策是在不稳定条件下作的决策。不确定型决策的外部条件不可预测,未来可能出现的各种自然状态完全是随机的,总的来说就是决策者对未来的情况知道很少,每个方案的结果是不确定的,决策主要依靠决策者的经验和判断作出。

(四)从决策主体来看,决策可分为集体决策与个人决策

集体决策是多人一起作出的决策。集体决策可以更大范围地收集汇总信息,更好地沟通,拟定出更多的备选方案,最终作出更好的决策,得到集体成员更多的认同。但集体决策也有缺点:作出决策需要花费较多的时间,一旦出现问题责任不明等问题。

个人决策是指个人作出的决策,主要依靠个人的经验判断作出,它的主观性较强,容易出现失误。

(五)按决策的起点,决策可分为初始决策与追踪决策

初始决策,又称"零起点决策",是指从事某种活动所进行的初次选择,是初次接触某一事件,在充分认识其内外环境的基础上作出的决策。

追踪决策,又称"非零起点决策",是在初始决策的基础上对后续计划的方向、内容或方式等进行调整。追踪决策是一个回溯分析的过程,保留初始决策的合理内容,调整不合理因素,是一个扬弃的过程。

任务二　决策过程

问题导入

为改变林业生产中长期形成的林木品种单一、林业生产率低的局面,某县人民政府专门发文,要求全县人民大搞速生丰产林基地建设。为贯彻县政府的指示,该县林业局立即召开局长办公会议,专门讨论建设丰产林基地的问题,与会的三位局长经过简单讨论,一致决定在该县某区沿江村建设一块面积达二百亩的泡桐速生林基地。沿江村有一片二百亩的荒滩,这片滩地由于地势低,地下水位高,土壤的碱性重,根本不适合泡桐树的生长。针对这种情况,在局长办公会议的决策形成后,林业局的林业助理工程师曾专门向局长进谏,要求局长取消这个决定。可是局长却无视劝告,一意孤行,坚持实施原决策。于是,林业局便利用省里下拨的林业扶助款,从邻省购树苗,从沿江村召集劳动力,正式开始了基地建设。经过一个月的奋战,作为"样板林"的泡桐速生林基地建成。然而,第二年春天,该基地的泡桐树苗发芽慢、长势弱。一到夏天,由于基地的地下水位迅速增高,树苗开始大面积枯黄,至年底,树苗已死亡了40%,到第三年年底,该基地的树苗已全部死亡。

(资料来源:http://wenku.baidu.com/)

思考:
1. 某县林业局建设速生丰产林基地的决策为什么导致失败?
2. 该局领导对此是否要负责任?

一、决策的程序

一般情况下,决策过程分为以下几个步骤:

(一)发现和分析问题

通过对现有系统的分析,找出问题及形成原因,界定决策问题。决策的制定始于存在的问题,或者说是事务现状和某些标准比较而发现的差异,组织运行与计划目标发生偏差。问题的存在是客观的,但问题的识别是主观的,管理者常用的发现问题的方法是将实际进程与计划指标对照检查。以下情况较容易发现问题:

1. 组织外部环境的变化。在正常环境条件下常规运行的组织,在环境发生显著变化时,往往会出现很多新问题。

2.组织内部的变化。组织运行出现异常变化,如企业产品不合格率突然上升,或员工情绪发生变化、消极怠工等,管理者要及时深入分析研究,找出症结所在。

3.组织工作受到批评。当组织成员或消费者对组织及其管理提出批评意见或表露不满情绪时,说明组织已经出现问题,决策者应该清醒意识到它的重要性。

(二)确定目标

管理者一旦发现问题,并对此问题进行了分析,那么对于解决这一问题要达成的目标也就必须加以确定。目标是作决策所考虑的重要因素,如果目标不明确,整个决策就走上了一条方向错误的路,无论怎么努力都无法成功。

(三)准确地收集信息

决策的制定需要以事实为依据,所以在拟定备选方案之前要围绕决策目标,对决策问题及环境系统作周密调查分析,充分搜集相关信息。

1.不要轻信别有用心或与该决策有根本利害关系的人提供的信息,偏见会导致信息的扭曲,要从各方面听取意见,并注重分析比较。

2.要注意平均水平与实际情况的差异。

3.不要轻易放弃相互矛盾或截然相反的意见,要注意深入调查,在搞清事实的基础上作出决策。

4.对专家的意见避免盲从。

5.要注意信息的时效性和获取信息的代价,不要指望在收集到所有信息后再作决策。

(四)拟定备选方案

决策者根据所掌握的信息,尽可能多地列出一切可行方案,以保证选出其中最满意的方案,同时明确列出各方案的影响因素。影响因素越明确,就越便于比较分析。

所拟定的备选方案应对能对问题进行全方位思考,要有创见性,制定方案时应当鼓励创新,具体要求做到以下两点:

1.大胆设想。

根据决策目标及相关的分析预测,充分运用各种创造性思维,广开思路,大胆设想,特别要集思广益,多方探索,提出创意,寻求解决问题的途径与办法。

2.精心设计。

以有效实现目标为中心,注意对多种因素及内外环境的思考与综合,使各种途径与方法具体化,设计出多种可行方案。

(五)分析评价可选方案

评价备选方案,方案一旦确定后,决策者必须认真地分析评估每个方案,既要测算其预期效果、衡量解决问题的程度,又要审视可能产生的不良后果和潜在问题,研究实施后有可能出现的差错。在评价备选方案时,要考虑到环境变化,预测每个方案的实施效果,具体可以采用以下评价方法:

1. 经验判断法。

经验判断法是依靠决策者实践经验和判断能力的一种方法。决策者要首先判断哪些方案不切实际并予以淘汰,然后对保留方案进行分析评估,经过全面权衡,从中选出较为满意的方案向决策者推荐。

2. 数学分析法。

数学分析法是用数学模型进行科学计算的一种方法。这种方法比较科学、准确,但需要掌握完备的数据资料。

3. 试验法。

试验法,即选择少数几个典型为试点单位进行试验,以取得的经验和数据作为选择方案的依据。这种方法适用于作重大方案决策时,既缺乏经验、资料,又难以作出判断且无法采用数学模型时的情况。

(六) 选择满意方案

对于重大问题的决策,决策者应当谨慎,可以请顾问来辅助决策。首先要将方案发给有关人员,让其有充分的准备;其次是召开会议,由专家小组报告方案评估过程和结论;最后由决策者集体进行充分的讨论,选择满意的方案。

一般性的、程序化的决策由决策者个人决定,以不吸收智囊人员参加,由决策者个人根据实际情况决定,以降低决策成本,提高工作效率。

对方案评价的基本标准是价值标准。西蒙提出一个现实的标准,即"满意标准"。由于决策者不可能充分掌握所有信息,作出完全精确的预测,对未来的情况也不能完全肯定,并且决策者本身也是"有限理性",因此决策者一般无法作出最优化决策,而只能作出较为满意的选择。

(七) 决策方案的实施

恰当的方案要得到切实地实施才能真正获得成功。方案实施之前要做好宣传教育,把决策的目标、价值标准以及整个方案向下属交代,使组织全体成员都了解方案的内容、目的和意义,动员大家为实现目标而共同努力。其次要健全组织机构,机构及其职责要适应决策方案的需要,同时把实施方案所需人力、物力、财力都动员组织起来,使各个要素能够充分发挥作用,形成整体功能,各部门及执行人员要责任明确、赏罚分明。最后在实施过程中要建立信息反馈系统,注意跟踪检查,注意决策实施过程中的情况和问题,一旦发现差异,要及时反馈,查明原因,并采取必要措施进行有效控制,减少因偏离目标而引起的震荡,保证组织目标和决策目标的实现。

二、决策的影响因素

(一)环境因素

在不同的环境下,决策者对事物的判断选择呈现不同取向。环境是在不断变化的,决策不能脱离具体环境,决策必须根据具体环境的影响因素而进行。

1. 环境的稳定性。

环境的稳定性越高,变化越少,决策越趋向于简单;一旦环境变化,那么决策也需要相应改变。

2. 市场结构。

市场结构的变化对企业的决策至关重要,尤其是供需的变化不可避免地影响着企业的诸多决策,如销售计划、生产计划、采购计划等。

3. 买卖双方在市场的地位。

企业在交易中的地位变化会导致决策不同。

(二)决策者素质

面对同一问题,不同的决策者可能会作出不同的决策,这是由以下几个方面的不同导致的差异。

1. 个人对待风险的态度。

人们对于风险的态度在很大程度上影响着决策。保守型的决策者小心翼翼,倾向于规避风险,会选择低风险低收益的方案;激进型的决策者则恰恰相反,会甘愿冒着高风险而选择高收益的方案。

2. 个人能力。

决策者的个人能力有高有低,高能力的决策者能更全面地考虑问题,更长远地预测将来,更准确地预测每一方案的效益,从而作出更正确地选择。

3. 个人价值观。

个人价值观决定着人们的行为取向,价值观是人们判断对错的尺度,也是人们作出选择的指南。价值观不同会导致每个决策者的关注点不同,从而导致决策不同。

4. 决策群体的关系融洽程度。

关系融洽有利于正确决策的作出。

总之,决策者富有战略眼光、领导能力强、作风民主、集思广益,决策质量往往比较高。

(三)组织自身因素

1. 组织文化。

组织文化通过人们对组织、对行为的态度发挥作用影响决策。在具有开拓、创新气氛的组织中,人们总是以发展眼光分析决策的合理性,有利于实施新决策。在偏向保守、怀旧和维持的组织中,人们总是根据过去标准判断现在的决策,不利于实施新决策。

2. 组织的信息化程度。

正确决策的作出需要以信息为基础,如果组织有良好的信息构架,引入了完善的信息系统,信息化程度较高,那么就能轻易地获得决策相关信息,并且能保证所获得信息的准确性。

3. 组织对环境的应变模式。

一个较为封闭的组织,往往难以适应环境的变化,无法作出正确的决策。一个开放的组织可以兼容并举,快速地对环境的变化作出反应,提高决策的正确性。

(三)问题本身的特性

1. 时间敏感决策。

时间敏感决策是指那些必须迅速而尽量准确的决策,这类决策对速度要求远高于质量要求。例如,当一辆汽车向一个人冲来时,这个人决策的关键是迅速跑开,至于向哪个方向跑,相对来说则不再重要。

2. 知识敏感决策。

知识敏感决策对时间的要求不太严格,这类决策的执行效果主要取决于决策者的知识和决策质量,而非决策速度。战略决策通常属于知识敏感决策。

(四)过去的决策

过去的决策的影响程度,取决于事件之间的关联程度。关联越密切,决策受到的影响越大。

三、决策的意义

决策是管理者的一项必要工作,决策在整个管理过程中是非常重要的。

(一)决策是管理的基础

决策是计划工作的核心,计划是管理的首要职能。决策失误是最大的失误。如何正确认识、把握和利用决策方法,有效地提高决策的科学性,是关系组织未来生存与发展的关键问题。

(二)决策是各项管理职能实现的保证

纵观管理的各项职能,无论是计划职能、组织职能,还是领导职能、控制职能,其实现过程中无不需要作出决策,可以说,决策贯穿于各管理职能之中,管理者做的每一件事都包含着决策。

(三)决策是组织管理工作成败的关键

一个组织工作的成败,首先取决于决策的正确与否。决策正确并经过顺利实施,可以保证组织目标的实现;而一个错误的决策,执行越到位,给组织带来的损失越大。

案例链接

田忌赛马

齐国的大将田忌,很喜欢赛马,有一回,他和齐威王约定进行一场比赛。他们商量好,把各自的马分成上、中、下三等。比赛的时候,上马对上马,中马对中马,下马对下马,由于齐威王每个等级的马都比田忌的马强得多,所以比赛进行了几次,田忌都失败了。

田忌觉得很扫兴,比赛还没有结束,就垂头丧气地离开赛马场,这时,田忌抬头一看,人群中有个人,原来是自己的好朋友孙膑。孙膑招呼田忌过来,拍着他的肩膀说:"我刚才看了赛马,威王的马比你的马快不了多少呀。"孙膑还没有说完,田忌瞪了他一眼:"想不到你也来挖苦我!"孙膑说:"我不是挖苦你,我是说你再同他赛一次,我有办法准能让你赢了他。"田忌疑惑地看着孙膑:"你是说另换一匹马来?"孙膑摇摇头说:"连一匹马也不需要更换。"田忌毫无信心地说:"那还不是照样得输!"孙膑胸有成竹地说:"你就按照我的安排办事吧。"齐威王屡战屡胜,正在得意洋洋地夸耀自己马匹的时候,看见田忌陪着孙膑迎面走来,便站起来讥讽地说:"怎么,莫非你还不服气?"田忌说:"当然不服气,咱们再赛一次!"说着,"哗啦"一声,把一大堆银钱倒在桌子上,作为他的赌注。齐威王一看,心里暗暗好笑,于是吩咐手下,把前几次赢得的钱全部抬来,另外又加了一千两黄金,也放在桌子上。齐威王轻蔑地说:"那就开始吧!"一声锣响,比赛开始了。孙膑先以下等马对齐威王的上等马,第一局输了。齐威王站起来说:"想不到赫赫有名的孙膑先生,竟然想出这样拙劣的对策。"孙膑不去理他。接着进行第二场比赛。孙膑拿上等马对齐威王的中等马,获胜了一局。齐威王有点心慌意乱了。第三局比赛,孙膑拿中等马对齐威王的下等马,又胜了一局。这下,齐威王目瞪口呆了。比赛的结果是三局两胜,当然是田忌赢了齐威王。同样的马匹,由于调换一下比赛的出场顺序,就得到转败为胜的结果。

(资料来源:百度文库)

任务三　定性决策法

问题导入

坐飞机扫雪

有一年,美国北方格外寒冷,大雪纷飞,电线上积满冰雪,大跨度的电线常被积雪压断,严重影响通信。许多人试图解决这一问题,但都未能如愿以偿。后来,电信公司经理决定应用奥斯本发明的头脑风暴法，尝试解决这一难题。他召开了一场座谈会，参加会议的是不同专业的技术人员，他们必须遵守以下原则：

第一，自由思考，即要求与会者尽可能解放思想，无拘无束地思考问题并畅所欲言，不必顾虑自己的想法是否"离经叛道"或"荒唐可笑"。

第二，延迟评判，即要求与会者在会上不要对他人的设想评头论足，不要发表"这主意好极了""这种想法太离谱了"之类的"捧杀句"或"扼杀句"，至于对设想的评判，留在会后组织专人考虑。

第三，以量求质，即鼓励与会者尽可能多而广地提出设想，以大量的设想来保证质量较高的设想的存在。

第四，结合改善，即鼓励与会者积极进行智力互补，在增加自己提出设想的同时，注意思考如何把两个或更多的设想结合成另一个更完善的设想。

按照这种会议规则，大家七嘴八舌地议论开来。有人提出设计一种专用的电线清雪机；有人想到用电热来化解冰雪；也有人建议用振荡技术来清除积雪；还有人提出带上几把大扫帚，乘直升机去扫电线上的积雪。对于这种"坐飞机扫雪"的想法，大家心里尽管觉得滑稽可笑，但在会上也无人提出批评。相反，有一位工程师在百思不得其解时，听到用飞机扫雪的想法后，思路受到冲击，一种简单可行且高效的清雪方法从脑海中冒了出来。他想，每当大雪过后，出动直升机沿积雪严重的电线飞行，依靠调整旋转的螺旋桨即可将电线上的积雪迅速扇落。他马上提出"用干扰机扇雪"的新设想，顿时又引起其他与会者的联想，有关用飞机除雪的主意一下子又多了七八条。不到一小时，与会的十名技术人员共提出九十多条新设想。

会后，公司组织专家对设想进行分类论证。专家们认为设计专用清雪机，采用电热或电磁振荡等方法清除电线上的积雪，在技术上虽然可行，但研制费用大，周期长，一时难以见效。因"坐飞机扫雪"激发出来的几种设想，倒是大胆的新方案，如果可行，将是一种既简单又高效的好办法。经过现场试验，发现用直升机扇雪真能奏效，一个久悬不决的难题终于通过运用头脑风暴法得到了巧妙解决。随着创造活动的复杂化和课题涉及技术的多元化，单枪匹马式的冥思苦想将变得软弱无力，"群起而攻之"的战术则显示出攻无不克的威力。

（资料来源：http://wenku.baidu.com/）

思考：
1. 什么样的决策方法是头脑风暴法？
2. 该案例给了你什么启示？

定性决策法又称"主观决策法"，是指在决策中主要依靠决策者或有关专家的智慧和经验，在系统调查研究分析基础上，根据掌握的情况与资料进行决策的方法，这是一

种"软技术"。管理决策者运用社会科学的原理并依据个人的经验和判断能力,采取一些有效的组织形式,充分发挥各自丰富的经验、知识和能力,从对决策对象本质特征的研究入手,掌握事物的内在联系及其运行规律,对企业的经营管理决策目标、决策方案的拟定以及方案的选择和实施作出判断。这种方法适用于受社会、经济、政治等非计量因素影响较大、所含因素错综复杂、涉及社会心理因素较多以及难以用准确数量表示的综合性问题。这种"软技术"方法是企业决策的主要方法,它弥补了"硬"方法对于人的因素、社会因素等难以奏效的缺陷。"硬""软"两类技术只有相互配合,取长补短,才能是决策更为有效。

一、头脑风暴法

Brain Storming,即头脑风暴法,由美国学者阿历克斯·奥斯本首先提出,奥斯本希望通过这种方法提高思维活跃度,打破常规思维方式,产生大量的创造性设想。经过后期的实践与发展,这种方法已经逐渐成熟,成为有效的群体决策方法。头脑风暴法通常将与某一问题有关联或有兴趣的人集合在一起,在完全不受约束条件下,敞开思路,畅所欲言。会议主持人鼓励提出任何种类的方案设计思想,禁止对任何方案作出批评,将收集到的各个想法整理记录,得到最佳方案。

典型的头脑风暴会议中,一群人围桌而坐,领导者或会议主持人向所有参与者阐明问题,参与者没有事先准备好的发言稿,即席发言,在一定时间内自由地发表意见,提出尽可能多的方案,不进行相互评价。会议旨在使与会者相互启发,展开发散性思维,使思路像风暴一样来得快而猛烈,以获得大量新颖的方案与设想。

想要顺利实施该方法,需要遵循以下原则:

第一,禁止相互评论。对别人的建议不作任何评价,不论这种方法是否适当和可行,将相互讨论限制在最低限度内,不私下讨论,不批评别人建议,不打断别人的思维活动。

第二,注重数量。建议越多越好,参与者不要考虑自己建议的质量,想到什么就说出来,为了探求最大量的灵感,任何一种构想都可以提出。

第三,创造性。参与者独立思考,想法越新奇越好。

第四,补充和完善已有的建议。在别人灵感的基础上加以想象、变化、组合,以激发更多新的灵感。参加者对已经提出的设想进行改进和综合,为准备修改自己设想的人提供优先发言的机会。

头脑风暴法可以排除折中方案,对所讨论问题作客观、连续的分析,最终找到切实可行的方案。但头脑风暴法产生的很多方案是不具有可行性的,因此在很多公司的决策过程中,对在直接头脑风暴法提出的方案和设想,经常采用质疑头脑风暴法进行质疑和完善。这是头脑风暴法中对设想或方案的现实可行性进行估价的一个专门程序,这一程序分为三个阶段。

第一阶段就是要求参加者对每一个提出的设想都要提出质疑,并进行全面评论。

评论的重点是研究有碍设想实现的所有限制性因素。在质疑过程中,可能产生一些可行的新设想。这些新设想包括对已提出的设想无法实现的原因的论证,存在的限制因素以及排除限制因素的建议。其结构通常是:"××设想是不可行的,因为……如要使其可行,必须……"

第二阶段是对每一组或每一个设想,编制评论意见一览表以及可行设想一览表。质疑头脑风暴法应遵守的原则与直接头脑风暴法一样,只是禁止对已有的设想提出肯定意见,而鼓励提出批评和新的可行设想。在进行质疑头脑风暴法时,主持者应首先简明介绍所讨问题的内容,扼要介绍各种系统化的设想和方案,以便把参加者的注意力集中于对所论问题进行全面评价上。质疑过程一直进行到没有问题可以质疑为止。质疑中提出的所有评价意见和可行设想,应专门记录或录在磁带上。

第三个阶段是对质疑过程中提出的评价意见进行估价,以便形成一个对解决所讨论问题实际可行的最终设想一览表。对于评价意见的估价,与对所讨论设想质疑一样重要。因为在质疑阶段,重点是研究有碍设想实施的所有限制因素,而这些限制因素即使在设想产生阶段也应放在重要地位予以考虑,由分析组负责处理和分析质疑结果。分析组要吸收一些有能力对设想实施作出较准确判断的专家参加。如果须在很短时间就重大问题作出决策时,吸收这些专家参与尤为重要。

二、德尔菲法

Delphi Technique,即德尔菲法,又称为"专家意见法",是20世纪60年代由美国兰德公司首创的策划方法。

集体讨论中可能会存在意见相互影响、少数盲目服从多数等情况,为了克服这些不利情况的影响,决策者可以采用德尔菲法。德尔菲法依据系统的程序,采用匿名发表意见的方式,即团队成员之间不得互相讨论,不发生横向联系,只能与调查人员发生关系,以反复填写问卷的方式,集结问卷填写人的共识及搜集各方意见,应对复杂任务或难题的管理技术。

(一)基本程序

第一,明确调查目标,拟定调查方案。首先,确定目标,给出详细相关背景资料,列出需要专家回答的问题提纲,具体说明预测目的、填写期限、填写方法以及其他注意事项。

第二,选定专家范围。按照课题所需要的知识范围,选择该问题相关领域专家。专家人数的多少,可根据预测课题的多少和涉及面的宽窄而定。

第三,向所有专家提出所要预测的问题及有关要求,并附上有关这个问题的所有背景材料,同时请专家提出需要的材料,由专家作书面答复。

第四,各个专家根据他们所收到的材料,提出自己的预测意见,并说明自己是怎样利用这些材料并提出预测值的。

第五,将各位专家第一次判断意见汇总,列成图表,进行对比,再分发给各位专家,让专家比较自己同他人的不同意见,修改自己的意见和判断。也可以把各位专家的意见加以整理,或请身份更高的其他专家加以评论,然后把这些意见再分送给各位专家,以便他们参考后修改自己的意见。

第六,将所有专家的修改意见收集起来,再次分发给各位专家,以便第二次修改。逐轮收集意见并为专家反馈信息是德尔菲法的主要环节。收集意见和信息反馈一般要经过三四轮。在向专家进行反馈的时候,只给出各种意见,但并不说明发表各种意见的专家的具体姓名。这一过程重复进行,直到每一个专家不再改变自己的意见为止。

第七,对专家的意见进行综合处理。

(二)特点

1.匿名性。采用这种方法时,所有专家组成员不直接见面,只是通过函件交流,这样就消除了权威的影响,这是该方法的主要特征。匿名是德尔菲法极其重要的特点,从事预测的专家彼此在完全匿名的情况下交流思想。

2.反馈性。该方法需要经过三四轮的信息反馈,在每次反馈中,调查组和专家组都可以进行深入研究,使得最终结果基本能够反映专家的基本想法和对信息的认识,从而使结果较为客观、可信。小组成员的交流是通过回答组织者的问题来实现的,一般要经过若干轮反馈才能完成预测。

3.收敛性。在多轮反复调查预测中,通过吸收其他人的意见,专家的意见逐渐趋于统一。

这种方法的优点主要是既能充分发挥各位专家的作用,集思广益;又能把各位专家意见的分歧点展现出来,取各家之长,避各家之短;还能避免专家会议法的缺点:权威人士的意见影响他人的意见;有些专家碍于情面,不愿意发表与其他人不同的意见;有些专家出于自尊心而不愿意修改自己原来不全面的意见。德尔菲法的主要缺点是过程比较复杂,花费时间较长;专家没有明确的选择标准,选择合适的专家较为困难。

三、哥顿法

哥顿法是由美国人哥顿于1964年提出来的决策方法,又称为"提喻法",是一种特殊的头脑风暴法。它以会议形式请专家提出完成工作或实现目标的方案,并只有会议主持人知道要完成什么工作、目标是什么,而与会者并不知道。会议主持人在会开始时转弯抹角地提出与完成工作相似的问题,经过充分议论,主持人在适当的时候把真正所要解决问题的具体内容提出来,使小组成员的讨论进一步深化,以形成有新意的实施方案,避免与会者受到完成特定工作或目标的定式思维方式束缚,最后由决策者根据讨论结果进行决策。实际上,哥顿法采取的是由专业化到综合化的过程,可以避免一开始就综合化的某些弊端。

任务四 定量决策法

问题导入

1960年,爱奥库卡担任美国福特公司副总裁兼总经理,他观察到一股以青年人为代表的社会革新力量正在形成,将对美国社会、经济产生难以估量的影响,因此,爱奥库卡认为,设计新车型时,应该把青年人的需求放在第一位。在他精心组织下,经过多次改进,1962年底一种新车最后定型,它看起来像一部运动车,"鼻子"长、"尾部"短,满足了青年人喜欢运动和刺激的心理。更重要的是,这种车的售价相当便宜,只有2500美元,一般青年人都能买得起。最后这种车还取了一个令青年人遐想的名字——"野马"。1964年4月,纽约世界博览会期间,"野马"正式在市场上露面,在此之前,福特公司为此大造了一番舆论,掀起了一股"野马"热。在第一年的销售活动中,顾客买走了41.9万辆"野马",创下当时全美汽车制造业销量的最高纪录。"野马"的问世和巨大成功显示了爱奥库卡杰出的经营决策才能。从此,他扬名美国企业界。

(资料来源:http://wenku.baidu.com/)

思考:该案例给了你什么启示?

定量决策是指运用现代数学方法和管理科学原理,将决策涉及的变量和决策目标之间的关系,通过建立数学模型加以分析决策的方法。定量决策适用于具备完整历史资料的项目。运用定量决策技术,可以把企业管理经常出现的常规问题编成处理的程序,供下次处理类似的问题时调用,因此,这种方法经常在程序化决策中被广泛应用。同时,它科学地把决策者从日常的常规管理事务中解放出来,使其把主要精力集中在非程序化的战略决策问题上。

一、盈亏平衡分析法

确定型决策是指未来事件发生的条件为已知情况的决策。盈亏平衡分析法是确定型决策常用的一种决策方法,进行盈亏平衡分析法决策的前提是产品生产出来后肯定是畅销的。盈亏平衡分析法是一种适应性强、应用广泛的决策方法,应用盈亏平衡分析法的关键是确定盈亏平衡点,在该点的销售收入等于总成本。

应用盈亏平衡分析法是要把成本分为固定成本和可变成本两部分,和总收益进行对比,以确定盈亏平衡时的产量或者某一盈利水平时的产量。

盈亏平衡模型：销售收入＝总成本。

盈利模型：利润＝销售收入－(固定成本＋可变成本)。

我们以下题为例来理解盈亏平衡分析法。

【例】 某企业生产产品 A，年固定成本为 1200 万元，产品单台销售价格为 900 元，单台产品可变成本为 500 元。试求盈亏平衡点的产销量 Q。如果企业想盈利 45 万，应生产多少产品 A？

解：(1)盈亏平衡模型：

销售收入＝单价×销量＝900×Q

总成本＝固定成本＋变动成本＝12000000＋500×Q

销售收入＝总成本

即 900×Q＝12000000＋500×Q

可得出 Q 为 30000，也就是当该企业生产 30000 件 A 产品时，销售收入等于总成本，即盈亏平衡点为 30000 件。

(2)盈利模型：

销售收入－总成本＝利润

单价×销量－(固定成本＋变动成本)＝450000

900×Q－(12000000＋500×Q)＝450000

可得出 Q 为 31125，也就是当该企业生产 31125 件 A 产品时，可以实现 45 万的销售收入。

二、决策树法

风险型决策是指决策者对决策对象的自然状态和客观条件比较清楚，也有比较明确的决策目标，但是实现决策目标必须冒一定风险。风险型决策中存在两个以上的可供选择方案和决策者无法控制的两种以上的自然状态，并且在不同自然状态下不同方案的损益值可以计算出来，对于未来发生何种自然状态，决策者虽然不能作出确定回答，但能大致估计出其发生的概率值。风险型决策常用的方法是决策树法。

入度为 0(最前端)的点称为树根，出度为 0(最后端)的点称为树叶，树叶以外的点称为内点。决策树由树根(决策节点)、其他内点(方案节点、状态节点)、树叶(终点)、树枝(方案枝、概率枝)、概率值、损益值组成。决策树由一个决策图和可能的结果组成，其中决策点代表决策问题，方案分枝代表可供选择的方案，概率分枝代表方案可能出现的各种结果，经过对各种方案在各种结果条件下损益值的计算比较，从而为决策者提供决策依据。每种情况均有出现的可能，人们现在无法确知，但是可以根据以前的资料来推断各种自然状态出现的概率。在这样的条件下，人们计算的各种方案在未来的经济效果只能是考虑到各种自然状态出现的概率的期望值，与未来的实际收益不一定会完全相等。

(一)决策树法的具体步骤

(1)按从左到右的顺序画决策树,一般用来□表示决策点,○表示状态节点,△表示结果节点,旁边标出的数字表示相应的损益值。此过程本身就是对决策问题的再分析过程。

(2)按从右到左的顺序计算各方案的期望值,并将结果写在相应方案节点上方。期望值的计算是从右到左沿着决策树的反方向进行计算的。

(3)对比各方案的期望值的大小,进行剪枝优选。在舍去备选方案枝上,用"="记号隔断,选择期望值最大的一个方案分支,即最优方案。

【例】 某工厂准备生产一种新产品,对未来三年市场预测资料如下:现有两个方案可供选择,即新建一车间或扩建原有车间。两个方案在不同自然状态下的年收益值如下,通过决策树法进行方案选择。

单位:万元

收益值方案	市 场 需 求		
	高需求	中需求	低需求
	0.3	0.5	0.2
新建车间	160	90	−8
扩建原有车间	100	60	10

解:第一步,根据以上资料绘制决策树。

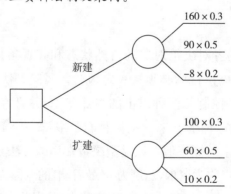

第二步,计算个方案的期望值。

新建车间的期望值=160×0.3+90×0.5+(−8)×0.2=91.4

扩建原有车间的期望值=100×0.3+60×0.5+10×0.2=62

第三步,选择最优方案,由以上计算可见,新建车间的期望值远远大于扩建原有车间的期望值,所以选择新建车间。

决策树法是管理人员和决策分析人员经常采用的一种行之有效的决策工具。

(二)决策树法的优点

1. 形象直观,可明确地对比解决问题的各种可行方案的优劣,对与某一方案相关的事件表现的一目了然。
2. 能计算出每一方案预期的盈亏结果。
3. 树形图层次清楚,阶段明显,尤其在应用于复杂得多的阶段决策时,更便于决策机构集体研究,可以周密地思考各种因素,有利于作出正确的决策。

当然,决策树法不是十全十美的,它也有缺点,如使用范围有限,无法适用于一些不能用数量表示的决策;对各种方案的出现概率的确定有时主观性较大,可能导致决策失误等。

三、不确定型决策的主要方法

不确定型决策是指决策人无法确定未来各种自然状态发生的概率的决策,是在不稳定条件下进行的决策。只要可供选择的方案不止一个,决策结果就存在不确定性。这是一种非标准决策或非结构化决策,不确定型决策的主要方法有等可能性法、保守法、冒险法、乐观系数法和最小最大后悔值法。

(一)等可能性法

等可能性法也称"机会均等法""拉普拉斯决策准则"。这种方法是假定自然状态中任何一种发生的可能性是相同的,即各种状态出现的概率均等,通过比较每个方案的损益平均值来进行方案的选择,在利润最大化目标下,选取择平均利润最大的方案,在成本最小化目标下,选择平均成本最小的方案。

(二)悲观决策法

悲观决策法也称"保守法""瓦尔德决策准则""小中取大的准则"。决策者不知道各种自然状态中任一种发生的概率,但是从最坏的打算出发,决策目标是避免最坏的结果,力求风险最小。运用保守法进行决策时,首先要确定每一可选方案的最小收益值,然后从这些方案最小收益值中选出一个最大值,与该最大值相对应的方案就是决策所选择的方案。

(三)乐观决策法

乐观决策法也称"冒险法""大中取大的准则"。决策者不知道各种自然状态中任一种可能发生的概率,从最好的打算出发来作决策,决策的目标是选最好的自然状态下确保获得最大可能的利润。冒险法在决策中的体运用是首先确定每一可选方案的最大利润值;然后在这些方案的最大利润中选出一个最大值,与该最大值相对应的那个可选方案便是决策选择的方案。由于根据这种准则决策可能导致最大亏损的结果,因而该准则被称为"冒险投机的准则"。

(四)乐观系数法

乐观系数法也称"折中决策法""赫威斯决策准则",它是乐观法则和悲观法则的折中,决策者确定一个乐观系数 $\alpha(0 \leqslant \alpha \leqslant 1)$,运用乐观系数计算出各方案的乐观期望值,并选择期望值最大的方案。

(五)最小最大后悔值法

该方法也称"萨凡奇决策准则"。决策者不知道各种自然状态中任一种发生的概率,决策目标是确保避免较大的机会损失。运用最小最大后悔值法时,首先要计算各种方案在自然状态下的后悔值,然后确定每一可选方案的最大后悔值,再在这些方案的最大机会损失中,选出一个最小值,与该最小值对应的可选方案便是决策选择的方案。

我们以下题为例来理解不确定型决策法。

【例】 某工厂准备生产一种新产品,在市场销售时可能遇到高需求、中需求和低需求三种市场情况,但每种情况出现的概率无法准确预测。现有三个方案可供选择,即新建一车间,需要投资120万元;扩建原有车间需要投资60万元;外包生产,需要投资40万元。三个方案在不同自然状态下的年收益值见表。

单位:万元

收益值方案	市场需求		
	高需求	中需求	低需求
	160	90	-8
新建车间	160	90	-8
扩建原有车间	100	60	10
外包生产	60	30	20

(1)等可能性法。

均等概率=1÷状态数目。

方案期望值=Σ(各种状态的损益值×均等概率)。

均等概率=1÷3≈0.33

新建车间的期望值=160×0.33+90×0.33+(-8)×0.33=79.86

扩建原有车间的期望值=100×0.33+60×0.33+10×0.33=56.1

外包生产的期望值=60×0.33+30×0.33+20×0.33=36.3

新建车间期望值最大者为优,因此选择新建车间。

(2)悲观原则决策法,即小中取大法。

三种方案的最小收益值分别为-8,10,20。因此我们选择外包,也就是在遇到最不利的销售状态时,外包生产收益最大。

(3)乐观原则决策法,即大中取大法。

三种方案的最大收益值分别为160,100,60。因此我们选择新建车间,也就是在遇到最好的销售状态时,新建车间收益最大。

(4)乐观系数决策法。

方案期望值＝最大收益值×乐观系数＋最小收益值×(1－乐观系数)。

假设乐观系数为0.6,则(1－乐观系数)为0.4,各方案的期望值如下表:

方案	最大收益值	最小收益值	折中收益值
新建车间	160	－8	160×0.6＋(－8)×0.4＝92.8
扩建原有车间	100	10	100×0.6＋10×0.4＝64
外包生产	60	20	60×0.6＋20×0.4＝44

新建车间的期望值最大,所以应当选择新建车间。

(5)后悔值原则决策法,即最小后悔值法。

第一步,计算各方案的后悔值,决策人未采取最大收益方案时所遭受的机会损失,即不同市场状态下最大值分别减该市场状态下的损益值。最大后悔值表如下:

收益值方案	市场需求			各方案的最大后悔值
	高需求	中需求	低需求	
新建车间	0	0	28	28
扩建原有车间	60	30	10	60
外包生产	100	60	0	100

第二步,从各方案中选取最大后悔值,从上表中可以看出,三种方案的最大后悔值分别为28,60,100。

第三步,从已知的最大后悔之中选出最小者,取其最小值28,对应的方案为新建车间,因此,如果采用后悔值决策法,最优方案为新建车间。

实践活动

(一)实训目的

认识企业决策的重要性和企业决策过程的复杂性。

(二)实训内容

假如你的团队在太空中因机件故障飞船停留在火星上,地点距离母船返回舱100公里处,只有15件可用器材,你们能否生存下来取决于能否利用这些器材到达母船,假设火星表面温度为－10℃。

下表中为 15 件可供选择的器材,你的团队需要将他们按照"对于生存的重要性"来编排次序并达成一致意见,然后每队派一名代表阐述本团队观点并描述决策的过程。

生存重要性排序表

项　　目	个人答案	小组答案	原因
打火机			
100 米尼龙绳			
降落伞的丝质布料			
便携式发热器			
两支手枪			
一箱脱脂奶粉			
200 公斤氧气桶			
星际地图			
救生艇			
磁力指南针			
5 加仑水			
信号火箭			
急救箱			
太阳能无线电收发器			
浓缩食物			

(三) 实训评估

1. 每位同学按生存重要性编排器材,分栏填写个人答案与原因,并将自己的排序表交予小组"总经理"。

2. 每组收集个人排序表,商谈,统一意见后将排列次序号填在小组答案栏。

3. 每组"总经理"阐述本组观点并描述商谈统一意见的决策过程。

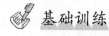 基础训练

一、单项选择

1. 一个决策的有效性应取决于(　　)。
　　A. 决策的质量高低　　　　　　　　B. 是否符合决策的程序
　　C. 决策的质量与参与决策的人数　　D. 以上提法均不全面

2. 与业务决策者相对应的时间特点是(　　)。
　　A. 长期性　　　B. 中期性　　　C. 短期性　　　D. 瞬时性

3. 德尔菲技术是一种集体决策法,参加决策的专家一般为( )人较好。
   A. 5～6　　　　B. 10～20　　　　C. 30～40　　　　D. 10～50
4. 能够运用常规方法解决重复性问题以达到目标的决策是( )。
   A. 程序化决策　　　　　　　　B. 非程序化决策
   C. 确定型决策　　　　　　　　D. 风险型决策
5. 为解决偶然出现的、一次性或很少重复发生的问题作出的决策是( )。
   A. 程序化决策　　　　　　　　B. 非程序化决策
   C. 确定型决策　　　　　　　　D. 风险行决策

二、多项选择

1. 从决策影响的时间看,可把决策分为( )。
   A. 长期决策　　B. 短期决策　　C. 战略决策　　D. 战术决策
2. 从决策的重要性看,可把决策分为( )。
   A. 战略决策　　B. 战术决策　　C. 业务决策　　D. 程序化决策
3. 管理者在比较和选择活动方案时,如果未来情况只有一种并为管理者所知,则必须采用确定型决策方法。常用的确定型决策方法有( )。
   A. 决策树法　　B. 线性规划　　C. 小中取大法　　D. 量本利分析法
4. 从环境因素的可控程度看,可把决策分为( )。
   A. 初始决策　　B. 追踪决策　　C. 确定型决策　　D. 风险型决策
5. 相对于个人决策,集体决策的优点包括( )。
   A. 能更大范围地汇总信息　　　　B. 能拟订更多的备选方案
   C. 能得到更多的认同　　　　　　D. 能更好地沟通

三、计算

哈尔滨是著名的冬季旅游滑雪胜地,四海集团为抓住这一得天独厚的商机,拟在太阳岛上投资兴建一处滑雪场。滑雪场的规模取决于游客的数量,而游客的数量多少又取决于当年的降雪量。气象部门的数据显示,在过去的10年间,有3年降雪量是大雪、5年降雪量是中雪、2年降雪量是小雪。据此,四海集团开发了三个方案:

方案一:新建大型滑雪场,需要投资500万元。如果下大雪,每年可得利润100万元;如果下中雪,每年可得利润40万元;如果下小雪,每年亏损50万元。

方案二:新建小型滑雪场,需要投资250万元。如果下大雪,每年可得利润60万元;如果下中雪,每年可得利润25万元;如果下小雪,每年亏损5万元。

方案三:将集团原有的一片球场改建为滑雪场,只需要投资100万元。如果下大雪,每年可得利润40万元;如果下中雪,每年可得利润10万元;如果下小雪,每年也能够得到利润1万元。

思考：

暂时先不考虑税收和资金的时间价值,若土地的使用期为20年,四海集团应该如何选择?

1. 请根据已知条件,绘制决策树。

2. 假设作决策时,不知道下大雪、下中雪、下小雪的概率,请分别用等可能性法、乐观法、悲观法、最小最大后悔值法进行决策。

项目四
计 划

任务分解

【知识指标】

1. 理解计划的内涵、分类和作用。
2. 了解计划编制的程序。
3. 理解目标管理的含义、特点和优缺点。

【能力目标】

1. 能够根据给定情况制定相应的计划。
2. 能够制定企业各职能部门的目标。
3. 掌握目标管理的基本过程。

知识结构图

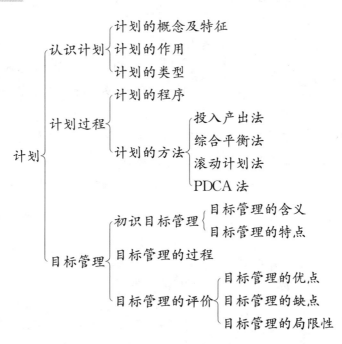

任务一　认识计划

 问题导入

小刘的困惑

小刘是一名大二的学生。由于上次英语四级考试他未能通过,为了在找工作时展现自己的英语优势,小刘下定决心:这次四级考试一定要好好准备,以保证顺利通过。

可是,令小刘苦恼不已的是自己的学习效率非常低。学习兴致上来时,一天能背好几十个单词,但有时一天连一个单词也背不下来。就拿今天来说吧,因为是周六,没有课,昨天晚上小刘想得好好的,今天要背50个单词。可是,今天早上,小刘睡醒就已9点多了。起床后,因为觉得脑子不是很清醒,于是他打开电脑上网看看新闻。结果一上网,就在BBS和QQ上忙个不停。

不知不觉已经12点半了,小刘赶紧冲到食堂吃午饭。午饭后,他回到寝室,准备背单词。刚打开单词本翻了几下,讨厌的瞌睡虫又来了。"先休息一下吧,精神好了学习效率才能提高嘛。"小刘自我安慰着,上床睡午觉了。

"哟,都4点多了,你还在睡啊?"原来是同寝室的同学回来了。小刘赶紧起身,拿起单词本开始背单词。刚背了几个,肚子又开始咕咕叫了:晚饭时间到了。吃过晚饭,回到寝室,小刘心想,白天已经浪费了这么多时间,晚上一定要好好学习。刚想到这儿,就听到隔壁寝室一哥们叫道:"小刘,过来一下!我们都等着你打CS呢!"小刘犹豫着:"去还是不去?"

"还是去吧,省得他们说我不够意思。不过要与他们讲清楚,过会儿有人可替,我就回来。"结果一打游戏就打到了近11点,寝室11点要熄灯,大家没法再打下去。小刘心想:"看来今天是背不了单词了,那就明天吧,明天背它100个,一定要把今天的补回来!"

不过,当小刘洗漱完毕,躺在床上反思时,发现今天的情况在过去也常常发生。为什么自己要做的事很明确,也知道应该怎么做,但还是常常完成不了呢?有些事情自己也知道不应该做,但为什么还是常常经受不住诱惑又去做了呢?

(资料来源:http://wenku.baidu.com/)

思考:
1. 小刘的问题到底是什么?
2. 小刘应该怎样做?你能想个办法帮助他吗?

一、计划的概念及特征

（一）计划的概念

计划是组织在未来一定时期内关于行动方向、工作内容及方式的预案，也就是为了实现决策所确定的目标而预先进行的行动安排。这种行动安排包括分解任务和目标，选择任务目标的实现方式，行动结果的检查和控制等。哈罗德·孔茨说过，计划工作是一座桥梁，它把我们所处的此岸和我们要去的彼岸连接起来。

计划工作有广义和狭义之分。广义的计划工作是指制定计划、执行计划和检查计划的执行情况三个阶段的工作过程；狭义的计划工作则是指制定计划。本书中的"计划"主要是指狭义的计划工作，即根据环境的需要和组织自身的实际情况，通过科学的预测，权衡客观的需要和主观的可能，确定在未来一定时间内组织所要达到的目标以及实现目标的途径和方法。

计划的基本内容可以用"5W1H"模型进行表述，即计划必须清楚地确定和描述下述内容：

What——做什么：明确所要进行的活动内容及其要求，明确一个时期的具体任务和目标。例如，生产计划要确定生产那些产品，生产多少，生产进度安排等。

Why——为什么做：明确计划的原因和目的，或说明其宗旨、目标、战略背景，并讨论可行性。

Who——谁去做：规定由哪些部门和人员负责实施计划，明确实施计划主体（部门或人员）。例如，新产品开发，既要确定主要部门，又要确定协助部门等。

Where——何地做：规定计划的实施地点（平面与空间），了解计划实施的环境条件和限制条件。

When——何地做：规定计划中各项工作的执行时间，计划中各项工作的起始和完成时间。

How——怎样做：制定计划的执行手段，明确实现计划的措施以及相应的政策规则和对组织资源进行合理的预算、分配和使用等。

（二）计划的特征

1. 计划的目的性。

计划是实现组织目标服务的，目标是计划全部内容的核心，实现目标是计划的出发点和归宿点，没有目标就无所谓计划。在组织中，每个计划制定的最终目标都是促进组织整体目标和各阶段目标的实现。没有计划，行动必然杂乱无章，无法达成目标。因此，计划有着强烈的目的性，以目标为导向，以行动为载体，引导组织有序运转。

2. 计划的先行性。

计划的先行性也可以理解为首位性,计划工作在管理诸项职能中处于先行者地位,它是实施其他各项管理职能的基础。首位性一方面是指计划职能在时间顺序上处于计划、组织、领导、控制四大管理职能的始发或第一职能位置上,另一方面是指计划职能对整个管理活动过程及其结果所施加的影响具有首要意义。

3. 计划的前瞻性。

计划是面向未来的蓝图,需要充分考虑组织未来的内部结构变化,并通过多种途径预测外部环境变化,使计划具有前瞻性。

4. 计划的效率性。

任何计划都要符合效率性原则,计划的效率是指制定计划和执行计划时产出和投入之比。如果一个计划最终能够达成目标,但需要投入的成本高于收益,这个计划的效率就很低,是不可行的计划。计划的效率性包括经济方面的考虑,即要以最少的耗费实现预期目标,也包括非经济方面的考虑,如时间成本、复杂程度等。计划能使工作方向更加明确,资源使用更为集中,并可避免不必要浪费和损失,保持较高的管理效率。

5. 计划的普遍性。

计划是全体管理人员的一项职能,高层管理人员计划组织总方向,各层管理人员根据总计划拟定各自的计划,各层各级分解下去,保证组织总目标的实现。任何组织中,各个层次的管理者对工作都有各自的安排,这就是计划的普遍性。

二、计划的作用

(一)计划是管理者指挥的依据

为实现组织目标而实施管理活动,首先必须进行科学的筹划和周密的安排,制定计划,并以计划为依据,组织实施管理活动。

(二)计划是降低风险、掌握主动的手段。

计划可以增强管理的预见性,规避风险,减少损失。通过计划,管理者可以对各种因素深入分析,进行预测,防患于未然。

(三)计划是减少浪费、提高效益的方法

计划有利于在明确的目标下统一员工的思想行动。计划制定了全体员工的共同行动目标与方案,从思想和行动上使全体员工协调一致,增强了组织凝聚力,有助于发挥集体优势。计划有利于合理配置资源,提高效率,取得最佳经济效益。

(四)计划是管理者进行控制的标准

领导者在计划的执行过程中,必须定期对所发生的事件和所期望的事情进行检查,以适时调整自身行为,适应环境变化的需要。

老师讲故事

时间计划

夏雨是一个大学毕业两年的年轻人,在工作上,他严格要求自己,经过努力和奋斗,他成为了部门的负责人。有一天,他向一位管理学教授请教如何更好地执行计划的方法。这位教授声称可以给夏雨一样在十分钟内能把他部门的业绩提高30%的东西。

接着,教授递给夏雨一张白纸,说:"请在这张纸上写下你明天要做的六件最重要的事。"夏雨用了约五分钟时间写完。教授接着说:"现在用数字标明每件事情对于你和部门的重要性次序。"夏雨又花了约五分钟做完。教授说:"好了,现在这张纸就是我要给你的。明天早上第一件事是把纸条拿出来,做第一项最重要的。不看其他的,只做第一项,直到完成为止。然后用同样办法去做第二项、第三项……直到下班为止。即使只做完一件事,那也不要紧,因为你总在做最重要的事。你可以试着每天这样做,直到你相信这个方法有价值时,再来谢我吧。"一个月后,夏雨向教授表示了诚挚的谢意,并在他的员工中普及这种方法。五年后,夏雨成为该公司的副总经理,他所在的部门也获得了最佳效益奖励。

三、计划的表现形式

一般地,我们可以将计划分成由上至下的不同层次,由使命或宗旨、愿景、目标、战略、政策、程序、规则、规划、预算等组成。

(一)使命或宗旨(Purpose)

任何组织的存在都有其使命或宗旨。组织的使命是组织存在的意义所在,使命的具体内容体现在组织选择的具体生产服务领域或事业中。任何一个组织只有搞清楚自己的使命,其行动才能位于正确的轨道上。

(二)愿景(Vision)

愿景是组织未来期望达到的一种状态,是组织的远大的目标或追求,是需要花五年甚至十几年来实现的目标。

(三)目标(Objective)

目标是组织活动所要达到的结果。目标不仅是计划工作的终点,构成组织全部计划的基础,也是组织工作、人员配备、领导和控制活动所要达到的结果。通常情况下,把组织目标细化,分解出多个分目标,从而形成一个互相联系并且有等级层次的目标体系。

(四)战略(Strategy)

在管理上,战略通常表示一个总的行动方案,是指为实现总目标、长远目标而做的重点部署和资源安排,即决定组织未来长远发展。战略为企业的经营活动指明了方向。

(五)政策(Policy)

政策是预先确定的用来指导或沟通决策过程中思想和行为的规定。它是主管人员决策的指南,规定了行动的方向和界限,使各级主管人员在决策时有一个明确的思考范围,也有利于统一和协调主管人员之间的思想和行动。政策允许主管人员有斟酌裁量的自由。

(六)程序(Procedure)

程序是制定处理未来活动的一种步骤性的计划,确定了如何处理未来活动的例行方法。程序规定了如何采取行动,而不是说明如何思考问题。通过对例行活动制定程序,管理人员可以将注意力集中于例外事情上。程序按时间顺序对必要的活动进行排列,是一种经过优化的计划。

(七)规则(Rule)

规则可以说是最简单的计划,是控制人们工作态度和行为的一种特定的常规计划。在一定的情况下,它规定是否采取某一特定的行动,通常在应该怎样行动或禁止什么行动上规定得非常具体,没有酌情处理的余地。就其本质而言,规则和程序旨在抑制思考,往往在不希望人们自由行动的场合采用。

(八)规划(Programme)

规划是在组织总体目标内为特定的重点工作或任务制定的一套专用计划,它是一项综合性计划,包括为实施既定方针所必需的目标、政策、程序、规则、任务委派、资源安排、采取的步骤以及完成既定行动所需的其他要素。

(九)预算(Budget)

预算是用数字来表示预期结果的一种计划,是为总体规划服务的"数字化"的计划,具有准确化和具体化特性。它既可以用货币来表示,也可以用诸如工时、机时、产品单位或能用数字表示的其他指标来表示。

四、计划的类型

由于人类活动的复杂性与多样性,计划也会有多种类型。为充分认识计划的共性与个性,人们试图透过计划的具体内容,寻找各种计划中的共性特征。根据计划时间、职能空间、综合性程度、内容详尽程度以及程序化程度等不同标准,计划可以大体分为如下类型,见图4-1。

划分标准	类型
按计划的期限分类	长期计划、中期计划、短期计划
按组织职能分类	业务计划、财务计划、人力资源计划
按计划的广度分类	战略计划、战术计划
按计划的明确程度分类	指导性计划、具体性计划
按程序化程度分类	程序化计划、非程序化计划

图4-1 计划的类型

(一)按计划的期限划分

按计划时间的长短,计划可分为长期计划、中期计划和短期计划。

短期计划:计划期在一年及以内的计划称为"短期计划"。

中期计划:计划期在一年至五年的计划称为"中期计划"。

长期计划:计划期在五年及以上的计划称为"长期计划"。

这种划分不是绝对的,计划的长短对于不同的组织来说,其时间界限的概念是相对的。

(二)按组织职能划分

按组织的职能分类,我们可以将组织计划分为业务计划、财务计划和人力资源计划。我们通常用"人、财、物、产、供、销"来描述一个组织所需的要素和组织的主要活动。

组织业务计划通常包括产品开发、物资采购、仓储后勤、生产作业以及促销方案等内容。财务计划和人事计划是为业务计划服务的,也是围绕着业务计划而展开的。财务计划研究如何从资本的提供和利用上促进业务活动的有效进行。人力资源计划则主要研究如何为业务规模的维持和扩大提供人力资源保证。

(三)按计划范围的广度划分

按计划范围的广度划分,计划可分为战略性计划和战术性计划。

战略性计划一般由高层管理者制定,是为组织未来较长时期目标(通常为五年以上)实现所作的总体性的工作安排,它是涉及企业重大事项或基本目标的计划。

战术性计划是在战略性计划的指导下制定的,规定总体目标如何实现的细节计划,主要解决组织具体部门或职能在未来较短时期内的行动方案。

(四)按计划的明确程度划分

按计划内容规定的明确程度,计划可分为指导性计划和具体性计划。

指导性计划规定了组织一般的方针和行动原则,指出工作重点但不把管理者限定在具体的目标或特定的行动方案上,给予了组织成员较大的自由处置权。

具体计划则详细规定了目标,它内容明确,以指导性计划的目标为最终目标,具有可衡量的具体目标以及一套可操作的行动步骤和方案。

(五)按组织活动的程序性程度划分

按是否例行活动,计划可分为程序计划和非程序性计划。

程序性计划是主要针对组织的例行活动或重复性工作的决策。

非程序性计划是主要针对组织在例外活动中出现问题的决策。处理这类问题没有一成不变的方法和程序,因为针对的问题尚未发生过,或性质和结构捉摸不定、极为复杂,或需要用个别方法加以处理。解决这类问题的决策就是非程序化决策,与此对应的计划就是非程序性计划。

任务二 计划的程序与方法

百灵制衣有限公司的经营发展计划

百灵制衣有限公司是一家著名的服装公司,其生产的百灵衬衫是全国知名品牌,一直被消费者认为是高档次衬衣的代表,在全国的利润总额超过千万元。在经历了20世纪90年代中期的高速发展之后,公司的整体销售在最近两年呈现疲态,加上市场面临巨变,出现了很多竞争对手,其中不少采用非常具有攻击性的销售策略,这使百灵制衣有限公司面临巨大的压力。

李强是百灵制衣有限公司刚上任的总经理,很想有所作为。公司上下也都在密切关注着刚上任的李强,希望李强能够拿出一个有效的公司经营计划,使公司能够应对竞争压力而上一个新的台阶。这让李强压力很大,他迫切希望自己能够制定可行而有效的经营计划。

经过调查,李强发现衬衣市场销售总额在去年下降了1%。但是,仍然有些新进入的品牌取得了巨大成功。"湘益"就是其中的佼佼者,它推出的全麻系列的衬衣因为用料新颖、透气性好、价格适中而风靡全国,并且成为首屈一指的麻质服装品牌。由于竞争激烈,许多高档衬衣生产厂家退出了竞争,只有包括百灵在内的几家高档品牌维持了2%~3%的增长。

面对挑战,李强坚持认为,作为全国最高档次的品牌,百灵公司无论如何应该采用最好的原料,完成最精良的做工,虽然这会造成成本的居高不下,但这是一个卓越品牌所必需的。

现在李强正认真思考引进一种新产品,这种产品虽然是以麻为主料,但由于采用了新工艺,手感同棉质材料非常相似,透气性达到了麻质的标准。但是在优势之外,这种产品也有它的不足,主要是价格昂贵。这种产品的价格要高出市场整体水平很多,零售价甚至可能高出市场平均价格600~700元,考虑到整个市场的接受水平,他不得不怀疑这种产品的目标顾客群到底有多大。如果潜在顾客并不是很多,销售这种新产品也就没有多大意义。不过,以百灵现有的产品来进行市场竞争,李强又觉得有"巧妇难为无米之炊"之感,他到底该如何制定他的公司经营计划呢?

(资料来源:http://wenku.baidu.com/)

思考:

1. 请分析百灵制衣有限公司经营环境发生了什么变化?李强制定他的公司经营计划有什么主要作用?

2. 联系计划工作的程序的相关内容,请问李强应该怎样制定公司经营计划?

一、计划的程序

(一)分析环境,预测未来

在作计划时,管理者首先要考虑组织的各种环境因素,对组织的当前状况进行评估,这是制定决策与计划的依据。管理者既要分析组织的内部环境,又要分析组织的外部环境;既要研究组织的过去,认清组织的现实环境,也要考虑组织的未来环境,通过对内外部环境,特别是未来环境的分析和预测,把握各种环境因素与走向,确定可行性目标与进行正确的决策。

(二)制定目标

组织要在分析环境,预测未来的基础上科学地制定目标。目标通常是指组织预期在一定期间内达到的数量和质量指标。目标是计划的核心内容,也是组织行动的方向。

想要准确制定目标,首先要把握目标的内涵和特性。一个完整的目标,既要有质的规定性,又要有量的界限;既包含目标项目,又包括预期要达到的标准。目标是有时间维度的,也就是说要有一个明确的实现时间要求。对组织来说,目标是通常是一个体系,很少是单一指标。例如,企业目标一般包括盈利性指标、增长性指标、竞争性指标、产品类指标、人事类指标、财务类指标等。作为组织下属的部门或群体,要制定由组织总目标分解的若干子目标。

其次,制定目标要遵循一定原则。明确性原则是指目标明确清晰,让人易于理解;先进合理原则是指目标的制定要体现出发展未来发展趋势,具备一定先进性,但又不能脱离实际,要保证目标的合理性;可行性原则是指制定目标时不能好高骛远,导致目标无法实现;定量化原则是指目标一般要求可以量化,便于考核管理。

再次,制定目标要有切实的依据。一般制定目标时可以考虑下列因素:从组织宗旨出发,结合组织内外部环境制定目标;对前次目标未实现问题进行分析研究,并予以总结而确定目标;根据市场竞争的需要制定目标;根据上级部门提出的要求、部署或社会形势制定目标;根据与国内外先进水平比较差距制定目标。

最后,根据科学的程序制定目标。科学的程序一般有三种:"由上而下""由下而上""上下结合"。这三种程序各有优缺点,应当根据组织情况选择合适的程序。

(三)设计与抉择方案

为实现目标,要选择正确的实施途径与方法,合理配置人、财、物等诸种资源,制定系统的计划方案,具体程序包括:制定富有创意的可供选择的多个方案,可供选择的计划数量越多,被选计划的相对程度就越高,工作就越有效;在分析组织内部条件和外部因素的基础上,根据前提和目标来权衡各种因素,比较各个方案的利弊,进而对各个方案进行评价;选择可行优化方案,并进一步评估完善;确定最优方案。

(四)编制计划

管理者要依据计划目标与所确定的最优方案,按照计划要素与工作要求编制计划。主要计划带有"标杆""核心"的意义,是派生计划或次要计划的"灵魂"与"范式";派生计划是根据主要计划制定的辅助计划,包括分计划、行动计划等;预算是指把计划数字化,一方面使计划的指标体系更加明确,另一方面使企业更易于对计划执行进行控制。

(五)反馈计划执行情况

计划付诸实施后,管理的计划职能并未结束。为了保证计划有效地执行,管理者要对计划进行跟踪反馈,及时检查计划执行情况,分析计划执行中存在的问题,并作出必要的调整。

二、编制计划要领

(一)明确制定计划的目的与依据

1.要落实上级的总体战略,配合全局。

2. 要保证本部门工作任务的实现。
3. 要有利于本部门的长期发展。

(二)抓住四个环节,按照科学程序运作

遵循科学的计划程序制定计划,编制计划书,要特别注意抓住四个关键环节。
1. 做好内外环境的分析,做好制定计划的准备工作。
2. 运用创造性思维与创造技法,形成富有创意的构思。
3. 采用科学的决策方法,制定正确的决策。
4. 巧妙运筹,周密安排,编制科学的计划文本。

(三)着重关注中基层管理者所负责的计划类型

中基层管理者主要负责制定年度及以下时间段的业务(工作)计划和解决某个问题、开展某项工作的专案计划。计划类型主要包括企业年度生产经营计划或工作计划、企业某一职能管理(营销、生产、技术、财务、开发等)计划、企业下属基层部门的生产作业计划以及解决特定问题或开展某项专门工作的计划等。

三、计划方法

计划的方法有很多,本书主要介绍几种常用的计划方法。

(一)综合平衡法

综合平衡法是国民经济与社会发展计划编制的基本方法,它从国民经济总体上反映和处理社会人力、物力、财力资源与社会生产的各部门之间、各环节(生产、分配、交换、消费)之间的相互关系。所谓综合平衡,是指国民经济全局的平衡,而不是指单项的、局部的平衡,只有以单项平衡和局部平衡作为补充,才能保证其正确性。搞好综合平衡,首先要从全局出发,对过去的情况进行分门另类的调查研究,进行综合平衡统计,找出国民经济的薄弱环节,进一步挖掘扩大再生产的潜力。

1. 从研究计划期社会总产值和国民收入增长的可能,统筹安排积累和消费的比例关系入手,确定财政收支规模,并根据价值形态和实物形态相互平衡的情况,分别确定基本建设的规模和人民生活的水平。在总平衡的基础上再安排其他计划指标。
2. 抓住国民经济中速度、比例、效益三个关键性内容,安排社会总产品的规模和发展速度,协调农业、轻工业、重工业的比例关系,提高人民物质生活水平。
3. 组织好各单项平衡和局部平衡。
4. 制定部门间产品生产和分配平衡表(即部门联系平衡表),确定国民经济各部门、各地区的平衡要求,合理安排国民经济和社会发展的各项计划指标。

对企业而言,综合平衡法是指在编制计划过程中,本着系统的观点,全面分析各方面因素,统筹安排,使其比例适当、协调运行。

一是产供销平衡。生产和需求平衡,以销定产,尽可能准确预测需求量,据此编制生产计划;生产与物资平衡,以产定供,根据产量确定需要多少原材料供应;生产与技术准备平衡,技术准备充足,保证生产的顺利进行。

二是生产能力的平衡。具体表现为生产任务与劳动力平衡,生产任务与设备能力平衡,各环节生产能力均衡,生产能力与生产面积平衡。

三是资金平衡。保证产供销活动与流动资金的平衡。

(二)滚动计划法

在计划工作中,很难准确地预测将来影响组织的经济、政治、文化、技术等各种因素变化,随着计划期的延长,这种不确定性越来越大,如果机械地按照几年前的计划,静态地执行战略性计划,可能导致巨大的错误和损失。为了避免这种不确定性可能带来的不良后果,组织可以采用滚动计划法。

所谓滚动计划法,是指在制定计划时,采取远粗近细的办法,即近期计划尽可能详尽,远期计划的内容则较粗;在执行计划过程中,根据计划执行情况和内外部环境的变化,定期对原计划进行修订,并将整个计划向前滚动一期,以后根据同样的原则逐期滚动。这种方法是在每次编制修订计划时,将计划期向未来延伸一段时间,使计划不断向前滚动、延伸。

滚动计划的具体做法是在制定计划时,同时制定未来若干期的计划,但计划内容依据"分段编制,远粗近细"的原则,即近期计划详细和远期计划粗略相结合;在计划期第一阶段结束时,根据该阶段计划的执行情况和内外部环境变化情况,对原计划进行修正,并将整个计划向前滚动一个阶段。图 4-2 所示的是一个五年期的滚动计划法。

图 4-2 五年期的滚动计划法

由图可以看出,在计划期的第一阶段结束时,要根据该阶段计划的实际执行情况和外部与内部有关因素的变化情况,对原计划进行修订,并制定新一期的计划,根据同样的原则逐期滚动。

滚动计划法的计划期分为若干个执行期,近期计划内容一般制定得详细、具体,是计划的具体实施部分,具有指令性;远期的内容则较笼统,是计划的准备实施部分,具有指导性。计划在执行一段后，要对以后各期计划内容作适当修改、调整，并向未来延续一个新的执行期。

滚动计划法具有以下优点：

1. 计划与实际紧密结合，提高了计划的准确性，更好地发挥计划的指导作用。

2. 长期计划、中期计划、短期计划有机结合，计划与不断变化的环境因素相协调，各期计划在调整中一致。

3. 计划具有相当的弹性，可以有效规避风险，适应竞争需要，提高组织应变力，这在环境剧烈变化的时代尤为重要。

但是滚动计划法也存在一定缺陷，每次制定多期的计划会使计划编制和实施工作的任务量增加。

（三）PDCA 法

PDCA 循环又称"质量环"，是管理学中的一个通用模型，最早由休哈特于 1930 年提出构想，后来被美国质量管理专家戴明博士在 1950 年再度提出，并加以广泛宣传和运用于持续改善产品质量的过程。

PDCA 是英语单词 Plan(计划)、Do(执行)、Check(检查)和 Action(修正)的第一个字母，PDCA 循环就是按照这样的顺序进行质量管理，并且循环不止地进行下去的科学程序。

P(Plan)计划，包括方针和目标的确定以及活动规划的制定；D(Do)执行，根据已知的信息，设计具体的方法、方案和计划布局，再根据设计和布局，进行具体运作，实现计划中的内容；C(Check)检查，总结执行计划的结果，分清哪些对了，哪些错了，明确效果，找出问题；A(Action)修正，对检查的结果进行处理，对成功的经验加以肯定，并予以标准化，对于失败的教训也要总结，引起重视。对于没有解决的问题，应提交到下一个 PDCA 循环中去解决。以上四个过程不是运行一次就结束，而是周而复始的进行，一个循环完了，解决一些问题，未解决的问题进入下一个循环，从而阶梯式上升。

PDCA 循环是全面质量管理所应遵循的科学程序。全面质量管理活动的全部过程，就是质量计划的制定和组织实现的过程，这个过程就是按照 PDCA 循环。PDCA 循环不仅适用于质量管理体系，也适用于一切循序渐进的管理工作。

1. PDCA 的基本步骤。

（1）计划(Plan)。

①分析现状，找出问题。先明确实施该项管理活动出于什么目的，是否有必要实施，然后分析该管理活动目前所处的状态，尽可能用简单具体的数字来描述，把存在的问题明确提出。在此阶段可以利用控制图、直方图来进行分析。

②设定目标。根据对现状情况的分析，设定实施该项管理活动的目标。当很难设定时，可考虑"减半法"或"增半法"，即当该管理项目为减少负面作用的事项时，则将降低 50% 为目标；当该项管理项目为正面作用时，则将提高 50% 为目标。

③找出主要影响因素。根据前面的分析工作,利用散布图和帕累托图找出主要影响因素。为确保达成设定目标,必须明确推进管理的组织及执行的方法。为了使下属全面参与和理解,在把握现状时,要找出典型事例。

④制定措施计划。按照"5W1H"原则制定计划,若该项管理活动需要投资,必须预算投入的费用,并评价该投资后所能获得的效益。评价所获得的效益应该尽可能客观。

(2)实施(Do)。

①对该项管理活动的相关人员实施培训,尤其是对与生产一线有关的人员及班长、组长进行培训。培训内容就是整个计划及计划实施过程中的典型事例等。

②按计划分配组织管理活动,可按制定的管理项目分配,也可按管理执行区域分配。

③全员参与改善提案。广泛征集企业员工对提案的看法、意见及改善措施,如果改善意见确实正确可行,则应该及时修改提案。

④改善提案提出后,经有经验的企业管理者讨论、认可后付诸实施。

(3)检查(Check)。

①检查是否按计划日程实施工作。如果没有按时实施,应查找原因。

②检查是否能按计划达成预定目标。在管理项目的指标确认时,要分析哪个方面出了问题,或哪个方面做得比较突出。

③分析实施阶段中的失败事例,实施计划的各级管理人员在自己的职责范围内进行诊断,查找失败原因,并及时纠正错误。

(4)修正(Action)。

①执行活动基本结束时,开始着手总结及反省。

②回顾改善前的管理状况和实施的主要措施。

③比较管理活动结果同改善前相比的效果,并列举出管理实施过程中的优秀典型事例及活动方法。

④总结成功经验,制定或修改工作规程、检查规程及其他有关规章制度。

⑤把未解决的问题或新出现的问题带入下一个PDCA循环。

在最后的评价中,既要找出存在的、有待改进的问题,也要对所有参加人员的努力和成绩给予充分肯定,以增加其积极性,投入到下一个PDCA循环中去。

总之,组织在实施PDCA循环时,要在各个部门和小组内实施PDCA循环,大环带动小环,一级带一级,有机地构成一个运转的体系,争取每循环一次,就解决一部分问题,取得一部分成果,提高一点水平。到了下一次循环,又有了新的目标和内容,这样循环上升,不断提高组织管理水平。PDCA循环可以使我们的思想方法和工作步骤更加条理化、系统化、图像化和科学化。

2.PDCA循环的特点。

(1)大环套小环、小环保大环、推动大循环。

PDCA循环作为质量管理的基本方法,不仅适用于整个工程项目,也适用于整个企业和企业内的科室、工段、班组以至个人。各级部门根据企业的方针目标,都有自己的PDCA循环,层层循环,形成大环套小环,小环里面又套更小的环。大环是小环的母体和依据,小环是大环的分解和保证。各级部门的小环都围绕着企业的总目标朝着同一方向转动。通过循环,企业上下或工程项目的各项工作有机地联系起来,彼此协同,互相促进。

(2)不断前进、不断提高。

PDCA循环就像爬楼梯一样,一个循环运转结束,工作的质量就会提高一步,再制定下一个循环,再运转、再提高,不断前进,不断提高。

(3)螺旋上升。

PDCA循环不是在同一水平上循环,而是每循环一次,就解决一部分问题,取得一部分成果,工作就前进一步,水平就提高一些。每通过一次PDCA循环,都要进行总结,提出新目标,再进行下一次PDCA循环,使品质治理的"车轮"滚滚向前。

(4)修正阶段是关键。

修正阶段就是解决存在问题、总结经验和吸取教训的阶段。该阶段的重点在于修订标准和制度,包括技术标准和管理制度。没有对标准和制度的修订,就不可能使PDCA循环转动向前。

(四)投入产出法

任何系统的经济活动都包括投入和产出两大部分,在生产活动中,投入和产出具有一定的数量关系,投入产出法就是利用数量关系编制投入产出表,计算各部门的直接消耗系数和间接消耗系数(合计便是完全消耗系数);再根据某些部门最终产品的要求(供居民消费、政府使用和出口的最终消耗)来编制计划。

投入,是指产业部门在产品生产过程中所消耗的原材料、辅助材料、燃料、动力、固定资产(厂房、设备等)折旧和劳动力等生产要素。

产出,是指产业部门生产的产品以及被分配使用于生产和生活、积累和出口等各个领域的劳务。

投入产出表就是把各个部门的投入来源和产出去向排列成一张表,用以集中反映各部门的技术经济联系。

任务三 目标管理

 问题导入

目标管理

王勇曾经在一家有名的外商独资企业中担任过销售部经理。几年前,他离开

了这家企业，自己开了一家建材贸易公司，由于有以前的底子，所以生意很不错。年初，他准备进一步扩大业务，在若干个城市设立经销处，同时，扩大经营范围，增加产品品种。面对众多要处理的问题，王勇决定将部分权力授予下属的各部门经理。他逐一与经理们谈话，一一落实要达到的目标。其中他给采购部经理定下的目标是保证每一个经销处所需货物的及时供应，所采购的货物的合格率需保持在98%以上，采购成本保持在采购额的5%以内。采购部经理当即提出异议，认为有的指标不合理。王勇回答说："可能吧，你尽力而为就是了。"

到年终考核时发现，采购部达到了王勇规定的前两个目标，但采购成本大大超出，约占当年采购额的8%。王勇问采购部经理原因，采购部经理解释说："有的事情也只能如此，就目前而言，我认为，保证及时供应和货物质量比我们在采购时花掉多少钱更重要。"

思考：

你认为王勇在实施目标管理中有问题吗？他应如何改进？

目标管理又称"成果管理"，是由组织的管理者与员工共同参与制定的、具体可行的、能够客观地衡量效果、通过自我控制能努力完成工作目标的一种管理制度或方法。

一、目标的概念与重要性

（一）目标的概念

目标是个人、部门或整个组织所期望的成果，是对组织使命的进一步阐述，它是前进的方向，让个人、部门或整个组织有目的地去做事。目标非常重要，任何组织以及组织中的任何成员都应该有目标。目标是管理活动的起点，是决定任何行动的先决条件，目标也是管理活动的终点，是衡量各种行动合理的标志和尺度。目标并不是现成可得的，而是需要通过一定的计划工作去确定的。只有当组织的每个部门、每个成员都明确了解自己应该做什么时，组织的使命才能够变成有效的行动。

（二）目标的作用

1. 引导行动。

目标的首要作用是为组织指明前进方向。一个组织如果没有明确的目标，就没有前进的方向，就无法有效地协调资源。因此，每一个组织都必须为自己设立明确的目标，使组织成员的工作能够互相协调，为追求共同的目标而奋斗。

2. 激发动机。

目标具有激励组织成员的作用。目标可以激发组织成员的工作积极性，特别是当组织的目标充分体现了组织成员的共同利益,并与成员的个人利益很好地结合在一起时,就会极大地激发组织成员的工作热情。

3.作为评价的标准。

目标是衡量比较和评价工作绩效的标准。管理的目的在于促进组织成员取得工作绩效,而工作绩效是以目标达到的程度为标准加以衡量的。没有目标就无法衡量工作绩效。

4.作为管理的基础。

如果没有目标,组织就只能以应急措施或特殊政策来进行管理。应急管理把组织的注意力和努力忽而转移到这个方向,忽而转移到那个方向,结果必然造成管理上的混乱。目标管理则可以避免管理上的混乱。

(三)目标设置的原则

为了保证目标的上述作用得到发挥,目标必须预先确定。设置目标时,一般要求目标不宜太大,要能涵盖工作的主要特征,并尽可能地说明必须完成的内容和完成的时间,如有可能,也应明示所期望的质量和为实现目标的计划成本。准确设置目标应当遵循以下原则:

1.目标是明确具体的。

目标的描述一定要运用诸多限制性的定语和状语,表意应尽可能地做到明确和具体。例如:"我要成为一名富人"这就不是一个目标,因为不够具体明确。"五年之内,我要成为一名拥有一栋价值180万的别墅、一辆法拉利轿车、存款50万元的富人",这就是具体的目标。

2.目标是可以衡量的。

目标应该具有明确的评估标准,以衡量是否达成目标。如果制定的目标没有办法衡量,就无法判断这个目标是否实现。

例如,为所有的老员工安排进一步的管理培训,就不是目标。在10月上旬,完成对所有老员工关于时间管理的培训,并且在这个课程结束后,学员对课程的评分要在85分以上,低于85分就认为效果不理想,高于85分就是所期待的成果,这才是目标。

3.目标是有完成时限的。

任何目标都必须设定完成期限,否则目标将失去意义。没有时间限制的目标是一张"空头支票"。例如,你不应该随随便便说:"我要将销售额提升5%。"你需要给自己设定一个最后的完成期限:"我要在3个月之内将销售额提升5%。"虽然计划人人都会做,但是真正执行起来却很难。只有给目标设立一个期限,才会感受到紧迫和限制,才会监督自身行为,真正检验出自己的努力成果。

4.目标是具有挑战性的。

目标只有具有一定的挑战性,才能提升期望值,从而产生令人奋进的动力。如果目标唾手可得，根本不具有挑战性，那么，它对行动也就没有鞭策和激励作用了。

 案例链接

三个建筑工人

一位记者到某地采访建造教堂的三个建筑工人。这三个工人都在搬砖，记者首先问第一个工人："先生，您在干什么？"这个工人马上把头仰起来，对着记者说："难道你没看出我在干什么，我在搬砖。"记者接着问第二个工人："先生，您在干什么？"那位工人说："唉，你不知道，我家里有妻儿老小，为了要养活家里人，所以我来搬砖。"记者又去问第三个工人："先生，您可不可以说说您在干什么？"那位工人说："啊，我们在盖一座大的教堂，这座教堂将是多么雄伟、多么神圣啊！"

第一个工人为搬砖而搬砖，第二个工人为养家而搬砖，第三个工人则有一种憧憬，因为他拥有一个崇高的目标——建一座雄伟神圣的教堂，所以他工作并快乐着。

（资料来源：百度文库）

二、目标管理的含义与特点

（一）目标管理的含义

目标管理（Management by Objective）是以泰勒的科学管理和行为科学的理论为基础形成的一套有关计划执行实施的管理制度。著名的管理学家彼得·德鲁克在《管理的实践》一书中强调指出：凡是业绩影响企业健康成长的地方都应设立目标，通过设立目标使下级进行自我管理和控制。现代管理学认为，目标管理是以目标为导向，以人为中心，以成果为标准，而使组织和个人取得最佳业绩的现代管理方法。目标管理亦称"成果管理"，俗称"责任制"，是指在企业个体职工的积极参与下，自上而下地确定工作目标，并在工作中实行自我控制，自下而上地保证目标实现的一种管理办法。

（二）目标管理的特点

目标管理的指导思想上是以"Y理论"为基础的，即认为在目标明确的条件下，人们能够对自己负责，这是对泰勒科学管理的进一步发展。与传统管理方式相比有，目标管理的特点可概括为以下四点：

1. 目标管理是参与式管理的一种形式。

目标管理重视人的因素，是一种参与的、民主的、自我控制的管理制度，也是一种把个人需求与组织目标结合起来的管理制度。在这一制度下，上级与下级的关系是平等、尊重、依赖的，下级被授权之后是自觉、自主和自治的。

2. 目标管理强调自我控制。

目标管理要求人们自我管理,具有参与管理的意识,认识到自己是既定目标下的成员,为实现目标积极行动,努力实现自己制定的个人目标,从而实现部门单位目标,进而实现组织的整体目标。

3. 目标管理促使权力下放。

目标管理注重最终目标的完成情况,至于完成目标的具体过程、途径和方法,上级并不过多干预,所以导致权力下放,下属有一定的自主权。

4. 目标管理强调成果第一。

目标管理以制定目标为起点,以目标完成情况的考核为终结。工作成果是评定目标完成程度的标准,也是人事考核和奖评的依据,是评价管理工作绩效的唯一标志。在目标管理制度下,监督的成分很少,而控制目标实现的能力很强。

三、目标管理的过程与实施原则

(一)目标管理的过程

由于各个组织活动的性质不同,目标管理的步骤可能不完全一样。总体而言,目标管理的过程可分为三个阶段:第一阶段为目标的设置;第二阶段为实现目标过程的管理;第三阶段为测定与评价所取得的成果。

1. 目标的设置。

(1)高层管理者预定目标。首先,确立一个暂时的、可以改变的目标预案,该目标预案可以由上级提出,再同下级讨论,也可以由下级提出,上级批准。无论哪种方式,目标预案必须由上下级共同商量决定。其次,领导必须根据组织的使命和长远战略,估计客观环境带来的机会和挑战,对组织的优劣有清醒的认识,对组织应该和能够完成的目标心中有数。

(2)重新审议组织结构和职责分工。目标管理要求每一个分目标都有确定的责任主体。因此预定目标之后,需要重新审查现有组织结构,根据新的目标分解要求进行调整,明确目标责任者和协调关系。

(3)确立下级的目标。首先,下级要明确组织的规划和目标,然后商定下级的分目标。在讨论中,上级要尊重下级,平等待人,耐心倾听下级意见,帮助下级发展一致性和支持性目标。分目标要具体量化,便于考核,既要有挑战性,又要有实现的可能。每个员工和部门的分目标要和其他的分目标协调一致,要支持本单位和组织目标的实现。

(4)上级和下级就实现各项目标所需的条件以及实现目标后的奖惩事宜达成协议。分目标制定后,上级要授予下级相应的资源配置的权力,实现权责利的统一。由下级写成书面协议,编制目标记录卡片,整个组织汇总所有资料后,绘制出目标图。

2. 实现目标过程的管理。

目标管理重视结果,强调自主、自治和自觉,但这并不等于领导可以放手不管,相反,由于形成了目标体系,一环失误,就会牵动全局。因此领导在目标实施过程中的管理是不可缺少的。首先,领导要利用双方经常接触的机会和信息反馈渠道自然地进行定期检查;其次,领导要向下级通报进度,便于互相协调;再次,领导要帮助下级解决工作中出现的困难问题,当出现的意外或不可测事件严重影响组织目标实现时,也可以通过一定的手续,修改原定的目标。

3. 总结和评估。

达到预定的期限后,下级首先进行自我评估,提交书面报告;然后上下级一起考核目标完成情况,决定奖惩;最后讨论下一阶段目标,开始新循环。如果目标没有完成,应分析原因总结教训,切忌相互指责,以保持相互信任。

(二)目标管理的实施原则

目标管理是现代企业管理模式中比较流行、比较实用的管理方式之一。它的最大特征就是方向明确,非常有利于把整个团队的思想、行动统一到同一个目标、同一个理想上来,是企业提高工作效率、实现快速发展的有效手段之一。搞好目标管理并非想象的那么简单,必须遵循以下四个原则:

1. 目标制定必须科学合理。

目标管理要想产生理想的效果、取得预期的成效,首先取决于目标制定的科学性,科学合理的目标是目标管理的前提和基础,脱离了实际的工作目标,轻则影响工作进程和成效,重则使目标管理失去实际意义,影响企业发展大局。

2. 督促检查必须贯穿始终。

目标管理的关键在管理。在目标管理的过程中,丝毫的懈怠都可能贻害无穷。管理者必须随时跟踪每一个目标的进展,发现问题及时处理,及时采取补救措施,确保目标运行方向正确、进展顺利。

3. 成本控制必须严肃认真。

目标管理以目标的达成为最终目的,考核评估也是重结果轻过程。这很容易让目标责任人只重视目标的实现,轻视成本的核算,特别是当遇到的困难可能影响目标的适时实现时,责任人往往会采取一些应急的手段或方法,这必然导致实现目标的成本不断上升。管理者在督促检查的过程当中,必须对运行成本进行严格控制,既要保证目标的顺利实现,又要把成本控制在合理的范围内。因为任何目标的实现都不是不计成本的。

4. 考核评估必须执行到位。

任何一个目标的达成、项目的完成,都必须有严格的考核评估。考核评估、验收工作必须由执行力很强的人员来负责,必须严格按照目标管理方案或项目管理目标逐项进行并作出结论,对目标完成度高、成效显著、成绩突出的团队或个人给予奖励,对失误多、成本高、影响整体工作的团队或个人给予处罚,从而真正达到表彰先进、鞭策落后的目的。

四、目标管理的评价

目标管理在全世界产生很大影响,但在实施中也出现过许多问题。因此只有客观分析其优劣,才能扬长避短,使目标管理收到实效。

(一)目标管理的优点

1. 有效管理。目标管理对组织内易于度量和分解的目标会带来良好的绩效。对于那些在技术上具有可分性的工作,由于责任、任务明确,目标管理常常会起到立竿见影的效果,但对于技术不可分的团队工作则难以实施目标管理。

2. 明确任务。由于组织目标的成果和责任力图划归一个职位或部门,容易引发授权不足与职责不清等问题。目标管理有助于改进组织结构的职责分工。

3. 形成激励。由于目标管理强调自我控制、自我调节,将个人利益和组织利益紧密联系起来,因而提高了士气,调动了职工的主动性、积极性、创造性。

4. 改善交流。目标管理促进了管理者与职工之间的意见交流和相互了解,改善了人际关系。

(二)目标管理的缺点

在实际操作中,目标管理也存在许多明显的缺点。

1. 目标难以制定。组织内的许多目标难以定量化、具体化;许多团队工作在技术上不可解;由于组织环境的可变因素越来越多,变化越来越快,组织的内部活动日益复杂等,组织活动具有不确定性,制定数量化目标是很困难的。

2. 目标管理的哲学假设不一定都存在。目标管理对于人类的动机作了过分乐观的假设,实际中的人是有"机会主义本性"的,尤其在监督不力的情况下。因此许多情况下,目标管理所要求的承诺、自觉、自治难以实现。

3. 目标商定可能增加管理成本。通过上下沟通来统一思想确定目标是很费时间的。每个单位、个人都关注自身目标的完成,很可能忽略了相互协作和组织目标的实现,容易滋长本位主义、临时观点和急功近利倾向。

4. 有时奖惩不一定都能和目标成果相配合,也很难保证公正性,从而削弱了目标管理的效果。

(三)目标管理的局限性

1. 强调短期目标。大多数目标管理中的目标通常是一些短期的目标,如季度的目标、月度的目标等。短期目标比较具体、易于分解,而长期目标比较抽象、难以分解;短期目标易见效,长期目标则不然。所以,在目标管理中,组织似乎常常强调短期目标的实现而对长期目标不关心。

2.引导期长。目标管理对管理人员的要求是非常高的,尤其在目标管理初期,组织要通过不断地培训来提高管理层员工的考核能力、识别能力、目标设置能力、总结能力。

3.动态性差。目标管理执行过程中目标的改变是不可以的,因为这样做会导致组织混乱。

鉴于上述分析,在实际中推行目标管理时,管理者除了掌握具体的方法以外,还要特别注意把握工作的性质,分析其分解和量化的可能;注意改进领导作风和工作方法,使目标管理的推行建立在一定的思想基础和科学管理基础上;要逐步推行目标,使目标管理发挥预期的作用。

实践活动

(一)实训目的

各团队模拟编制组织长期、中期、短期计划。

(二)实训内容

1.学生实地走访调研不同企业,了解各企业所制定的战略计划、各职能部门计划等。
2.学生分组讨论不同企业所制定的计划存在的差异以及差异产生的原因。
3.根据走访调研的结果,各小组为企业制定战略目标,在此基础上编制企业中长期计划,并将中长期计划分解成短期计划。

(三)实训评估

各小组通过实地调研得到企业的各项计划,在认真分析所制定计划的基础上,各小组成员模拟企业管理者制定计划。首先由企业的总经理制定企业战略计划,然后其他成员模拟企业各职能部门管理者,如销售经理、生产经理、财务主管等,制定各职能部门计划。计划制定好之后,由其他小组及教师共同点评各小组计划制定的合理性及优缺点。

基础训练

一、单项选择

1.计划工作的起点(　　)。
   A.估量机会　　B.制定目标　　C.分析限制条件　　D.编制方案
2.下面哪项不是计划的表现形式(　　)。
   A.战略　　B.预算　　C.程序　　D.决策
3.下列哪种方法适合编制长期计划(　　)。
   A.滚动计划法　　B.PDCA法　　C.投入产出法　　D.综合平衡法
4.下面哪项不属于目标管理的优点(　　)。
   A.有效管理　　B.形成激励　　C.明确任务　　D.降低成本

5. 目标管理核心强调（　　）。
   A. 民主管理　　　B. 自我管理　　　C. 激励　　　D. 成果第一

二、多项选择
1. 计划中的"5W"表示（　　）。
   A. what　　　B. why　　　C. when　　　D. where
2. 从时间上分，我们可以把计划分为（　　）。
   A. 战略计划　　　B. 战术计划　　　C. 长期计划　　　D. 短期计划
3. 目标管理实施的过程应遵循哪些原则（　　）。
   A. 目标制定必须科学合理　　　B. 督促检查必须贯穿始终
   C. 成本控制必须严肃认真　　　D. 考核评估必须执行到位
4. 计划的特征（　　）。
   A. 计划的目的性　　B. 计划的先行性　　C. 计划的前瞻性　　D. 计划的科学性
5. 目标的作用（　　）。
   A. 管理的基础　　B. 评价的标准　　C. 引导作用　　D. 激发动机能

案例分析

东成印刷公司的目标管理

东成印刷公司始建于1991年，是一家以生产上级指令性计划任务为主的印制类中型国有企业，现有员工1500余名。作为特殊行业的国有企业，东成印刷公司的首要任务就是完成总公司每年下达的国家指令性计划，并在保证安全生产、质量控制的前提下，按时按质按量地完成总公司交给的各项任务，支持国家宏观经济的正常运转。拥有百余年历史的东成印刷公司，在传统的管理体制下，企业的供、产、销一系列工作都是在总公司计划下完成的，因此，企业在经营自主性和自我调控等方面较弱。随着市场经济的发展，东成印刷公司在原材料采购、生产技术创新、第三产业的开拓等方面逐渐拥有更大的发展空间和自主权，使得企业在成本控制、技术水平、产品市场销售等各个方面能力不断提高，同时迫切要求建立适合企业自身发展的现代企业管理制度，切除国有企业存在的众多"瘤疾"，更好地适应企业的管理和经营。

2000年，为促进总公司发展纲要的实施及战略目标的达成，推动印制企业现代化、集体化、国际化的建设进程，建立和完善印制企业的激励约束机制，科学解析和真实反映印制企业的管理绩效，总公司制定了印制企业管理绩效评价规则，对印制企业一定生产经营期间的安全质量、资产运用、成本费用控制等管理成效进行定量及定性对比分析，作出综合评价。

东成印刷公司为了更好地完成总公司下达的各项考核指标，提高本企业的管理能力、优化企业的管理水平，充分发挥企业各职能部门的作用，充分调动东成名员工的积极性,在各个处室、车间、工段和班组逐级实施了目标管理。多年的实践表明,目标管理改善了企业经营管理,挖掘了企业内部潜力,增强了企业的应变能力,提高了企业素质,取得了较好的经济效益。

1. 东成印刷公司目标管理现状。

第一,目标的制定。总公司制定的印制企业管理绩效评价内容主要包括四个方面:企业成本费用控制状况、企业专业管理能力状况、企业资产效益状况、企业发展能力状况。东成印刷公司每年的企业总目标是根据总公司下达的考核目标,结合企业长远规划,并根据企业的实际,兼顾特殊产品要求,总目标主要体现在东成印刷公司每年的行政报告上。依据厂级行政报告,东成印刷公司将企业目标逐层向下分解,将细化分解的数字、安全、质量、纪律、精神文明等指标,落实到具体的处室、车间,明确具体的负责部门和责任承担人,并签署《企业管理绩效目标责任状》,以确保安全、保质、保量、按时完成任务,此为二级目标即部门目标。部门目标进一步向下分解为班组和个人目标,此为三级目标,由于班组的工作性质,不再继续向下分解。部门内部小组(个人)目标管理,其形式和要求与部门目标制定相类似,签订班组和员工的目标责任状,由各部门自行负责实施和考核。具体方法是先把部门目标分解落实到职能组,再分解落实到工段,工段再下达给个人。各个小组(个人)努力完成各自目标值,保证部门目标的如期完成。

第二,目标的实施。《企业管理绩效目标责任状》实行承包责任人归口管理责任制,责任状签订后,承包方签字人为承包部门第一责任人,负责组织在部门内部进行目标分解,细化量化指标,进行第二次责任落实,实行全员承包。各部门可以根据具体情况在部门内部制定实施全员交纳风险抵押金制度。各部门的第二次责任分解可根据具体情况按两种形式进行,部门负责人直接与全员签字落实责任。部门负责人与班组长签字落实责任,班组长再与全员签字落实责任。管理绩效目标责任状签订并经主管人员批准后,一份存上一级主管部门,一份由制定单位或个人自存。承包方责任人负责组织进行本部门日常检查管理工作。专业部门负责人负责组织进行本专业日常检查管理工作;企管处负责组织对处室、车间的日常检查管理工作。在此基础上,公司还实行了承包责任人交纳风险抵押金制度。副主办以上责任承包人依据级别的不同,分别向厂交纳一定数额的责任风险抵押金,在目标达成后给予一定倍数返还。

第三,目标考评。考评机构上,东成印刷公司成立了专门负责考核工作的厂绩效考核小组,厂长任组长,三位副厂级领导任组员。厂考核领导小组下设部门绩效考核小组。由责任状的承包方责任人负责组织本部门日常检查管理工作。专业部门负责人负责组织本专业日常检查管理工作。企管处负责组织对处室、车间的日常检查管理工作。考核领导小组、部门考核工作组负责对各自处室、车间的结果进行考评。

在考评周期上，企业对部门的考核周期是一年，平时有日常考核和月度报告，对班组和管理技术人员的综合考核一般也是在年底，平时主要是日常出勤的考核。

在考评办法上，东成印刷公司对绩效目标落实情况每月统计一次，年终进行总考评，并根据考评结果与奖惩挂钩。各部门于每季度末将其完成管理绩效目标责任状情况的季度工作总结与下一季度的工作计划交与相关部门。各专业处室按照绩效目标责任状中本专业的管理目标和工作要求，对车间及有关部门进行每半年一次的专业考评。

在考评方式上，考核中采用了"自我评价"和上级部门主观评价相结合的做法，在每季度末月的29日之前，将本部门完成管理绩效目标责任状、行政工作计划情况的季度工作总结与下一季度的工作计划一并报企管处。企管处汇总核实后，由考核工作组给予恰当的评分。

在考评处理上，对日常考核中发现的问题，相应主管负责人实施奖惩。年终，企管处汇总各处室、车间的考核目标完成情况，上报厂级考核小组，由其根据各部门的重要性和完成情况，确定奖惩标准。各处室、车间内部根据企业给予本部门的奖惩情况，确定所属各部门或个人的奖惩标准。考评结果一般不公开，对奖惩有异议的可以层层向上一级主管部门反映。

2.东成印刷公司目标管理存在的问题。

通过对东成印刷公司分析得知，企业具备实施目标管理的基本条件，并且有比较全面的目标管理工作意识，但是东成印刷公司目标管理体系仍存在着一些问题，在一定程度上阻碍了企业的发展，其问题主要表现在以下几个方面：

第一，缺乏明确量化的厂级目标体系。东成印刷公司以每年的行政工作报告作为年度厂级总目标，行政工作报告主要包括年度总公司下达的产品生产任务计划以及总公司重点检查和考核的目标体系。但是东成印刷公司没有一个明确量化的厂级目标体系文本，各个部门按照行政工作报告的精神领会制定部门目标。

第二，目标值的制定缺乏系统明确的量化方法体系。各个部门的目标任务主要由部门向厂绩效考评小组上报后确定，厂绩效考评小组难以衡量各个部门目标制定的客观性。实际中，员工普遍认为只要不出大的差错，比如重大安全事故、重大质量事故等，每个部门的年度目标任务都是可以顺利完成的，换句话来说就是目标值基本上都可以很容易的完成。目标值也未能体现出动态性，主要问题在于目标值的制定缺乏系统明确的量化方法体系，很多部门只是根据往年的数据粗略估计，数据来源难于考查，更谈不上提升了。

第三，考核工作主观化，负激励明显。东成印刷公司目标责任状没有明确的权重分值，这使得厂绩效考核小组和部门绩效考核小组考核评分过于主观化。此外，日常考核工作主要以企业制定的考核细则为主，而考核细则多以惩罚为主，负激励明显。

第四,部门之间协调困难。各个部门工作协调困难,部门只注重自身的绩效,不关注兄弟部门的绩效,从而导致工作效率低下,组织内耗大。

第五,目标管理组织体系不全面。因为企业员工考核结果反馈一般是逐层反馈,员工常常感到考核结果不公的时候没有一个很好的反馈和沟通平台。厂绩效考评小组得不到更好的互动信息支持,难以进一步以目标为导向开展企业管理和目标控制工作。由于目标的制定和考核工作是由同一个组织来完成的,各级目标制定和绩效考评工作的公正性和客观性缺乏相关责任部门的监督和控制。

(资料来源:东成印刷公司目标管理研究.http://www.zhlzw.com/qx/jixl/631327_3.html

思考:

1. 目标管理能给企业带来什么优势?
2. 通过该案例,你认为目标管理应该如何实行?

模块三
组织与人事

项目五
组　织

任务分解

【知识指标】

1. 掌握组织的含义,了解组织的分类和作用。
2. 掌握组织设计的影响因素及原则。
3. 掌握组织的层级化和部门化,并了解各种组织结构类型。
4. 掌握职权的含义,理解组织中的集权、授权和分权。

【技能指标】

1. 培养学生组织设计的能力。
2. 培养学生职权分配的能力。

知识结构图

- 认识组织
  - 组织的概念
  - 组织的构成要素
  - 组织的类型
  - 组织的功能
  - 组织管理
- 组织结构设计
  - 组织设计的概述
  - 管理层级化
- 组织结构的类型
  - 组织部门化
  - 直线型组织
  - 职能型组织
  - 直线职能型组织
  - 事业部型组织
  - 矩阵型组织
  - 网络型组织
- 职权分配
  - 职权的含义与类型
  - 授权
  - 集权与分权

任务一 认识组织

 问题导入

巴恩斯医院

10月的某一天,产科护士长黛安娜给巴恩斯医院的院长戴维斯博士打来电话,要求院长立即作出一项新的人事安排。从黛安娜的急切声音中,院长感觉到一定发生了什么事,因此要她立即到办公室来。五分钟后,黛安娜递给了院长一封辞职信。"戴维斯博士,我再也干不下去了",她开始申述,"我在产科当护士长已经四个月了,我简直干不下去了。我怎么能干得了这工作呢?我有两个上司,每个人都有不同的要求,都要求优先处理。要知道,我只是一个凡人。我已经尽最大的努力适应这种工作,但看来这是不可能的。让我给举个例子吧。请相信我,这是一件平平常常的事,但像这样的事情,每天都在发生。昨天早上7:45,我来到办公室就发现桌上留了张纸条,是杰克逊(医院的主任护士)给我的。她告诉我,她上午10:00需要一份床位利用情况报告,供她下午在向董事会作汇报时用。我知道,这样一份报告至少要花一个半小时才能写出来。三十分钟以后,乔伊斯(黛安娜的直接主管,基层护士监督员)走进来质问我为什么我的两位护士不在上班。我告诉她雷诺兹医生(外科主任)从我这要走了她们两位,说是急诊外科手术正缺人手,需要借用一下。我告诉她,我也反对过,但雷诺兹坚持说只能这么办。你猜,乔伊斯说什么?她叫我立即让这些护士回到产科部。她还说,一个小时以后,她会回来检查我是否把这事办好了!我跟你说,这样的事情每天都发生好几次的。一家医院就只能这样运作吗?"

(资料来源:http://wenku.baidu.com/巴恩斯医院,编者节选修改)

思考:
1. 巴恩斯医院出现以上问题的原因是什么?
2. 如果你是院长,你会如何处理?

一、组织的定义与特征

(一)组织的定义

如同管理学中的其他概念一样,组织的定义也是多种多样的,其中最有影响和应用

最广泛的是西方现代管理理论社会系统学派的创始人切斯特·巴纳德对组织的定义。他认为组织是有意识地加以协调两个或两个以上的人的活动或者力量的协作系统。他认为,由于生理的、心理的、物质的和社会的限制,人们为了达到个人的目标和共同的目标,就必须合作,于是形成群体,群体便发展成组织。

归纳起来,管理学中的"组织"包括两方面含义,从动态的视角看,组织是一个管理过程,是指人们为了达到特定的目标而创造组织、维持组织,依据环境的变化变革组织,并使组织持续发挥作用的过程,其实也可以称之为"组织活动"或者"组织工作"。从静态的视角看,组织是一个实体单位,由为了达到自身目标而结合在一起的具有正式关系的一群人组成。

组织是指由两个或两个以上的人组成,具有明确目标和系统性结构的社会实体。组织是一群人的集合,组织中的成员必须按照一定的方式相互合作,形成整体的力量,完成单个人不可能完成的各项任务,实现不同于个人目标的组织整体目标。

(二)组织的特征

1.组织是一种目标的体系。

没有明确的目标就不是组织,只能算是人群。目标是组织的愿望和外部环境结合的产物,所以组织的目的性不是无限的,而是受环境影响和制约的,这个环境包括物质环境及社会文化环境,有了目标后组织才能确定方向。整个组织有总目标,每个单位有分目标,组织的任务就是要求每一工作人员朝着目标努力,以便最终实现目标。

2.组织是一种分工的体系。

组织结构中的单位,不论是高级、中级、低级单位,都根据分工原则来加以区分与设计。由于分工不同,上下级之间可以用级差来制约,但同一级单位之间则需配合协调,所以组织也是一种协调体系。

3.组织是一种权责分配的体系。

组织中每一个单位,都有明确的职称;单位内每一个职位,均有明确的工作指派;每一单位的主管与职工,需按规定的职称与工作指派执行。这种权责结构表现为组织层次清晰,任务有明确的承担者,并且权力和责任是对等的。有多大的权力就有多大的责任。

4.组织是一种层层管理的体系。

在组织结构中的上下级之间,有层层管理的关系,上一级对下一级可下达命令,下一级需接受上一级的指示,这样命令才能贯彻。

5.组织是规章制度的一种体系。

组织中的每一工作人员都应严格依照法令规定办事,法令规定本身又有基本法规、辅助法规、补充命令等。

6.组织是拥有一定资源的体系。

组织的资源主要包括以下几类:人力资源,这是组织最大的资源,是组织创造力的源泉；财力资源，主要指资金，有了资金组织的各项工作才能运转起来；物力资源；时间；技术；信息；社会信誉。

二、组织的构成要素

作为一个有机体，组织并非是人员和制度文档的简单堆砌，而是因共同的目标结合在一起，相互协调、相互支持、相互作用的系统。它一般包含以下几个要素：

（一）目标

任何组织都是为目标而存在的，不论是明确的还是模糊的，目标总是组织存在的前提。没有目标的组织也没有存在的必要。

（二）人

人是构成组织的最基本要素，是组织存在的基础。人既包括管理者，也包括被管理者。建立和维护好组织中人与人的关系，是组织系统的基本条件和要求，而一旦明确了每个人在组织系统中所处的位置，便可形成一定的职务结构。

（三）职责与职权

责权是组织系统的纽带，二者之间既互相区别又紧密联系。职责是某个职位应当完成的任务和肩负的责任，职权是指为完成某项任务、承担某种责任而由组织经正式程序授予某个职位的奖励、惩罚以及获取或调配资源的权力。要注意的是，职权并不归属于个人，而是附着在某个职位上。

（四）协调

有了目标、人以及责权结构，还需要将这些要素协调整合，构建高效率的组织系统。协调包括对整体的、系统性的制度协调，也包括各种类型的沟通。

三、组织的类型

由于人们社会活动的多样性，组织也有多种分类方式。按照不同的标准，可以把组织分为不同的类型。

（一）正式组织与非正式组织

1. 正式组织。

正式组织是指为了达到组织目标，按照组织结构、经营方针、规章制度等来构成成员之间相互关系的组织体系。例如，企业、学校或政府机关人员按照一定的程序被安排到不同的工作岗位上，除经主管部门或者主管人员按照一定的程序批准同意外，一般不

能随意调换科室。正式组织具有以下特征:

(1)组织保持相对的稳定性,存在稳定的秩序,人员流动性小,权责结构清晰。

(2)组织实行专业化分工,岗位有相应的职责。

(3)由于进行了专业化分工并且形成了一定结构和层次,所以同级之间以及上下级之间要协调关系,从而形成立体的协调层次。

(4)组织拥有法定的领导权威,它的最高领导者的领导权是由法定的规章制度确定的,并强制要求所有成员服从。

(5)组织建立了相对稳定的规章制度体系,岗位分工、行为规范、奖惩制度、运营机制、产品范围、行动范围都以明确的条文确定下来并公布给每一个成员,要求成员遵守。

(6)职位具有可取代性。正式组织的职位及职责要求都是脱离个人的,某个人离开之后,其他人可以在相同的岗位上继续工作。

2.非正式组织。

非正式组织是与"正式组织"的对应称法,最早由美国管理学家梅奥通过霍桑实验提出,它是指人们在共同的工作或者活动中,由于具有共同的兴趣和爱好,以共同的利益和需要为基础自发形成的组织。例如,老乡会、牌友会、老街坊相聚或紧急情况下形成的互助团体等。非正式组织的特征主要表现为以下几点:

(1)没有自觉的共同的组织目标。非正式组织并非是在完成一定任务的过程中形成的,而是在自然状态下形成的,因此这个群体没有共识性的任务前提。非正式组织也没有正式的组织结构,它是基于共同感情而建立起来的。

(2)自发性。非正式组织中人们的共同活动虽然也能达成某种统一的结果,但他们并不是有意识地共同去参与活动。他们只是由于某种共同利益、观点和爱好,在自然的人际交往中自发形成的一种未经刻意安排的组织状态。

(3)内聚性。在非正式组织中,共同的情感是维系群体关系的纽带,人们彼此间情感联系比较密切,互相依赖,互相信任。所以,非正式组织具有更强的内聚性。

(4)不稳定性。非正式组织形式灵活,覆盖面广,几乎所有的正式组织成员都会介入非正式组织中。由于人类生活节奏的加快,非正式组织会随着人员的变动或新的人际关系的出现而发生改变,因此,它具有不稳定的特征。

(5)信息沟通灵敏。非正式组织成员之间交往频繁,知无不言,信息传播迅速,成员对信息反应往往具有相似性,因此可能导致传递的信息片面和失真。

3.非正式组织的积极作用和消极作用。

(1)非正式组织可能发挥的积极作用。

①满足职工的需要。非正式组织是由成员自发成立的。成员之所以愿意加入非正式组织,是因为这类组织可以满足他们的心理归属与社交需求,弥补正式组织在这些方面的不足。情感和心理上的满足可给正式组织带来内聚力,提高组织的工作效率。

②扩大组织信息网络。单纯依靠正式组织的信息通道很难把所有信息及时传播。

非正式组织的各种信息通道可以作为正式组织信息通道的补充。

③有助于完成工作。若管理者与所属的非正式组织成员建立良好关系,则后者会对前者采取支持、合作的态度,积极地提供建议,协助完成某些工作。

④起制衡作用。非正式组织在某种社会环境中存在,一方面受社会环境的制约,另一方面也影响着社会环境。非正式组织为了自身的利益,除在正式组织中树立良好的形象之外,会用规范或其他特殊形式约束成员。有的非正式组织也会对正式组织产生一定的舆论压力,这对改进正式组织中的管理者的工作方法、改善管理措施和提升自身的廉洁自律等都是有益的。

(2)非正式组织的主要消极作用。

①抵制变革。在许多情况下,变革意味着追求更高的工作效率,触动某些人的利益。当管理上的变革措施实施时,有些人会利用非正式组织的力量采取抵制的态度,找出种种理由加以阻挠,阻碍正式组织活动的开展。

②滋生谣言。当正式渠道的信息沟通中断或不畅时,如果对某一情况不明时,非正式组织无根据的议论可能使谣言兴起,谣言的传播会给正式组织带来不利的影响。

③非正式组织要求从众,这会束缚成员的发展。非正式组织主要是以无形的行为规范、惯例对其成员进行约束。有些人有过人的才华和能力,但受非正式组织约定俗成的行为规范和一贯倾向的影响,个人的聪明才智得不到发挥。

(二)营利性组织和非营利性组织

1. 营利性组织。

营利性组织是指经营运作的目的就是追求利润的组织。在市场经济条件下,营利性组织是指以市场需求为导向,从事生产和经营活动,追求经济效益,为社会提供各类产品和服务的组织。企业是最为常见的营利性组织,虽然现代企业要承担相应的社会责任,但如果没有利润目标,企业也就失去了行动的方向。企业如果不能获利,也就无法照章纳税,更无力去承担相应的社会责任。

2. 非营利性组织。

非营利性组织与营利性组织相对应,其宗旨主要是向社会提供公共服务,但它是不参与市场竞争,而追求社会利益,保证社会协调、稳定和有序发展的组织,比如公益教育、医疗服务等组织。尽管在提供服务的同时,非营利性组织常常收取一定的费用,但这些费用主要用于维持组织的生存,不必向政府缴纳营业税。有时一些非营利性组织也从事营利性活动,这些活动往往迫使政府加强对它们的控制,这可能会降低它们的运营效率。

(三)按组织的性质分类

组织按其性质可以划分为经济组织、政治组织、文化组织、群众组织和宗教组织等。

1. 经济组织。

经济组织是人类社会最基本最普遍的组织,它担负着为人们生产生活提供产品和服务的任务,履行着社会的经济职能。在现代社会中,经济组织已经形成庞大复杂的体系,其中包括形形色色的生产性组织和服务性组织。

2. 政治组织。

政治组织出现于人类社会划分阶段之后,包括政党组织和国家政权组织。在现代社会,政党是代表着某阶级的利益和意志,为某阶级提出奋斗目标,制定方针政策的政治组织。国家政权组织是国家管理社会的重要机器。

3. 文化组织。

文化组织是以满足人们的各种文化需求为目的,以文化活动为基本内容的社会团体。这类组织包括学校、图书馆、影剧院、艺术团体、科学研究单位等。

4. 群众组织。

群众组织是社会各阶层、各领域的人民群众,为开展各种有益活动而形成的社会团体,例如工会、共青团、妇女联合会、科学技术协会等。

5. 宗教组织。

宗教组织是以某种宗教信仰为宗旨而形成的组织,代表宗教界的合法利益,开展正常的宗教活动。

(四)实体组织和虚拟组织

1. 实体组织。

实体组织即一般意义上的组织,为了某种特定的目标,经由分工合作而构成的人的集合。例如,政府、企业、学校、医院、军队等。

2. 虚拟组织。

虚拟组织是一种区别于实体组织的以信息技术为支撑的人机一体化组织。其特征是以现代通讯技术、信息存储技术、机器智能产品为依托,实现传统组织的职能及目标。在形式上,虚拟组织没有固定的地理空间,也没有时间限制。组织成员通过高度自律和共同的价值取向实现团队共同目标。

(五)生产型组织和服务型组织

生产型组织和服务型组织都属于营利性组织。生产型组织通过组织产品的生产销售来获取利润。服务型组织主要是通过组织销售产品或提供服务来获取利润,如商业企业、修理企业、咨询服务企业等。

老师讲故事

法国骑兵同马木留克兵作战,创造了以少胜多、以弱胜强的奇迹。法国历史上著名的军事家拿破仑谈起这次战役,神采飞扬地说:"两个马木留克兵绝对能打赢三个法国兵;一百个法国兵与一百个马木留克兵势均力敌;三百个法国兵大都能战胜三百个马木留克兵;而一千个法国兵则总能打败一千五百个马木留克兵。"马木留克这个民族的特点就是精于骑术,相反,法国人则不善于骑术,拿破仑本人就是一个不高明的骑手,他的骑兵和马匹质量也很一般。可为什么他们能打败骁勇的马木留克兵?难道胜利之神偏袒法国骑兵,硬要把胜利赐给他们吗?造成强弱变化的神奇力量,不是别的,而是纪律。拿破仑的骑兵经过正规的整体训练,富有纪律性,在作战中能够始终保持严整的队形,冲锋时如一泻千里的洪流,锐不可当。而马木留克骑兵虽然在骑术和刀法上占有绝对优势,单兵作战是第一流的,小股遭遇战也占有优势,但是他们队形散乱,行动不协调。两军交战时,马木留克兵由单兵格斗的优势变成了整体作战的劣势。

四、组织的功能

(一)组织的凝聚功能

任何有效率的组织必然会产生巨大的向心力和凝聚力。组织的凝聚力首先来自组织的目标。每个组织都有明确的目标和任务。正是由于共同的目标、共同的事业,把人们维系在一起,凝聚成为一个较强的集体。其次凝聚力来自于组织中人际关系的和谐与群体意识。如果组织成员之间互相尊重、互相支持、互相信任、互相关心,有对群体的归属感、对目标的认同感以及对任务的责任感,就会自然而然地产生组织的向心力。最后,凝聚力还取决于领导的导向作用。如果领导者品德高尚,正直廉洁,大公无私,办事公正,严于律己,以身作则,团结群众,亲切待人,受人敬佩,就自然有无形的影响力和感染力,有助于增强组织的凝聚功能。

(二)组织的协调功能

组织的协调功能是指正确处理组织活动中复杂的分工协作关系,既包括协调组织内部上下级之间纵向的关系、左右之间横向的关系,也包括协调组织与环境的关系。在一个组织内部,如果成员各尽其职,密切协作,就会产生巨大的协调能力。在组织与环境关系中,如果组织能不断调节自己,顺应环境变化,就会产生一种审时度势的适应能力。

(三)组织的制约功能

在一个组织里,每个成员被指派担任一定的职务,被赋予相应的权力,承担一定的责任,并且根据不同层次、不同职位的权力和责任的制度,保证组织活动的和谐统一。从一定意义上说,组织正是由职位、权力、责任组合而成的结构系统。这种由职位、权力和责任所构成的制约力量,制约着组织成员的行为。

(四)组织的激励功能

组织的激励功能是指一个有效的组织,应当是一个能发掘人的长处和短处,充分激发人的积极性、创造性和主动性的组织。组织只有高度重视人的因素,肯定人的工作成果,培养人的责任感,增强人的荣誉感,激励人的开拓精神,才能使管理者和被管理者进行创造性的工作。

五、组织管理

(一)组织管理的概念

作为管理的一项重要职能,组织管理是指通过设计和维持组织内部结构和相互之间的关系,使人们为实现组织的目标而有效地协调工作的过程。这里的"内部结构"主要是指部门结构,这里的"相互之间的关系"主要是指组织部门之间、组织成员之间的权责关系。

组织管理是管理人员执行计划的重要手段。只有通过组织管理,消除工作重复,合理配置和使用资源,明确各部门和员工责职,提高员工和机构的工作效率,计划才能得以有效实施。

(二)组织管理的任务

从组织管理的定义中可以看出,组织管理的任务就是通过确定组织结构及其权责关系,使组织中各部门和各成员有效地协调工作,从而确保组织目标的实现。具体地说,组织管理有三个方面的任务:确定每个人的职责,规定成员间的相互关系,激励组织成员。

(三)组织管理的内容

1. 组织设计。

组织设计的目的就是要对组织成员关系作出正式安排,形成正式组织。首先,根据组织目标、组织自身特点和外部环境因素,对组织进行单位的划分和组合,即确定组织部门和层次。其次,为各岗位选配合适的人员,要求工作和人员相匹配,职位和能力相适应,职务与职责、权限相一致,做到人与事的最佳结合。最后,确定各层次、各部门之间纵向和横向的关系,形成有机的组织机构系统。

2. 组织运作。

各层次、各部门及其员工的职责和相互关系确定后,就要让组织起动并维持其正常

运作,主要是建立各种规章制度,如工作命令和报告制度、绩效考核与评价制度、激励制度等。

3. 组织变革。

组织变革是指根据组织的运作情况以及组织的发展状况和外部环境因素的变化情况,及时调整组织模式,提高组织的效能,增强组织的适应性。组织模式是指一定的组织结构和一定的组织权责关系的结合方式。

任务二 组织结构设计

阿里巴巴集团组织结构再调整

一直以"拥抱变化"著称的阿里巴巴集团,于2015年12月7日公布了新一轮组织调整。已经拥有三万员工的阿里巴巴将此前的"树状"管理模式改为"网状",成立整合数据、搜索等技术平台的"中台事业群",对前台各业务模块进行整合支持。

阿里巴巴集团CEO(首席执行官)张勇在12月7日的员工公开信中宣布,阿里巴巴集团的2018年中台战略是要构建符合大数据时代的更创新灵活的"大中台、小前台"组织机制和业务机制。

"中台将集合整个集团的运营数据能力、产品技术能力,对各前台业务形成强力支撑",张勇在公开信中解释称,中台的支撑将使得阿里巴巴的前台一线业务更敏捷,更能快速适应瞬息万变的市场。

阿里巴巴集团的电商部门此前约有一万员工的规模,承担了集团大部分的业务量,"此前集团内多个部门会出现重复劳动的情况,例如共同开发一项技术功能,'中台'的打通会让内部工作更高效,协同效应更大",阿里巴巴集团内部人士表示,集团希望借此能够推动集团电商零售平台的全面改革升级。

阿里巴巴集团新设立的中台事业群,下辖搜索事业部、共享业务平台、数据技术及产品部。"新的中台事业群有几千人的规模",阿里巴巴集团内部人士表示,集团的这次中体事业部整合变动较大,阿里电商事业群将打破树状结构,转变为一批"业务小前台"。

阿里巴巴集团中国零售事业群原总裁,负责淘宝、天猫和聚划算业务的张建锋将担任"中台事业群"的总裁,直接向张勇汇报,负责共享、数据、搜索以及闲鱼、淘宝头条等创新孵化业务。

张勇在公开信中介绍,张建锋兼具技术和商业背景和经验,是担纲落实集团大中台的最佳人选。他将作为阿里集团和蚂蚁金融服务集团统一中台体系的总架构师,全面负责两大集团中台体系的规划和建设。

张勇还透露,天猫、淘宝和手机淘宝三大核心业务将实施"班委会"集体负责制度,班委由阿里一批年轻业务骨干担当,其中有七位是"80后"管理者。

阿里妈妈、阿里云、菜鸟网络和B2B四大业务将继续面向市场更为独立地发展,实行总裁负责制。同时,阿里巴巴集团将重组集团商家事业部,提供以大数据为基础的工具和服务商家,将首次组建平台治理部,由集团副CFO(首席财务官)郑俊芳兼任,负责电商平台的规则、知识产权保护等事宜。

张勇说:"在大数据和云计算正成为新经济时代的石油和引擎的大背景下,阿里巴巴集团必须着眼于未来进行全面变革。这次组织结构调整,是我们面向未来必须经历的变革,也是年轻一代阿里人全面接过接力棒的开始。"

目前阿里生态拥有近四亿用户,平台接入超过一千万各类企业,几乎涵盖了包括零售交易、用户营销管理和供应链管理在内的所有商业场景,因此建设高效率、规模化的技术产品数据平台变得尤为重要。

(资料来源:http://companies.caixin.com/,编者节选修改)

思考:

阿里巴巴为什么要进行组织结构的调整?

一、组织设计的概述

(一)组织设计的概念

组织结构是组织内的全体成员为了实现组织目标,在管理工作中进行分工协作,通过职务、职责及相互关系构成的结构体系。组织结构的本质是成员间的分工协作关系,组织结构的内涵是人们的职、责、权关系,因此组织结构又可以称为"权责结构"。

组织设计是以组织结构安排为核心的组织系统的整体设计工作,是一项操作性很强的工作,它是在组织理论的指导下进行的。组织设计概括地说,就是为了实现组织目标而进行的各种资源的安排,即对组织成员在实现组织目标中的分工协作关系作出正式、规范的安排。

(二)影响组织结构设计的因素

每一组织内外的各种变化因素,都会对其内部的组织结构设计产生重大的作用,如组织的环境、战略、规模、技术和权力控制等因素。

1.环境。

任何一个组织的运作都不可能脱离一定的环境,有效的组织结构是那些与外部环境相适应的结构。环境包括一般环境和特定环境两部分,一般环境包括对组织管理目标产生间接影响的环境条件,这些条件最终会影响组织现行的管理实践,如政治、经济、社会文化和技术等。特定环境包括对组织管理目标产生直接影响的具体环境条件,如顾客、竞争对手和供应商等。这些条件对每个组织而言都是不同的,并且会随一般环境条件的变化而变化,两者具有互动性。

2. 战略。

战略是组织对于未来发展方向、目标、方针和行动方案等的总体谋划。在组织结构与战略的相互关系上,一方面,战略的制定必须考虑组织的现实情况;另一方面,一旦战略形成,组织结构应作出相应的调整,以适应战略实施的要求。适应战略要求的组织结构有助于战略的实施,从而为组织目标的实现提供必要的前提。

3. 组织规模与组织的生命周期。

组织的规模往往与组织的发展阶段相联系,随着组织活动内容的复杂化,人数越来越多,组织设计也要随之调整,以适应变化了的情况。例如,对于一个只有几个人人或几十个人的小型组织来说,就不需要复杂的组织结构、严密的规章制度和分权决策;而对于一个数万人的大型组织而言,如果没有一个高度复杂的组织结构来组织数万人的活动,组织将无法生存。一般而言,大型组织比小型组织更倾向于具有程序化、专业化、标准化和分权化的规章制度。

组织的发展呈现明显的生命周期特征。奎因和卡梅隆将组织的生命周期划分为四个阶段:创业阶段—集合阶段—规范化阶段—精细阶段。

组织生命阶段	组织结构特点	发展要求
创业阶段	组织规模小,非官僚制和非规范化	高层管理者制定调节组织的结构框架,以适应组织成长的需要
集合阶段	组织规模继续扩大,但是沟通控制仍然不规范	高层与基层管理的集权与分权协调
规范化阶段	组织规模扩大,构建清晰的层级制,组织运作规范化	组织官僚习气重,创新受限制,面临内部稳定和扩大市场的问题
精细阶段	组织成熟,规模巨大,官僚化	领导更换,组织面临衰退更新的转折点,需尝试通过团队合作来解决问题

表5-1 组织的生命周期

4. 科技。

科技是指企业在生产过程中所运用的技能、知识、工具和设备的结合。任何组织都需要利用或采取一定的科学技术,将投入转换为产出。

科技及其变化对组织设计的影响主要表现在两个方面:一是生产技术对组织结构及管理特征有着系统的联系;二是信息技术对组织结构的发展趋势、权力配置、部门协调等可能会带来影响。

5. 权力控制因素。

斯蒂芬·罗宾斯在长期研究的基础上总结得出了一个结论:组织的"规模、战略、环境和技术等因素组合起来,对组织结构会产生较大的影响,但即使组合起来,也只能对组织结构产生50%的影响作用。对组织结构产生决定性影响作用的是权力控制"。以斯蒂芬·罗宾斯为代表的权力控制决定论研究者认为,组织的规模、战略、技术和环境等因素对组织结构模式的备选方案起着限制性作用,但是,从诸多备选方案中挑选哪一个方案,则最终由权力控制者决定。

(三)组织设计的原则

1. 目标优先原则。

目标优先原则指明了组织设计是一种手段,组织结构只是实现组织目标的手段,落实组织机能或职能的工具。一个组织在进行组织设计工作时(无论是决定选取何种形式的组织结构)必须服从并服务于实现组织目标的需要。任务和目标的实现是衡量组织设计正确有效的最终标准。

2. 分工与协作原则。

分工与协作是社会化生产的客观要求。现代社会的一个主要特征就是专业分工越来越细,随之而来的就是协调工作越来越难,但也越来越重要。只有分工没有协作,分工也就失去了意义。因此在进行组织设计时,设计者要同时考虑这两方面的问题。分工就是按照提高管理的专业化程度和工作效率的要求,把组织的任务和目标进行合理分解,明确规定每个层次、每个部门乃至每个人的工作内容、工作范围以及完成工作的手段、方式和方法。

3. 统一指挥原则。

统一指挥原则可表述为,组织的各级机构以及个人必须服从一个上级的命令和指挥,只有这样,才能保证命令和指挥的统一,使组织的决策得以贯彻执行,避免多头领导和多头指挥。根据这一原则,上级指示从上到下逐级下达,不许发生越级指挥的现象,下级只接受一个上级的领导,只向一个上级汇报工作。按照这一原则,指挥和命令如果能组织安排得当,就能做到命令畅通,提高管理工作的有效性,而那些因为多头领导和政出多门所造成的混乱就可避免。在实践中,统一指挥的原则可能会导致一些麻烦,例如,缺乏沟通和必要的灵活性等。为弥补这一缺陷,该原则在应用中往往还规定主管人员有必要的临时处置权及事后汇报权。根据统一指挥的原则,上级可授权下级相互进行直接的横向联系,但必须将行动结果报告各方的上一级,这样有助于统一指挥的实施。

4. 有效管理幅度原则。

管理幅度也称"管理跨度",是指一名管理者有效地直接领导下级人员的数量。与之密切相关的一个概念是"管理层次",也称"组织层次",是指组织中职位等级的数目,即从企业最高一级管理组织到最低一级管理组织的各个组织等级。

适度管理幅度原则要求组织的管理幅度设计必须适度,保证有效控制。保持合理的管理幅度也是组织设计精干高效的体现,任何一种组织结构形式都必须将组织工作的精干高效放在重要的地位。

5. 稳定性与适应性相结合原则。

稳定性与适应性相结合原则要求组织结构及其形式既要有相对的稳定性,又必须随着组织内外部条件的变化及业务运行的需要作出相应的调整。

为保证组织的高效运作,一个企业的组织结构应保持相对的稳定性。一般来说,组织越稳定,效率越高。由于组织结构的调整和各部门职权的重新划分都会涉及人员、分工、职责、协调等各方面的调整,所以,组织结构不宜频繁调整,应保持相对稳定。但当组织的内外部环境发生变化时,组织设计只有适应变化并作出相应的调整和变革,组织才会重新拥有效率和活力。

二、管理层级化

组织设计的内容之一就是划分组织层级,即确定管理层次和管理幅度,解决组织的纵向结构问题。

(一)管理幅度

管理幅度是指上级管理者能够有效地监督、管辖的直接下属人员的数量。当超过幅度时,管理的效率就会下降。换句话说,超过了管理幅度,就必须增加管理层次,通过委派下一级管理人员的方法来减轻高层管理者的负担。

(二)管理层次

管理层次是指组织内部从最高一级管理组织到最低一级管理组织的职位等级数目。因此,在同一个组织中,较大的组织幅度意味着较少的管理层次,较小的管理幅度则意味着较多的管理层次。我们把前者称为"扁平化组织结构",后者称为"锥形组织结构"或"直型组织结构"。

(三)管理幅度与管理层次之间的关系

组织的管理幅度与管理层次是密切相关的。当组织规模一定时,管理幅度的大小与管理层次成反比关系,即较大的幅度意味着较少的管理层次,较小的幅度意味着较多的管理层次。当管理幅度一定时,管理层次与组织规模大小成正比关系,即组织规模越大,组织成员越多,管理层次就越多。

举例说明,有三个组织 A、B、C,基层操作员工都是 4096 名,管理幅度分别是 16、8、4。对比 A 和 C,A 的组织比 C 少三层,可以少配备 1092 个管理人员。假设每名管理人员平均年薪为 8 万元,则 A 组织每年在管理人员薪水上就可以节省大约 9000 万元。显然,在成本方面,管理幅度大的组织效率更高。但是,在某些方面管理幅度过大可能会降低组织的有效性,也就是说,如果管理幅度过宽,由于主管人员没有足够的时间为下属提供必要的领导和支持,员工的绩效会受到不良影响。

(四)管理幅度和管理层次对管理的影响

扁平化组织结构有利于缩短上下级的距离,因此,上下级关系密切,信息的纵向流通速度快,管理费用低,而且由于管理幅度较大,被管理者的自主性也较大,有更大的余地去选择和培训下层人员。但是,管理者的时间、精力和能力都是有限的,较大的管理幅度可能难以有效地控制下属的行为,也加重了同级之间沟通的困难。

锥形组织结构有利于上下级之间的沟通和协调,但是,管理层次越多,需要从事管理工作的人员迅速增加,彼此间的协调工作也急剧增多,互相扯皮的事就会层出不穷;在各管理层次所花费的设备、管理费用的支出增加,所浪费的时间和精力也有所增加;较多的管理层次还造成组织内信息传递的失真;由于高层管理者对处于基层人员的影响力削弱,增加了高层管理者对整个组织控制的难度;另外,由于管理的严密而可能削弱下级人员的主动性和积极性。

(五)影响管理幅度的因素

对于一个组织来说,多大的管理幅度才是合适的呢? 根据众多的管理学家所进行的大量的实证研究,影响管理幅度的因素主要有以下七个方面。

1. 主管人员与其下属双方的素质和能力。

凡是受过良好训练的下属,不但所需的监督较少,而且由于不必事事都请示汇报,减少了管理者的工作量,从而可以增加管理幅度;素质和能力较强的主管人员也能够在不降低效率的前提下,担负起较多人员的管理工作而不会感到过分的压力。

2. 所面对的问题的性质。

主管人员若经常面对的是较复杂、困难的问题或涉及方向性的问题,则直接管辖的人数不宜太多;相反,如果主管人员大量面对的是日常事务,已有规定的程序和解决方法,则管辖的人数可以较多一些。

3. 管理活动的相似性。

下属的工作和活动的内容越是相似,上级管理者的协调活动就越是可以制度化、标准化和程序化,从而节省上级管理者的时间和精力,增加其管理的幅度。

4. 授权的状况。

适当和充分的授权可以减少上下级之间的接触次数和密度,节省上级管理人员的时间和精力,上级管理者可拥有较大的管理幅度;相反,不授权、授权不足、授权不当或授权不明确,都会增加上级管理者指导和监督的工作量,从而限制了管理幅度的扩大。

5. 组织沟通渠道的状况。

在组织沟通渠道畅通、信息传递迅速和准确、所运用的控制技术比较有效、对下属的考核制度比较健全的情况下,管理幅度可考虑加大一些。

6.下属员工的空间分布。

下属人员在地域上越是集中,越是可以节省协调和沟通的时间与精力,组织可以适当增加管理幅度;反之,就会限制管理幅度的扩大。

7.管理者的领导风格。

如果上级管理者属于集权的领导风格,要求对下级人员进行严格的控制和管理,则组织只能有一个较小的管理幅度。

除此之外,工作对象的复杂性、管理者所承担的非管理职责、计划的完善程度等因素也影响着管理幅度的确定。

三、组织部门化

组织设计的另一个内容就是部门化,部门化主要解决组织的横向结构问题。随着组织规模的扩大和生产经营活动的复杂化、高级化,组织业务活动种类越来越多,所涉及的专业领域越来越广。因此,为了提高工作效率,管理者就必须在劳动分工的基础上,把各项活动进行归类,使性质相同或相似的工作合并到一起组成单位,形成一个个专业化的部门。

(一)部门化的含义

部门化是指按照一定的方法把组织中的人与事划分成可管理单位的过程。部门化的目的在于确定组织中各项任务的分配与责任的归属,以合理分工、明确职责,从而达到组织的目标。

(二)组织部门化的形式

1.区域部门化。

对于一个规模较大、区域分散的组织来说,按区域划分部门是一种比较普遍的方法。这种方法是指当组织分散在不同区域,各区域的政治、经济、文化等因素影响到组织的经营管理时,把某个区域的业务工作集中起来,委派一个部门负责人全权负责的方法。

这种按区域划分部门的方法把责任下放到各区域的基层,有利于组织集中精力了解当地的情况,改善区域内的协调,取得区域经营的经济效益,在充分调动基层积极性的同时,也有利于培养全面型的管理人才。但是,这种方法需要更多具有全面管理能力的人员,不仅增加了总部对各个部门控制的难度,而且区域之间的协调也不易进行,存在机构设置重复、集中进行的经济服务活动得不到很好的开展等问题。

2.职能部门化。

按职能划分部门是指根据生产专业化的原则,以工作或任务的性质为基础来划分部门。大多数企业在采取这种方法时,通常按法约尔对组织的界定方式,把企业划分为技术、商业、财务、安全、会计和管理等部门,并在此基础上进行细分。比如,技术职能部门细分为工程部门、生产部门,商业职能部门又细分为销售部门、采购部门等。

这种划分部门的方法优点在于它遵循分工和专业化原则,充分发挥专业职能,提高了管理的效率,加强了高层管理者对整个组织的控制,也简化了对人员的训练工作。但是,这种方法容易使各职能部门的专业人员产生"隧道视野",即除了自身领域外,无法了解整个组织的运行状态,给各部门之间的横向协调带来一定的困难;无法充分调动基层管理者的积极性,组织对外的反应能力减弱,不利于培养全面型的管理者。

3. 产品部门化。

产品部门化是指按照产品或产品系列来组织业务活动。例如,大学中的院系、研究所就是按照培养不同人才的目标或按照不同的科研要求来设置的。

这种方法一般能够发挥个人的技能和专长,发挥专用设备的效率,取得产品专业化的效益,也可以调动基层管理者的积极性,组织对外部环境变化的适应能力较强。但是,这种方法要求更多的人具有全面管理的能力,各产品部门的独立性比较强而整体性比较差,这就加重了各部门之间协调的负担,另外,这种方法也存在机构重复设置的问题。

4. 顾客部门化。

顾客部门化是指根据不同顾客的需要设立部门,这种新型的组织结构形式在激烈的市场竞争中,迎合了需求多样化发展的趋势。比如,在百货公司里,按照服务顾客的不同划分为儿童用品部、女性用品部和男性用品部等。这种方法主要用于服务对象差异较大、对产品与服务有特殊要求的企业。

这种方法的最大优点是能满足各类对象的要求,企业的对外适应能力较强,但也可能造成由这种方法组织起来的部门与其他方法组织起来的部门产生冲突的现象,另外,由于机构的重复设置和资源的分散使用,可能导致运作成本增加。

5. 流程部门化。

流程部门化主要用于生产部门的划分,即按照工艺性质的不同来划分不同的流程部门。流程部门化将企业的生产或制造过程分成几个阶段,按阶段来设置部门和机构,每个部门只负责整个过程中某一阶段的工作。制造业及连续生产型企业常采用这种方法。比如,在机械制造企业中,生产过程常被分为铸造、锻压、机械加工和装配等流程,进而按不同流程来设立相应的车间和部门。

采用流程部门化组织结构形式可以提高工艺的专业化水平,使企业能采用专用设备进行生产,提高企业的生产效率;有利于提高工人的熟练程度和操作水平;在每个部门内部,员工从事相同或相似的工作,有利于相互配合和协作。其缺点是组织对外适应能力较差,难以对各个部门进行定量的考核,部门之间协调难度大,也不利于调动基层的积极性。

(三)部门划分应注意的问题

组织部门的划分实际上是组织分工的问题,通过各种专业化的分工来达到提高效率的目的。各组织在不同的时期、不同的层次可能采用不同的划分标准,一个组织往往使用两种或两种以上的方法进行部门的划分。在划分部分的过程中,还必须注意以下五个问题:

1. 避免无目的地设置部门。

每个部门应有特定的工作任务,其他部门不可能取而代之。同时,各个部门的工作任务有明显的边界,避免任务的交叉和重复。

2. 组织结构应具有弹性。

部门的划分应随着业务的需要而增减,在一定时期划分的部门,其增设或撤销应随业务工作而定,可设立临时部门和工作组来解决临时出现的问题。

3. 确保组织目标的实现。

各个部门的工作应能涵盖组织的所有工作任务,组织目标的各项工作应通过部门划分而落实,由各部门经过协调配合来共同完成。

4. 各部门之间应达到平衡。

各部门职务的指派应平衡,避免忙闲不均、工作分摊不均。

5. 检查职务与业务部门分设。

检查职务不应隶属于受其检查评价的部门,以避免检查人员的"偏心",真正发挥检查职务的作用。

总之,部门划分解决了因管理宽度的限制而约束组织规模扩大的问题,同时把业务工作安排到各个部门中去,有利于组织目标的实现。由于业务工作的划分不可避免地会带来部门间不协调的问题,因此,在划分部门时,必须考虑到这种不协调所带来的消极后果。

任务三 组织结构类型

 问题导入

凯迪公司的困境

凯迪公司是上海市一家中型企业,主要业务是为企业用户设计和制作商品目录手册。公司在浦东开发区和市区内各设有一个业务中心,这里简称为 A 中心、B 中心。

A 中心内设有采购部和目录部。采购部的职责是接受用户的订单,并选择和订购制作商品目录所需要的材料;目录部则负责设计用户定制的商品目录。凯迪公司要求每个采购员独立开展工作,而目录部的设计人员则须服从采购员提出的要求。凯迪公司的总部和 B 中心都设在市区。B 中心的职责是专门负责商品目录的制作。刘利是凯迪公司负责业务经营的主管,他经常听到设计人员抱怨自己受

到的约束过大,无法实现艺术上的创新与完美。最近,刘利在听取有关人员的建议后,根据公司业务发展的需要,决定在B中心成立一个市场部,专门负责分析市场需求和挖掘市场潜力,并向采购员提出建议。

市场部成立后不久,刘利听到了各种不同意见。比如,采购员和设计员强烈反映说,公司成立市场部不但多余,而且干涉了他们的工作。市场部人员则认为,采购员和设计员太过墨守成规、缺乏远见。刘利作为公司的业务经营主管,虽然做了大量的说服工作并先后调换了有关人员,但效果仍不理想。他很纳闷,公司的问题究竟出在什么地方?

(资料来源:http://wenku.baidu.com/,编者节选修改)

思考:
1.凯迪公司的组织结构形式是什么形式?
2.凯迪公司组织运转不顺利,原因在哪里?难道真的是因为新设了市场部而导致的吗?

一、组织结构的含义

组织结构是组织内的全体成员为了实现组织目标,在管理工作中进行分工协作,通过职务、职责及相互关系构成的结构体系。组织结构的本质是成员间的分工协作关系,组织结构的内涵是人们的职、责、权关系,因此组织结构又可以称为"权责结构"。

二、组织结构的类型

(一)直线制组织结构

直线制组织结构形式是使用最早、形式最简单的一种组织结构,所谓"直线"是指在这种结构中职权从组织上层线性地流向组织的基层。它的特点是组织中的各级管理者都按垂直系统对下级进行管理、指挥;管理职能由各级主管领导直接行使,不设专门的职能管理部门。命令的传送和信息的沟通只有一条直线渠道,完全符合命令的统一原则,是一种集权式的组织结构。

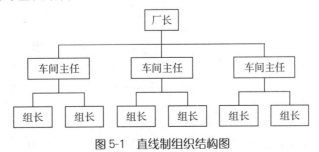

图 5-1　直线制组织结构图

直线制组织结构的优点是结构简单,权责分明,指挥与命令统一,决策迅速;用人较少,费用较低,工作效率较高。

直线制组织结构的缺点有:由于没有专业的职能机构和人员作领导的助手,因此组织领导者要通晓各种业务,成为全能人物;一旦生产规模扩大,产品结构复杂,组织领导者势必顾此失彼,难以应付。

直线制组织结构一般适用于产品单一、工艺技术比较简单、业务规模较小的企业。

(二)职能制组织结构

职能制组织是以工作方法和技能作为部门划分依据的组织。职能制组织结构与直线制组织形式恰好相反,它的各级主管人员都配有通晓各种业务的专门人员和职能机构作为辅助,直接向下发布指令的作业管理。职能制组织结构将专业技能紧密联系的业务活动归类组合到一个单位内部,从而更有效地开发和使用技能,提高工作效率。组织内除设直线指挥者之外,还设有专业化分工的职能部门,分担某些职能管理的业务。这些职能部门在自己分管的业务范围内有权向下级下达命令和指示,因此下级人员除了要接受上级直线主管的指挥外,还要服从上级职能部门的指挥。

职能制组织结构的优点是能适应现代组织活动比较复杂、管理工作分工细的要求,充分发挥职能机构专业管理的作用和专业管理人员的专长,减轻了组织领导人的工作负担,使领导人有可能集中精力解决企业的重大问题。

职能制组织结构的缺点也很明显:这种组织结构由于实行多头领导,妨碍了管理活动中必要的集中领导和统一指挥;直线领导与职能机构的职责与权限划分不清,容易造成管理混乱;各职能机构往往从本部门的业务出发考虑工作,不能很好地配合,横向联系差,不利于有效地实施综合管理;此外,由于过于强调专业化,容易使管理人员忽视本专业以外的知识,不利于培养高层管理者。事实上,在实际工作中,并不存在纯粹的职能制组织结构。

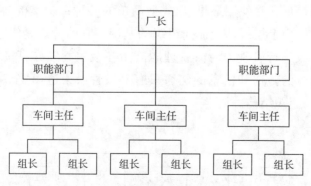

图 5-2 职能制组织结构图

职能制组织机构适用于拥有较高的综合平衡能力的组织,各职能部门按照综合平衡的结果,围绕一个共同目标进行专业管理。否则,不宜采用职能制组织结构。

(三)直线职能制组织结构

直线职能制组织结构是以直线制组织结构为基础,在各级行政领导者之下设置职能部门,实行各级行政领导者统一指挥与职能部门参谋、指导相结合的组织结构形式。在这种组织结构中,职能部门或人员起着参谋和助手的作用,协助领导工作。

由图5-3可以看出,直线职能制组织结构是一种将直线制与职能制结合起来的组织形式。这种组织形式在各级直线领导者之下,按照分工不同设置相应的职能机构,从事各种专业管理。各职能机构没有对下级的行政指挥权,只对直线领导起助手和参谋作用。该组织形式将整个管理系统中的管理人员分为两类:一类是直线领导者,从上到下实行直线领导,从而保证统一指挥;另一类是职能管理人员,他们是直线领导在业务管理方面的参谋和助手。这种组织形式的特点是经理对业务和职能部门均实行垂直式领导,各级直线管理人员在职权范围内对直接下属有指挥和命令权力,并对此承担全部责任;职能管理部门是经理的参谋和助手,没有直接指挥权,其职责是向上级提供信息和建议,并对业务部门实施指导和监督,因此,职能管理部门与业务部门的关系只是一种指导关系,而非领导关系。

直线职能制结构把直线制和职能制结合起来,吸取了两者的优点,既保证了命令统一,又发挥了专家的参谋作用,引入了管理工作专业化的做法,弥补了领导人员在专业管理知识和能力方面的不足;职能部门能够通过参谋作用,为主管节约时间,从而提高工作效率。

这种组织结构有如下缺点:权力集中于最高管理层,下级缺乏必要的自主权;部门间缺乏沟通交流,难以集思广益作决策;各职能部门之间的横向联系较差,易产生脱节与矛盾;如果职能部门权力过大会干扰其他部门的工作;参谋部与直线指挥部间因目标的不一致,易产生矛盾;信息传递路线长,组织应变性较低;如果组织不采纳职能部门意见,会影响职能部门工作的积极性。

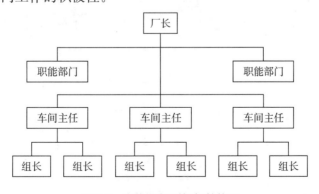

图5-3 直线职能型组织结构图

直线职能制组织结构广泛适用于中小型企业,是当前我国各类组织中最常采用的一种组织结构形式。

(四)事业部制组织结构

事业部制组织结构又称"部门化结构"或"分权组织",是斯隆于1924年提出来的,所以又称"斯隆模型"。事业部制组织结构根据企业生产的产品、地区、市场的不同而成立各个事业部,每个事业部都有其独立的权力和责任、独立的经济利益、独立的产品或独立的市场,是企业独立的利益责任单位。这种组织结构最突出的特点是按"集中决策、分散经营"的原则进行管理,公司最高管理机构保留投资决策、资金统一调度和监督检查等大权,并利用利润指标对事业部进行控制。事业部制组织结构的领导人则具有对本部门相对独立的生产经营管理权。

事业部型组织结构有以下优点:组织的权力下放,有利于最高管理层摆脱日常行政事务,集中精力于外部环境的研究,制定长远的全局性的发展战略规划,成为强有力的决策中心;各事业部主管不用事事请示汇报,能自主处理各种日常工作,有助于加强事业部管理者的责任感,发挥他们搞好经营管理的主动性和创造性,提高企业经营适应能力;各个事业部独立经营,权力较大,有利于发挥自主性和创造性,有利于培养事业部管理者总揽全局的工作能力;各事业部可集中力量从事某一方面的经营活动,实现高度专业化,整个企业可以容纳若干经营特点有很大差别的事业部,形成大型联合企业;各事业部经营责任和权限明确,物质利益与经营状况紧密挂钩。

采用事业部制组织结构容易造成组织机构重叠、管理人员膨胀现象,导致管理成本上升等问题。各事业部相对独立,不能很好地相互配合;各事业部都只考虑本部门问题,忽视了整体利益,易产生本位主义。各事业部往往只重视眼前利益,忽视了组织的长远利益。由于各事业部的独立性较强,容易导致组织高层管理者的控制力下降,造成组织的整体能力下降,除此之外,还会产生管理部门增加、机构设置重复等问题。

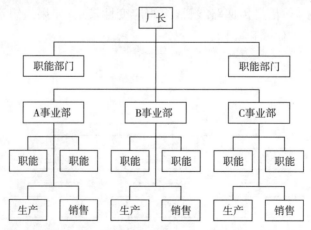

图 5-4 事业部制组织结构图

事业部制组织结构适用于经营规模大、生产经营业务多样化、市场环境差异大、适应性较强的企业,目前它是欧美、日本各大企业普遍采用的一种组织形式。

（五）矩阵制组织结构

矩阵制组织结构是在直线职能制的垂直指挥链系统的基础上，再增设一种为了完成某一任务而组成的横向指挥链系统，形成具有双重职权关系的组织矩阵。具体地说，就是指为了完成某一项目，组织从各职能部门中抽调完成该项目所必需的各类具有不同背景、不同技能、不同知识专业人员组成项目组，配合项目负责人来进行工作。这些被抽调的人员，在行政关系上仍然归属于原所在的职能部门，但在工作过程中要同时接受项目负责人的指挥。矩阵制组织结构的特点是具有双道命令系统，项目组成员既要服从项目组负责人的指挥，又要受原所在部门的领导，突破了一个职工只接受一个上级领导的传统管理原则。一旦某一项目完成，该项目组即撤销，人员回原部门工作。

矩阵制组织结构将企业横向联系与纵向联系较好地结合起来，有利于加强各职能部门之间的协作和配合，及时沟通情况，解决问题；能在不增加机构和人员编制的前提下，将不同部门的专业人员集中在一起，节约管理成本；具有较强的组织灵活性，既可以根据需要快速组建，完成任务后又可以迅速撤销；相对于职能制结构来说，矩阵制结构能给员工更多的任务，因此会挑战和激励员工。矩阵制组织结构能较好地解决组织结构相对稳定性和管理任务多变性之间的矛盾，使一些临时性的跨部门性工作的执行变得不再困难。

由于各成员隶属于不同的部门，仅仅是临时参加某项目组，项目负责人对成员的工作没有足够的奖励与惩罚手段，项目负责人的责任大于权力。由于项目负责人和原部门负责人对于参加项目的人员都有指挥权，因此矩阵制组织结构只有当双方管理人员能密切配合时，才能顺利地开展工作。矩阵制组织结构的稳定性差，由于成员地位不固定，有时成员责任心不够强。由于员工受双重领导，出了问题，有时不易分清责任。资源分配困难，特别是人员的分配困难，因为每个部门都希望分来的员工是最好的。

矩阵制组织结构一般适用于创新性任务较多、生产经营复杂多变的组织或者临时性工作项目。

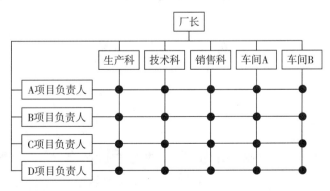

图 5-5　矩阵制组织结构

(六)网络型组织结构

网络型组织结构是采用现代管理理念和生产方式,利用现代信息技术手段而建立和发展起来的新型组织结构,也是目前正在流行的一种新的组织结构,它是以契约关系的建立和维持为基础,依靠外部机构制造、销售产品或开展其他重要业务经营活动的组织结构。在网络型组织结构中,组织的大部分职能从组织外"购买",这使管理具有高度的灵活性,它通过市场组合的方式替代了传统的纵向层级组织,实现了组织内在核心优势与市场外部资源优势的动态有机结合,因而更有敏捷性和快速应变能力。

网络型组织结构具有较大的灵活性和柔性,以项目为中心的合作可以更好地结合市场需求来整合各项资源,不仅容易操作,也能更好的适应动态变化的环境。即使网络型组织的规模很小,也可以是全球性的,它能适应经济全球化的趋势,易于形成全球竞争力。网络型组织结构是所有组织结构中最精干的一种,它需要的管理者极少,且不需要大批的参谋和管理人员,因而降低了管理成本。

网络型组织结构的可控性差,这种组织结构的有效动作是靠与独立的供应商广泛而密切的合作来实现的,由于存在着道德风险和逆向选择性,一旦组织所依存的外部资源出现问题,如,质量问题、交货问题等,组织将陷入非常被动的境地。外部合作组织是临时的,如果网络中的某一合作单位因故退出且不可替代,组织将面临解体的危险。由于项目是临时的,员工随时都有被解雇的可能,因此,员工的组织忠诚度也比较低。

随着信息技术在全球的广泛运用,网络结构会越来越显示出它的生命力,它不仅适用于小企业,也适用于大型组织。

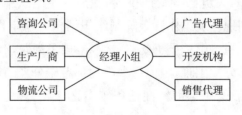

图 5-6　网络型组织结构

任务四　职权分配

分权能否让 TCL 走出亏损泥潭

为了实现全面扭亏,TCL 集团从 2005 年就开始调整组织架构。现在,TCL 各大业务板块的权力开始进一步向各自的掌门人集中。在 TCL 集团董事长李东生旗下,TCL 多媒体部的胡秋生、TCL 通讯部的刘飞、TCL 电脑部的杨伟强和 TCL 家电部的王康平,被称为TCL的"四大诸侯"。"诸侯文化"在TTE和TCL通讯体现得最为明显:TTE的五大业务中心和TCL通讯的六大利润中心都充分将责、权、利下放在各个负责人,"大诸侯"套"小诸侯"。

分权式管理源于李东生的习惯和喜好。李东生习惯于分权,擅长宏观调控,不太喜欢过问旗下"诸侯"的管理细节,他关注的是"诸侯"所能实现的业绩。对自己看中的人才,他也能用人不疑。有人认为,分权而治是TCL走出困境的一招妙棋。因为分权可以降低决策风险,充分发挥个人的智慧。在TCL通讯的早期,李东生对万明坚的充分授权,就促进了TCL的繁荣和发展。2005年6月,刘飞接手TCL通讯,让这个亏损大户实现扭亏,这个案例也被认为是"诸侯"分权策略的成功案例。

但是,这种授权方式带有浓厚的李东生的个人色彩,随意性太大,缺乏系统的思考。人事的调整主要基于业绩来考虑,而不是主动地作战略性的安排。TCL现在面临的是巨大的核心价值欠缺和外部的竞争压力,只强调业绩的授权,并不能解决企业战略层面的问题。2004年12月,万明坚因健康原因离职。当时,李东生在谈到万明坚离职的原因时,表示最主要的是健康问题,但他也大篇幅地提到了TCL移动业绩的下滑。对此,外界认为万明坚离职的真正原因,一是TCL移动业绩下滑,二是万明坚不再受到李东生的信任。

万明坚提出TCL手机应走自主研发之路,恰恰就是自主研发导致了他的下课。有人这样说过:"万明坚坚持自主研发的道路,而这条路远比想象中复杂和艰苦,导致新产品的开发跟不上市场的速度,最晚的一个产品延期了一年多才开发出来。而国内其他手机厂商的研发和采购是'开放式'的,也就是海外有什么好的机型就去买,就去引进。"在国产手机普遍缺乏核心技术,少有高端品牌的情况下,自主研发无疑是TCL手机杀出重围的一把利刃,应该是要长期坚持的发展战略。对万明坚的离去,摩托罗拉、波导等手机厂商高层倍感惋惜。

(资料来源:世界经理人网站 http://www.icxo.com,编者节选修改)

思考:

1.面对短期业绩和长期战略发展的双重压力,您认为TCL是否应该实行分权管理?

2.如何恰到好处的集权、分权?

一、职权的含义与类型

(一)含义

组织中的职权是指管理者由于某一职位而拥有的用以执行管理职能、实现组织目标的权力。职权是职务范围内的管理权限,如法定权、强制权和奖赏权等,主要取决于一个人在组织中的职位。

(二)职权的类型

所有的管理者想要通过其下属人员去完成某项任务,就必须拥有包括指挥、命令在内的各种必须具备的权力。在组织内,员工基本的信息沟通就是通过职权关系来实现的,通过职权关系上传下达指令,使下级按指令行事,上级得到及时的反馈,从而进行有效控制,作出合理的决策。组织内的职权有三种基本类型:直线职权、参谋职权、职能职权。

1. 直线职权是直线人员所拥有的包括发布命令及执行决策等的权力,即通常所指的指挥权。组织的各管理层在指挥权的基础之上,形成自上而下的指挥链系统,各种信息在其中进行传递。在这个指挥链中,职权关系必须分明。

2. 参谋职权是指对他人提供咨询和建议、供他人参考的权力。参谋的种类有个人与专业之分。参谋人员是直线人员的咨询人,协助直线人员执行职责。专业参谋常为一个单独的组织部门,即所谓的"智囊团""顾问班子",它聚合了一些专家的集体智慧,协助直线人员进行工作。

就一个管理者来说,他在组织中的身份是双重的,既可以是直线人员,也可以是参谋人员。当他处于自己领导的部门时,他行使的是直线职权;当他同上级或其他部门发生联系时,他又成为参谋人员。

3. 职能职权是指由直线人员把原来属于自己行使的直线权力委托给参谋人员去行使的权力。在纯粹参谋的情况下,参谋人员拥有的仅仅是辅助性职权,并无指挥权,但是,随着管理活动的日益复杂,直线人员仅仅依靠参谋的建议很难作出最后的决定,因此,为了改善和提高管理效率,直线人员将部分权力转化为职能职权。职能职权大多情况下是由部门的负责人来行使的,例如,一个公司的总经理统揽管理公司的职权,为了节约时间,加速信息的传递,他可能授权财务部门直接向生产经营部门的负责人传达关于财务方面的信息和建议,也可能授予人事、采购、公共关系等部门一定的职权,让其直接向有关部门发布指示。

(三)职权的特点

1. 职权是组织结构设计中的权力设计决定的。
2. 职权与组织的制度有关,如政府制度、法律制度、财产制度等。
3. 职权与一定的职位有关,具有合法性。
4. 职权与担任该职位的管理个人没有直接的联系,也与个人特征无关。

(四)三种类型职权的关系

在实际工作中,三种职权经常容易混淆,它们的关系如果处理不当,就有可能导致管理混乱、管理效率低下。因此，如何正确处理它们的关系对一个组织来讲是至关重要的。要处理好三种职权之间的关系，首先我们需要明确三种职权之间的关系。

第一，直线职权是一种指挥和命令的权力，意味着作出决策、发布命令并付诸实施，是协调组织资源保证组织目标实现的基本权力。

第二，参谋职权是一种服务和协调的权力，具有谋划和建议的作用，保证直线主管人员作出的决策更加科学与合理。

第三，职能职权主要解决的是怎么做和何时做的问题，职能职权也具有直线职权的特点，但是它的范围小于直线职权。职能职权又是参谋职权的一种例外状况，职能职权的行使者大多是有一定专长的参谋人员。

其次要处理好直线与参谋的关系，必须注意以下五个方面的问题：

第一，每个管理者应该明确自己的角色。组织中的每个管理者都具有双重身份，管理者应该明确自己在什么场合是直线人员，在什么场合是参谋人员，以正确履行自己的职责与作用。

第二，建立强制性的参谋助理制度。组织中的直线人员在进行管理决策时，应先征求和听取有关参谋人员和参谋部门的意见，以提高决策的科学性。

第三，直线人员与直线部门要及时地向参谋人员与参谋部门提供各种信息和帮助，指导和支持参谋人员与部门的工作，直线人员对各种活动具有最后的决策权。

第四，明确规定职能职权的应用范围。职能职权的应用有利于高层管理者将精力集中于重大问题的决策，但是，为了避免造成多头领导和多头指挥的现象，必须适当限制职能职权的使用，明确规定职能职权的范围。

第五，明确建立工作责任制。直线人员在进行决策时，应听取参谋人员的意见。如果参谋人员提出了好的建议而未被采纳，并给组织带来严重的后果，就应追究直线人员的责任；如果参谋人员提出了不恰当的建议，或提供了不准确的情报，或有越权行为，给组织造成了严重的后果，也应对此负责。

二、授权

（一）授权的概念

授权是指上级委托和授予下属一定的权力，使下属在一定的监督下，有相当的自主权和行动权。授权者对被授权者有指挥和监督的权力，被授权者对授权者负有报告及完成任务的责任。授权的含义包括三个方面：

1. 委派任务，即向被授权人交代任务。
2. 委任权力，即赋予被授权人完成授予的任务所需要的权力。
3. 明确责任，即要求被授权人对上级委任的工作和任务负全部责任。负责不仅包括完成指标的任务，也包括向上级汇报任务执行情况和成果等。

(二)授权的过程

授权实际上是一个过程,主要包括以下四个阶段。

1. 职责的分派。

管理者必须明确下级运用被授予的权力时所要完成的任务,并把这个任务分派给下级管理者。

2. 职权的授予。

上级管理者把权力授予下级之后,仍然保留着权力回收的权利。当上级管理者认为有必要时,他可以采取改组组织、撤销下级人员的职务或将权力更新授予等方式来收回已经下放的权力。

3. 责任的建立。

根据权责一致的原则,在授权之后,下级管理者必须履行完成目标的义务,确立相应的责任范围和责任项目,以利于监督和控制。

4. 监控和考核。

在下级运用权力进行工作的过程中,上级要以适当的方式和手段,进行必要的监督和控制,以保证权力的正确运用与组织目标的实现。在工作任务完成后,上级还应对授权效果、工作成绩进行考核和评价。

(三)授权的原则

1. 因事设人,视能授权。

授权前,上级必须分析本单位的工作任务,选择最合适的人选,再授予相应的权力,一旦下属不能承担职责时,应明智地及时收回权力。

2. 责任绝对性原则。

责任绝对性原则是指上级管理者可以把任务和权力分派给下级,但上级不可以把责任也分派给下级。尽管下级要承担起责任,但上级管理者不能因此而减少自己的责任,即上级管理者所承担的责任是绝对地存在的,不会因为任务的分派和权力的授予以及下级管理者责任的建立而减少。

3. 权责相符的原则。

授予的职权应以所要完成的任务为度,既不可过度地授权,也不可授权不够。如果权力大于职责,就可能造成下级管理者滥用权力,甚至会影响到组织的全局;如果权力小于职责,则会给下级管理者造成巨大的心理压力,使下级管理者不能真正承担起责任去完成任务。

4. 分级原则。

不同管理层次的管理者在管理的过程中,其职责和任务是不一样的,因此,应当明确规定各个层次的管理者的职权范围,各个层次的管理者应明确自己的职责与权利,知道该向谁请示或如何向自己的下级发布命令和指示。

5. 适当控制。

管理者在实施授权之前,应先建立一套健全的控制制度,制定可行的工作标准和适当的报告制度以及能在不同的情况下迅速进行补救的措施。

6. 不可越级授权。

上级只能对直接下属授权,不可越级授权。越级授权必然造成中层管理人员的被动以及部门之间关系的混乱。

(四)授权的作用

1. 有利于组织目标的实现。

通过科学的授权,基层拥有了实现目标所需的权力,能自主运作,更好地促进目标的实现。

2. 有利于管理者从日常事务中超脱出来,集中力量处理重要决策问题。

授权是管理者的分身术,高明的管理者都会恰当地运用授权。

3. 有利于激励下级。

下级如果拥有一定的权力,能按照自己的意图独立自主地进行工作,就能调动工作的积极性、主动性和创造性。

4. 有利于培养、锻炼下级。

下级在自主运用权力、独立处理问题的过程中,会不断地提高管理能力,提高综合素质。

 知识小巴士

授权与代理、助理、分工、分权

授权不同于代理。代理职务是在某一时期内依法或受命代替某人执行任务,在代理期间,代理人与授权人是平级关系,而授权是上下级关系。

授权不同于助理或秘书。助理或秘书只帮助主管工作而不负担责任,而授权的主管和被授权人都要承担相应责任。

授权不同于分工。分工是组织中的各个成员按照其工作不同各负其责,彼此之间没有隶属关系,而授权者与被授权者之间有上下级之间的监督与报告关系。

授权不同于分权。分权是授权的延伸,是在组织中有系统的授权,根据组织规定这种权力可以长期地停留在中下级管理者手中,而授权是一种短期的权责授予关系。

(资料来源:中英人寿自我培训课程系列《授权与留才》)

三、集权与分权

(一)集权与分权的含义

所谓集权,是指将较多的权力和较重要的权力集中于组织的高层管理者;所谓分权,是指将较多的权力和较重要的权力授给组织的基层管理者。

集权和分权是任何组织在正常运行中都必然会发生的现象。组织的集权和分权是相对的,没有任何组织是绝对的集权,也没有任何组织是绝对的分权。如果主管把所拥有的权力全部委派给下属,那其作为管理者的身份就不复存在了,因此某种权力的集权对组织来讲是必要的。如果主管把权力都集中在手上,那就意味着他没有下属,因而也不存在组织,因此,某种程度的分权也同样是组织需要的。对组织来说,应该集中的权力而过于分散,是上级领导的失职;应该分散的权力过于集中,是上级领导的擅权。

现实的组织都是集权和分权的结合体。只不过有的集权成分多一些,有的分权成分多一些。对集权或者分权不能简单地用"好"或"不好"来衡量。在一些成功的组织中,既有许多被认为是相对分权的组织,也有许多被认为是相对集权的组织。管理学研究的重点应该放在哪些权力宜于集中,哪些权力宜于分散,在什么情况下集权应该多一些,在什么情况下分权应该多一些。

(二)影响集权分权的主要因素

在组织中,集权和分权是相对的,没有绝对的集权,也没有绝对的分权,只是程度的不同。集权和分权的程度应该有多大,企业需要根据具体情况来确定。

1. 组织规模。

组织规模越大,管理层次就越多,需要决策的数目也就越多,因而需要协调、沟通以及控制的难度也就越大,这时适宜分权。反之,则适宜集权。

2. 经营环境。

如果组织所处的环境复杂多变,为了更及时、准确地适应环境变化的要求,应该实行分权。但是,当环境巨变时,为了有利于组织的整体协调,这时保持相对集中的权力为佳。

3. 业务性质。

组织业务的内容、范围和性质不同,集权与分权的程度也会不同。对工业生产组织而言,单一产品结构宜于集权,复杂产品结构则宜于分权。

4. 职责和决策的重要程度。

一般来说,事关组织发展根本性问题的决策宜于集权,对于一般事务性问题的决策则宜于分权。

5. 政策的一致性要求。

如果高层主管希望保持政策的一致性,那么势必趋向集权化,因为集权是达到政策一致性的最方便的途径,采用一致性的政策可以保持步调一致。如果高层主管希望各个单位依据客观情况制定自己的政策,势必放宽对职权的控制,因为适当分权可以激发下级单位的创新和竞争意识,提高效率。

6.管理者的素质。

管理者的性格、兴趣、爱好、气质、能力等特征以及个人阅历,对决策问题重要性的主观判断,都将影响其在管理活动中集权与分权的程度。不同管理者的管理观念、管理方式也影响着集权和分权。一般来说,对于具有较高素质、工作能力较强的管理者来说,适度的分权能更大限度地调动他们工作的积极性和主动性。

7.组织的成长方式。

如果组织是从内部发展起来的,由小组织逐渐发展成为大组织,则集权程度较高;若组织是以合资或联合创办的方式成长起来的,往往分权程度较高。

除此之外,组织的文化、管理技术的改进程度等因素也制约着组织的集权与分权程度。

(三)集权和分权的优缺点

集权便于从整个组织目标出发处理问题,避免局部利益行为,可以使组织的有限资源得到更有效的利用,提高组织的控制力,防止政出多门、相互矛盾。但集权可能降低决策的质量和速度,影响组织对外部环境的适应能力,不利于调动下级的积极性与主动性,缺乏灵活性。

分权有利于提高下级管理者和员工的工作积极性;将控制权分散到各处,可以很好地满足局部不断变化的需要,使低层管理者得到良好的培训机会,使高层管理者摆脱繁杂的日常事务性工作,把精力集中在重大的战略问题上。但由于权力的分散,总部控制较困难,需要进行更多的汇报或视察性工作,部门的关系也较紧张。

老师讲故事

历史上,南美洲的印加帝国在经济、政治、生活上都在统治者高度而严格的控制之下,即便是一件小事也要请示。有一天,西班牙征服者皮萨罗带领一支一百多人的分遣队来攻打印加帝国,强大的印加帝国虽然拥有二十万军队,但必须经过层层请示才可出兵。西班牙人抓住时机,先活捉了印加皇帝。当印加大军赶到时,看到皇帝被捉,便群龙无首,乱成一团,被西班牙骑兵追杀。最终印加帝国战败了,这一战中被杀死的印加士兵不下七千人,而西班牙人的损失很小。

(资料来源:门睿.万事由来[M].北京:中国经济出版社,2004)

(四)分权的标志和途径

由于过分的集权会带来诸多的弊端,那么适当的分权就是顺理成章的事了。

1. 分权的标志。

考察一个组织集权或分权的程度有多大,最根本的标志是要看该组织中各项决策权限的分配是集中的还是分散的。具体地说,判断组织分权程度的标志有以下几个:

(1)决策的频率。组织中较低管理层次决策的频率越高、数目越多,则分权程度越高。

(2)决策的幅度。组织中较低管理层次决策的范围越广,则分权程度越高。

(3)决策的重要程度。决策的重要性可从两个方面去考察:一是影响面,影响面大的决策就较为重要;二是决策涉及的范围,范围越大,决策越重要。如果一个组织中较低层次决策的重要程度越高,则这个组织的分权程度越高。反之,组织的集权程度越高。

(4)下属决策受控制的程度。如果高层次对低层次的决策没有任何限制,则分权程度越高;如果低层次管理者在决策前需要征询上级主管部门的意见,则分权程度较低。

2. 分权的途径。

权力的分散可以通过两个途径来实现:一是组织设计中的权力分配,我们称之为"制度分权"。二是主管人员在工作中的授权。制度分权与授权的目的虽然相同,都是使较低层次的管理人员行使较多的决策权,形成权力的分散化。实质上两者还是有区别的。制度分权是在组织设计时,考虑到组织规模和组织活动的特征,在工作分析、岗位形成和部门设计的基础上,根据各管理岗位工作任务的要求,规定必要的职责和权限;而授权则是担任一定管理职务的领导者在实际工作中,为充分利用专门人才的知识和技能,或在出现新增业务的情况下,将部分解决问题、处理新增业务的权力委任给某个或某些下属。

制度分权和授权具有互补性。组织调剂中难以预料每个管理岗位上工作人员的能力,也难以预测每个管理部门可能出现的新问题,因此,各层管理者在工作中除了按制度分权外,还应随机通过授权来补充。

实践活动

(一)实训目的

1. 通过对某一个企业组织结构的了解和分析,培养学生对有关知识的综合应用能力。

2. 掌握组织设计和分析的技能。

(二)实训内容

1. 学生以小组为单位,分别走访本地不同的企业。

2.调查研究内容。

(1)了解某一企业的组织结构的设置及相互之间的联系。

(2)了解其中某一部门基层管理人员的职责内容。

(3)对该企业现有组织结构的状况进行分析,提出其不妥之处。

3.每一个小组写出一篇调查分析报告,画出所访问企业的组织结构图,写出一份关于某一职务的说明书。

4.由班级组织召开交流研讨会,各小组交流信息,并现场质疑。

(三)实训评估

1.教师对各小组上交的报告、组织结构图、职务说明书进行打分。

2.教师根据学生交流会上的表现进行打分。

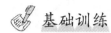
基础训练

一、单项选择

1.管理幅度与管理层次之间是一种什么关系( )。

  A.正比关系   B.反比关系   C.不成比例关系   D.间接控制

2.( )结构更可能造成多头指挥,从而降低组织效率。

  A.直线型   B.事业部型   C.矩阵型   D.网络型

3.管理层次较多而管理幅度较小的锥形组织结构的优点是( )。

  A.缩短上下级距离

  B.信息纵向流通快,管理费用低

  C.管理严密、分工明确、上下级易于协调

  D.被管理者有较大的自主性、积极性和满足感

4.某企业设总经理1人,副总经理2人,总工程师和总会计师各1人,下设12个科室和3个生产车间,分别由副总经理、总工程师和总会计师直接负责。由此可以看出,该企业总经理的管理幅度为( )。

  A.2人   B.3人   C.4人   D.15人

5.中华商务中心是一家合资企业,以物业经营为主要业务。目前有写字楼租户272家,公寓租户462家,商场租户106家。公司在总经理下设有物业部、市场部、财务部、人事部、公关部、业务发展部等部门。试问,其整个公司和物业部内部的组织结构设计分别采取了何种部门化划分形式?( )

  A.均为职能部门化   B.均为顾客部门化

  C.职能部门化和顾客部门化   D.顾客部门化和职能部门化

二、多项选择

1.( )是组织中参谋人员发挥作用的主要方式。

  A.咨询权   B.建议权   C.指挥权   D.指导权

2. 影响组织设计的因素有(   )。

   A 科技　　　　　B. 战略　　　　　C. 组织文化　　　　D. 组织规模

3. 风华实业公司在组织结构上采用的是职能型,这种组织结构可能带来的最大缺陷是什么?(   )

   A. 多头指挥　　　　　　　　　B. 各部门之间难以协调

   C. 高层管理者难以控制　　　　D. 职权职责不清

4. 某企业的员工中有很多非正式组织。这些非正式组织的内部凝聚力很强,经常利用工余时间活动。对于这些非正式组织,企业的领导通常采用不闻不问的态度。他认为工人在业余时间的活动不应该受到干预,而且工人有社交的需要,他们之间形成非正式组织是很正常的事情。你如何评价该领导的看法(   )。

   A. 正确,因为人都是社会人。

   B. 不正确,非正式组织通常是小道消息传播和滋生的土壤,应该抑制这种组织的发展。

   C. 不正确,非正式组织对于正式组织的影响是双方面的,为了使其在组织中发挥正面的作用,领导者应该策略性地利用非正式组织。

   D. 不正确,因为非正式组织对正式组织的影响是双方面的。为了避免它的负面作用,领导者最好进行正确的引导。

5. 宏达集团公司原来是一家彩电生产企业,伴随着生产规模的扩大和公司品牌的确立,为谋求进一步的发展,公司经过几年的发展已经将经营领域扩大到通信器材、照明设备、计算机显示屏的生产。在这种情况下,公司上层管理层发觉遵循原有的模式已经不能实现对所有产品的有效领导,必须进行组织变革。从管理理论来讲,该企业须处理的迫在眉睫的事情是(   )。

   A. 公司高层须进行适度的分权

   B. 放弃一种新进入行业的产品,集中力量于擅长的产品

   C. 改变现有组织结构,变职能型为事业部制

   D. 从公司内部提拔一个能干的副手协助总裁工作

阳贡公司的非正式组织

阳贡公司是一家中外合资的集开发、生产、销售于一体的高科技企业,其技术在国内同行业中居于领先水平。公司拥有员工一百人左右,其中的技术人员、业务人员绝大部分为近几年毕业的大学生,其余为高中学历的操作人员。目前,公司员工普遍存在着对公司的不满情绪,辞职率也相当高。

员工对公司的不满始于公司筹建初期,当时公司曾派遣一批技术人员出国培训,这批技术人员在培训期间合法获得了出国人员的学习补助金,但在回国后公司

领导要求他们将补助金交给公司所有。技术人员据理不交,双方僵持不下,公司领导便找些人逐个反复谈话,言辞激烈,并采取一些行政制裁措施给他们施加压力,但这批人员当中没有一个人按领导的意图行事,这导致双方矛盾日趋激化。最后,公司领导不得不承认这些人已形成一个非正式组织团体,他们由于共同的利益而在内部达成一致的意见:任何人都不得擅自单独将钱交回。他们中的每个人都严格遵守这一规定,再加上没有法律依据,公司只好作罢。因为这件事造成的公司内耗相当大,公司领导对这批技术人员"不服从"上级而非常气恼,对他们有了一些成见,而这些技术人员也知道领导对他们的看法,担心将来会受到上级的刁难,因此也都不再一心一意准备在公司长期干下去。于是,陆续有人开始寻找机会"跳槽"。一次,公司领导得知一家同行业的公司来"挖人",公司内部有不少技术人员前去应聘,为了准确地知道公司内部有哪些人去应聘,公司领导特意安排两个心腹装作应聘人员前去打探,并得到了应聘人员的名单。谁知这个秘密不胫而走,应聘人员都知道自己已经上了"黑名单",如果继续留在公司,也不会有好结果,于是都相继辞职而去。

  由于人员频繁离职,公司不得不从外面招聘以补足空缺。为了能吸引招聘人员,公司向求职人员许诺住房、高薪等一系列优惠条件,但被招人员进入公司后,却发现当初的许诺难以兑现,非常不满,不少人工作不久就"另谋高就"了。为了留住人才,公司购买了两栋商品房计划分给部分骨干员工,但规定住房不出售,员工离开公司时,需将住房退给公司。这一规定的本意是想借住房留住人才,却使大家觉得没有安全感,因为即使在公司工作了很多年,将来有一天被公司解雇时,还是一无所有,因此,这一制度并没有达到预期的效果,依然不断有人提出辞职。另外,公司强调住房只分给骨干人员,有近一半的房子宁肯空着也不给那些急需住房的员工,这极大地打击了普通员工的工作积极性,使他们感到在公司没有希望和好的出路,因此工作情绪低落,甚至有消极怠工的现象。在工资奖金制度方面,公司也一再进行调整,工资和奖金的制度变得越来越复杂,但大多数员工的收入水平并没有多大变化。公司本想通过调整使员工的工作绩效与收入挂钩,从而调动员工的积极性,但频繁的调整使大家越来越注重工资奖金收入,每次的调整又没有明显的改善,于是大家都产生了失望情绪。此外,大家发现在几次调整过程中,真正受益的只有领导和个别职能部门的人员。这样一来,员工的怨气颇多,认为公司调整工资奖金,不过是为了使一些人得到好处,工资奖金调整完全没有起到调动员工积极性的作用。

  公司的技术、业务人员虽然素质较高,但关键职能部门,如人事部门的人员普遍素质较低,其主管缺少对人力资源管理知识的系统学习,却靠逢迎上级稳居这一职位。他制定的考勤制度只是针对一般员工,却给了与他同级或在他上级的人员很大的自由度,如:规定一般员工每天上下班必须打卡,迟到一分钟就要扣除全月奖金的30%。这样就在公司内部造成一种极不公平的状况,普通员工对此十分不满,于是他们也想出了一些办法来对付这种严格的考勤制度,如找人代替打卡或有意制造加班机会等方法弥补损失。公司人员岗位的安排也存在一定的问题。人事主管虽然自己没有很高的学历,却盲目推崇高学历,本可以由本专科毕业生做的工作由硕士、博士来干,而有些本专科生只能做有高中学历的人就能胜任的工作,大家普遍觉得自己是大材小用,工作缺乏挑战性和成就感。员工非常关心企业的经营与发展情况,特别是近年来整个行业不景气,受经济形势的影响,企业连年亏损,大家更是关心企业的下一步发展对策,但公司领导在这方面很少与员工沟通,更没有做鼓动人心的动员工作,使大家看不到公司的希望。

思考:

1. 阳贡公司内部非正式组织对正式组织的影响有哪些?
2. 阳贡公司员工不满意工作是因为公司不能满足他们的需要,在本案例中,员工最大的不满足在于什么?

项目六 人力资源管理

任务分解

【知识指标】

1. 掌握人员配备的任务以及原则。
2. 了解人员配备的意义和具体的工作内容。
3. 掌握人员选聘、人员培训和人员考评的方法。
4. 了解组织的薪酬设计与管理。

【技能指标】

1. 培养学生进行人员选聘、人员培训以及人员考评的能力。
2. 培养学生进行薪酬设计的能力。

知识结构图

组织人员的配备 ┫ 人员配备概述
　　　　　　　　人员配备的原则
　　　　　　　　人员配备的意义
　　　　　　　　人员配备的工作内容

人力资源管理核心任务 ┫ 员工的选聘
　　　　　　　　　　　员工的培训
　　　　　　　　　　　员工的考评
　　　　　　　　　　　薪酬设计与管理

任务一　组织的人员配备

总经理马奔的招聘方式

A公司是一家软件开发公司,总经理马奔一直认为,招聘是很重要的一项工作,如果在这个环节没有选好人,相关的工作就会被延误。马奔不但注重选人,还很注重通过招聘来造势,有一次在当地晚报上公开招聘软件工程师五十人,待遇诱人,在业内引起不小的反响,很多人都认为A公司是非常有实力的一家软件公司。

在招聘选拔中,马奔一向出手准狠,不看学历,不看简历,第一个环节就是编程。在某市的应届毕业生洽谈会现场,马奔亲自挂帅,只带一个秘书,别的展位前人头攒动,他这里却门可罗雀,他说,没必要浪费时间,我的第一关起点就要高。考核专业能力后,马奔还会让求职者跑三千米,坚持不下来的不用,比他跑得慢的不用,他说,干软件开发这一行,没有好的身体不行,没有敢赢的精神不行!在能力和体力之后,马奔最看中的就是诚信了,他曾经让求职者替他转交一份印有"机密"字样的文件,之后通过公司的监控系统观察求职者有没有窥视文件的企图。马奔说:软件开发注重知识产权,我的企业要堂堂正正的赢。

(资料来源:中国人力资源网 http://www.hr.com.cn,编者节选修改)

思考:
1.你怎样看A公司的人才招聘选拔?这项工作对企业有什么意义?
2.企业应该如何进行人员配备?

一、人员配备概述

人力资源管理的首要任务就是人员配备,任何一个组织都离不开人员。所以人员的配备是人力资源管理的重要任务之一。

(一)人员配备的含义

人力资源是指在一定期限内,一个国家或地区具有或将具有为社会创造物质和文化财富的、从事体力劳动和智力劳动的人们的总称。人力资源的含义有广义和狭义之分。广义的人力资源是指以人的生命为载体的社会资源,凡是智力正常的人都是人力资源。狭义的人力资源是有智力和体力劳动能力的人的总称,也可以理解成为社会物质文化的创造人,包括数量和质量两个指标。

人力资源管理是指根据组织发展战略的要求,有计划地对人力资源进行整合,通过对组织中员工的招聘、培训、使用、考核、激励、调整等一系列过程,调动员工的积极性,发挥员工的潜能,为组织创造价值,给企业带来效益。

人员配备是指对组织中全体工作人员的配备。具体地说,人员配备是指在确定组织结构及职位之后,依据需要,选择、配备适当人员的工作过程,包括管理人员和操作人员的配备。

(二)人员配备的任务

近年来,人力资源管理受到了很大的重视。人员配备的直接任务是为组织结构中的各个职位配备合适的人员,不仅要满足组织的需要,也必须关注组织成员个人的特点、爱好和需要,以便为人员安排适当的工作。因此,人员配备可以从组织和个人这两个不同角度考察。

从组织的角度考察,人员配备必须做到组织机构的每个岗位都有合适的人选,注意组织后备干部队伍的建设,培养员工对组织的忠诚。组织成员是否真心实意、自觉积极地为组织努力工作受到许多因素的影响。在进行人员配备时,组织应力求通过人员配备,使每个人的知识和能力得到公正地评价、承认和运用,使每个人的知识和能力不断发展、素质不断提高。

二、人员配备的原则和意义

(一)人员配备的原则

1. 因事择人原则。

因事择人原则要求组织在人员配备时应该以组织需要为依据,因事设岗,因岗配人,不盲目地扩大组织规模,更不单纯地解决某些员工的就业问题,而因为组织活动的需要进行适当的人员配备。

2. 用人所长原则。

用人所长原则要求组织在人员配备时应做到知人善任,本着求贤若渴的精神,重视和使用真才实学的人,还应根据员工能力,为其安排合适的工作岗位。这是组织不断发展壮大,走向成功的关键。

3. 动态平衡原则。

动态平衡原则要求组织用发展的眼光来看待人和事,根据不断变化发展的环境,适时地进行人员调整,以实现人与工作的动态平衡。

4. 权责利一致的原则。

权责利一致的原则要求每个岗位的员工在其所在的工作岗位上所享有的权利、承担的责任、享受的利益是同等的。每一个员工都要做到在其位、行其权、尽其力、取其利、获其荣、担其责。

5. 程序化、标准化的原则。

员工的选拔必须遵循一定的标准和程序。科学合理地确定组织员工的选拔标准和聘任程序是组织聘任优秀人才的重要保证。

老师讲故事

美国加利福尼亚大学的学者做了这样一个实验：把六只猴子分别关在三间空房子里，每间两只，房子里分别放着一定数量的食物，但放的位置高度不一样。第一间房子的食物就放在地上，第二间房子的食物分别从易到难悬挂在不同高度的适当位置上，第三间房子的食物悬挂在房顶。数日后，他们发现第一间房子的猴子一死一伤，伤的缺了耳朵断了腿，奄奄一息。第三间房子的猴子也死了。只有第二间房子的猴子活得好好的。

究其原因，第一间房子的两只猴子一进房间就看到了地上的食物，于是，为了争夺唾手可得的食物而大动干戈，结果伤的伤，死的死。第三间房子的猴子虽做了努力，但因食物太高，难度过大，够不着，被活活饿死了。只有第二间房子的两只猴子先是各自凭着自己的本能蹦跳取食，然后随着悬挂食物高度的增加，两只猴子只有协作才能取得食物，于是，一只猴子托起另一只猴子跳起取食。这样，每天都能取得够吃的食物，很好地活了下来。

（二）人员配备的意义

1. 人员配备是组织活动的保证。

所有的组织活动都离不开工作人员，所以一个组织首先要有工作人员，其次组织中人员配备是否科学合理也决定了组织活动效率的高低。如果组织人员配备不合理，组织结构的正常功能就无法发挥，不仅会影响组织组织目标的实现，还会干扰组织的有效活动。

2. 人员配备是做好领导及控制工作的关键。

人员配备是计划和组织工作的前提，为领导和控制工作奠定了基础。一个组织中，如果管理人员配备不合理，就无法发挥管理人员的作用，不能创造一个良好的工作环境；一个组织中，如果操作人员配备不合理，就会给对组织目标的完成以及组织的控制工作带来困难。

3. 人员配备能促进人力资源的开发。

现代企业之间最大的竞争是人才的竞争，而竞争的关键在于人力资源的开发。因

项目六 人力资源管理

此在管理的过程中,企业要通过适当地选拔人才、配备人才和使用人才,实现人才与工作相匹配,从而使人力资源得到高度开发。

4. 人员配备是组织发展的准备。

组织只有发展才能适应内外部环境的变化,只有不断地注入新鲜"血液"(人才)才能得到不断地发展。人员配备是组织引进新鲜血液的主要方式,因此人员配备同组织发展的关系十分密切。人员配备是一项动态的工作,不仅要进行目前所需的各种人员的配备,而且要着眼于未来发展的需要,做好人才储备工作。

三、人员配备的工作内容

人员配备是一个系统的逻辑过程,这个过程受组织内外许多因素的影响。组织内部的影响因素主要有组织目标、组织结构、组织所雇用的人员类别、组织风气、报酬制度以及各种人事政策等。外部影响因素则主要包括社会文化教育水平、经济条件、直接影响人员配备工作的一些法令或条例以及组织外部对主管人员的供求情况等。内外影响因素互相交织在一起,使人员配备显得格外复杂。尽管如此,组织仍可以按一定的逻辑程序进行这一活动过程。

(一)确定组织中人员需求量

通过对组织规模、机构和岗位的结合分析,组织制定人力资源计划,在组织和员工目标达到最大一致情况下,使人力资源的供给和需求达到平衡。当人员的流动率高的时候,人员配备工作就是随时补充流失人员。随着组织的发展,组织规模扩大、活动内容日益复杂,工作量增多,人员需求增多。

一个组织中人员的需要量,基本上取决于组织的计划、组织结构的规模与复杂程度以及组织的扩充发展计划和人员的流动率。组织结构设计完成后,其中所设计的各个职务,就是组织所需的人员数。然而这只是从表态方面来考察未来主管人员的需要量,在现实生活中,组织是随着所处环境的不断变化而不断调整的,组织环境的变化要求组织随时修正其目标和计划。与之相适应,所需的人员数也不是一成不变的,而是随着组织结构的变化而增减的。此外,由于退休、病休、死亡、降级、调离等原因造成的职位上人员的空缺,需要有新的人员来填充,这也是影响人员需要量的一个重要的动态因素。

(二)选配合适的人员

当人力资源计划表明有新员工的需求时,根据岗位设计和分析的内容选择相应素质的人,弥补职位空缺并进行优化组合。若是为新组建的组织选配人员,只要根据组织对人员的需求量在社会上公开招用和选聘就行。若是对现有组织机构中的人员配备进行重新调整,需要将需求量与内部现有人力资源状况进行对比,找出预计缺额,确定需要从外部选聘的人员类别和数量。

(三)人员考评

组织需要定期盘点人力资源,为确定工作报酬、人事调整等提供依据,通过考核员工的工作绩效,提高员工工作效率和工作质量,同时根据工作绩效的优劣,确定奖惩标准。

(四)人员培训

人员培训是组织为适应环境的变化和组织的发展,将人作为一种最为宝贵的资源,通过合理使用、有效激励、科学考核、系统培养,促进人的全面发展。

人员培训要根据组织的成员、技术、活动、环境等特点,利用科学方法,有计划、有组织、有重点地进行全员培训,特别要加强对有发展潜力的未来管理人员的培训。

任务二 人力资源管理的核心任务

王丽琴的转变

有一位下岗女工,名叫王丽琴。下岗前在某企业的流水线上工作了十八年。由于上班时不准说话,也无需说话。后来她下了岗,想说话都不会说了。朋友见她生活没了着落,介绍她去一家民营企业工作。面试时,销售部李经理问一句,她答一句,不问便低头不语。李经理很是不高兴,心里想:"不会说话的人怎么能当业务员呢?"但李经理觉得王丽琴是个下岗女工,家庭生活很贫困,非常需要这份工作,于是就动了恻隐之心,最后决定录用她,说好只是试用一个月,给两百元工资,如果做不好,就走人。王丽琴爽快地答应做一名推销员。在一个月中,王丽琴的汗水泪水暂且不说,单说李经理见到她的销售业绩后吃了一惊,当即给她许诺涨工资。后来,王丽琴成了该公司某地区的销售部经理。这时人们见到的是一个神采飞扬、侃侃而谈的王丽琴。

(资料来源:http://www.doc88.com,编者节选修改)

思考:

1. 王丽琴为什么会变成一个不会说话的人?王丽琴发生深刻变化的原因是什么?

2. 你认为,本案例对组织人力资源管理工作有哪些启示?

一、员工的选聘

（一）招聘的含义

招聘就是通过各种途径，寻找和确定工作候选人，以满足组织工作对工作人员数量和质量的需要。

组织的人员招聘是组织人力资源管理的重要工作内容之一。人力资源管理工作人员应善于通过各种途径为组织挑选一流的工作人员，激发组织成员的工作积极性、主动性和创造性，不断提高组织的整体管理水平。

在进行选聘的过程中，应聘方和招聘方之间是平等的。招聘是一个双向选择的过程，既是招聘方为组织挑选员工的过程，也是应聘者挑选组织的过程。

（二）员工招聘的方式

1.内部招聘。

内部招聘是在组织内部公布空缺职位，发布招聘启事，通过职位需要与员工技能之间的匹配，从中选拔员工的招聘方式。内部招聘意味着组织中的一些人员将从较低的职位被选拔到较高的职位，或者将较高职位的人员调到较低职位，或者平级之间的调动。

（1）内部提升。

当组织中有些比较重要的岗位需要招聘人员时，让企业内部的符合条件的员工从一个较低级的岗位晋升到一个高级的岗位，担负着更重要的工作，这个过程就是内部提升。实行"内升制"一般要求组织建立详尽的人员工作档案，以此为基础建立管理人才储备库，以便在一些主管职位出现空缺时，能够据此进行分析研究，从而选出合适的管理人员。

（2）内部调用。

当组织中需要招聘的岗位与员工原来的岗位层次相同或略有下降时，把员工调到同层次或下一层次岗位去工作的过程称为"内部调用"。

（3）发布招聘广告。

发布招聘广告以展示现有职位空缺，邀请组织内所有符合条件的员工申请。这种方法的优点是各类员工都知道岗位空缺，组织能发现被忽视或埋没的人才。该方法符合现代管理倡导参与、开放交流、平等竞争的潮流。招聘广告的内容应包括空缺岗位名称、工作说明、待遇条件和任职资格等。在运用这种方法时，发布者需要尽可能地通知到组织中的所有人。

2.外部招聘。

外部招聘是指组织借助于外部招聘渠道，在组织外部寻找与岗位相匹配人才的过程。外部招聘的方式主要有人才市场招聘、校园招聘、员工推荐、媒体招聘等。要使外部招聘得以有效地实施,组织就必须将空缺职位的有关情况,事先真实地告诉应聘者。

(1)人才市场招聘。

每年每个地方都会组织几次大型的人才交流会。用人单位可花一定的费用在交流会上设点,应聘者可以前来咨询应聘。这种途径的特点是时间短、见效快,但是小型企业很难招聘到优秀人才。

(2)校园招聘。

各类大中专院校可提供中高级专业人才。单位可以有选择地去某校物色人才,派人到有关学校召开招聘洽谈会。

(3)员工推荐。

员工推荐是鼓励现有员工向企业介绍新的工作候选人的一种招聘方法。员工推荐对招聘专业人才比较有效。员工推荐的优点是招聘成本小,应聘人员素质高、可靠性高。

3. 内外部招聘方式的比较。

(1)内部招聘的优点。

①简化招聘程序,降低招聘成本。与外部招聘相比,内部招聘能够简化招聘流程。因为组织对员工已经掌握了比较丰富的背景资料。内部招聘还能够帮助组织减少员工入职培训等一系列成本,从而减少组织的招聘成本。

②增加员工和组织间的契合度。内部招聘的员工比较了解组织的企业文化、工作流程等,能够迅速进入工作角色,从而减少对聘用人员预期的不确定性和降低员工的离职率。

③激发员工积极性。内部招聘能激发员工的工作积极性,增加员工对组织的认可度和忠诚度,并能塑造进取的组织氛围。

④减少组织内的冗员。空缺的岗位从组织内部来进行补充,可以减少新设岗位带来的各方面成本,同时能够抑制组织膨胀的速度,减少组织内的冗员。

⑤巩固组织文化。从组织文化角度分析,员工与组织在同一个组织目标的基础上形成共有价值观、信任感和归属感,体现出组织与员工之间相互依存的关系。内部招聘的员工已经融入组织文化之中,对组织的价值观念较认可,具有较高的忠诚度。

(2)内部招聘的缺点。

①容易导致"近亲繁殖"。内部招聘必须谨慎操作,客观公正,尽可能减少组织中的"裙带关系"。另外,由于组织成员习惯了组织内的一些既定的做法,不易带来新的观念,而不断创新是组织生存与发展不可缺少的因素。

②容易引发组织内部的矛盾。内部招聘容易引发组织内领导与员工之间的矛盾,也容易引发员工与员工之间的矛盾。因为晋升的人员数量毕竟有限,没有被提拔的员工工作积极性将会受到一定程度的挫伤,甚至会心生怨恨,导致组织内人际关系的紧张,有些员工甚至以消极怠工的方式发泄心中不满。

③可能会失去从外界获得优秀人才的机会。过多的内部招聘会导致相对封闭的组

织环境。另外，组织选择员工的范围比较狭窄，具有一定的局限性。

(3)外部招聘的优点。

①人员选择余地大。外部招聘在应聘者的质量、数量上都比内部招聘有广阔的选择空间。

②有利于组织文化的创新。从组织外部招聘的员工能为组织带来新观念、新技能等，能够帮助企业从各方面进行自我更新，使组织更加充满生机和活力。

③可以缓解组织内部的矛盾。外部招聘可以避免组织内部成员之间由于竞争而导致的矛盾。

④可以帮助组织树立形象。组织在进行外部招聘时，可以借助多种媒体、渠道宣传组织的目标、理念和文化等，扩大组织的影响力，树立组织的形象。

(4)外部招聘的缺点。

①人才甄选难度大。因为组织与员工之间的信息不对称，组织对员工的能力无法真正了解，招聘过程中不可避免地会过多注重其学历和资历等。

②有可能挫伤内部员工的积极性。一些组织内部员工能够胜任的岗位进行外部招聘，会影响到组织中工作积极、事业心强的员工的积极性，甚至对外聘者产生抵触情绪。

③招聘成本大。与内部招聘相比，无论是引进何种层次的人才都需要相当高的招聘费用，包括招聘人员的费用、广告费、测评费、中介费等。外部员工通常需要较长时间去了解组织及其产品和服务、同事及客户，融入组织的过程也会增加组织的成本。

4.内外结合的招聘方式。

内部招聘和外部招聘各有优缺点，内部招聘和外部招聘相结合的方法是组织最常用的招聘方式。针对组织中不同层次的员工，可以采用不同的招聘策略。如对于组织内部的中层员工，一般采用内部招聘，这既有利于员工队伍的稳定，又能激发基层员工的积极性。对于组织中一些高层的高级技术人才，可以通过外部招聘，这既为组织注入了新鲜血液，又能够引进先进的技术和获得学习宝贵的经验。

(三)员工招聘的流程

1.制定并落实招聘计划。

当组织中出现需要填补的工作职位时，有必要根据职位的类型、数量、时间等要求制定招聘计划，同时成立相应的选聘工作委员会或小组。选聘工作机构既可以是组织中现有的人事部门，也可以是代表所有者利益的董事会，或由各方利益代表组成的专门或临时性机构。选聘工作机构要以相应的方式，通过适当的媒介，公布待聘职务的数量、类型以及对候选人的具体要求等信息，向组织内外公开招聘，鼓励那些符合条件的候选人积极应聘。

2.对应聘者进行初选。

当应聘者数量很多时，选聘小组需要对每一位应聘者进行初步筛选。内部候选人的初选可以根据以往的人事考评记录来进行；对外部应聘者则需要通过简短的初步面谈，尽可能多地了解每一个申请人的工作经历及其他情况，了解他们的兴趣、见解等，及时排除那些明显不符合基本要求的人。

3. 对初选合格者进行知识与能力的考核。

在初选的基础上，对余下的应聘者进行材料审查和背景调查，并在确认之后进行细致的测试与评估，包括智力与知识测试、竞聘演讲与答辩、案例分析与候选人实际能力考核。

4. 选定录用员工。

在上述各项工作完成的基础上，通过加权平均，算出每个候选人知识、智力和能力的综合得分，并根据待聘职务的类型和具体要求决定取舍。对于拟录用的人员，应由主管再一次进行面试，并根据工作实际与拟聘用者作一次双向选择。

5. 评价和反馈招聘效果。

选聘小组最后要对整个选聘工作的程序进行全面检查和评价，对录用的员工进行追踪分析，通过对他们的评价检查原有招聘工作的成效，总结招聘过程中的实验，以便改进和修正。

二、员工的培训

人员培训是人力资源管理工作的内在组成部分，也是一种对人的投资。企业在录用新员工的时候，通常采用笔试、面试及其他科学方法进行甄选，做了大量工作。但任何一名新员工，无论他有多高的素质和技能，都不可能与组织的工作要求直接吻合，也缺乏在组织中相互配合的工作经验。因此，企业为让新员工掌握必要的知识、技能，尽快融入组织，一般都要进行相应的培训。

(一)人员培训的含义与目的

1. 人员培训的含义。

人员培训就是向员工传授其完成本职工作所必需的相关知识、技能、价值观念、行为规范的过程，是由组织安排的对本组织员工所进行的有计划、有步骤地培养和训练。培训有助于培训对象获得工作所需要的知识，提升能力，以更好地完成所承担的工作。

2. 培训的目的。

(1)减少人力资本的耗损，提升员工的岗位技能。

在知识和技能不断更新的信息时代，员工本身所具备的知识和能力也需要不断提升。培训是减少员工人力资本耗损的有效方式，组织对员工培训的投资和人力价值的增加成正比关系。

(2)增强组织的核心竞争力。

人员培训对组织的发展具有重要意义，对员工进行专业技能及认知方面的培训，能都提高企业的生产效率，强化企业的竞争优势，弥补企业发展中所存在的不足。

(3)强化企业文化。

企业通过开展形式多样化的培训能够增加员工的凝聚力,增加员工对组织的认同感和归属感,使员工的个人价值与组织的文化相适应。

(4)转变观念,提高素质。

企业通过对员工的培训,可使员工转变观念,提高员工的整体素质。

(5)交流信息,加强协作。

员工在培训的过程中增加了信息的交流,彼此之间在日后的工作中会更加团结,相互协作的程度也会大大提高。

(二)员工培训的内容

1. 知识培训。

(1)规则制度的培训。

组织对员工的制度培训体现在两个方面。一是培训的内容是组织本身的制度,包括行政管理制度、财务制度、薪酬制度、绩效考核制度、考勤制度等,帮助员工熟悉、掌握组织的办事流程、岗位职责、工作标准等,缩短员工与组织之间的磨合期。二是与员工密切相关的法律制度,比如劳动法、合同法等。

(2)岗位知识培训。

对于具体的工作岗位而言,员工入职后的培训对于他们掌握本岗位、本工种所需要的知识,提高生产效率,培养劳动安全意识具有重要的作用。

2. 技能培训。

(1)通用技能培训。

通用技能对于提高组织整体的能力具有重要的作用。虽然不同的岗位需要不同的专业技能,但对于一般员工而言,必须掌握一些通用的技能。

(2)专业技能培训。

对于技术性和生产部门的岗位,新入职员工必须进行技术理论、实际技能的培训,并且培训合格后才能够上岗。一般企业在培训中可采用"以老带新"的方式,促进新老员工之间的交流。

3. 态度与精神培训。

(1)态度培训。

员工态度及士气将直接影响组织的绩效。组织必须通过培训,建立起组织与员工之间的信任,培养员工对组织的忠诚度。

(2)团队精神和意志力培训。

针对不同层次员工培训的重点不同。针对高层次员工,组织主要培训其领导能力;对于中层员工,培训的重点在于提升其执行力;对于基层员工,培训的重点在于增强其团队精神及提高处理基层事务的执行力。近年来,许多组织开始对员工进行拓展训练,培养员工的团队意识和合作意识,提升组织的凝聚力。

4. 人际技能培训。

人际技能是员工协调关系、传递信息、沟通上下的能力。该培训可以让组织内员工和谐相处。

三、员工的考评

(一)员工考评的概述

员工考评是指按照一定的标准,采用科学的方法,衡量与评定员工完成岗位职责任务的管理方法。

对员工进行考评,从管理者的角度看,主要有两大基本目的:发掘与有效利用员工的能力;对员工给予公正的评价与待遇,包括奖惩与职务升降等。

对员工进行考评有以下作用:考评有利于评价、监督和促进员工的工作;考评为确定员工的劳动报酬与其他待遇提供科学依据;为组织进行考核、促进员工的全面发展创造条件;有利于管理者了解下属,进行合理的岗位调整。

(二)员工考评的内容结构

对员工进行考评,主要涉及德、能、勤、绩和个性五个方面。

1. 德,即员工的思想觉悟与职业道德。考评德对于企业的员工来说具有重要的意义。

2. 能,即员工从事业务技术工作所要求具备的专业理论水平与实际能力。能力是做好工作的基本条件,技能本身已成为员工价值与组织支付薪酬的重要依据。技能考核是员工使用的重要依据。

对员工能力的考核主要包括基本能力考核,如知识、技能和体力;其他能力考核,如理解能力、判断能力、决断能力、创造能力、筹划能力、开发能力、表达能力、谈判能力、涉外能力和领导能力等。

3. 勤,即员工的工作态度,主要在工作中表现出来的热情与干劲。员工的工作态度对工作的成果具有十分重要的意义。

4. 绩,即员工在工作过程中的实际成绩。这是最重要的考核内容,是确定对其评价、奖酬的最基本的依据。主要包括员工所完成工作的数量、质量等。

5. 个性,即员工的性格、偏好、思维特点等。对员工个性的了解,有利于管理者更好地掌握员工特点,有针对性地、更富有成效地做好管理工作。

(三)员工考评的程序

1. 制定考评计划。

根据组织的基本要求和具体的考核目的,结合当时的实际情况,确定本次考核的目标、对象、程序、方法、实施时间与日程、考核主体等,并明确相应的考核要求与事项。

2. 制定考评标准,设计考评方法,培训考评人员。

(1)制定考评标准。考评的标准主要有两种:一是职务标准,即组织所期望或要求做的工作内容与水平;二是职能条件,即组织期望与要求个人应具备的能力内容和水平。

(2)设计考评方法。根据考核对象的工作性质与特点以及组织的实际情况,灵活地选择与设计考评的方法。

(3)培训考评人员。在考评前,组织应对考评人员进行培训,使他们掌握考评的目的、要求、程序与方法。

3. 衡量工作,收集信息。

这是考评工作的具体实施阶段,是考评工作的主体过程。

(1)深入实际、深入群众是获取真实而准确信息的基础。

(2)做好思想发动与相关人员的思想工作,获得知情人员的积极配合。

(3)采用事先设计的科学的考核方法,客观公正地进行考评。

(4)搜集的信息要真实准确,并尽可能量化。

4. 分析考评信息,做出综合评价。

(1)对收集到的信息要进行筛选、审核与提炼,特别是要去伪存真,确保信息的准确性。

(2)对信息进行科学分类,系统整理。

(3)对信息进行全面综合、系统分析,正确地作出考评结论。

5. 考评结果的运用。

考评结果要上报给上层管理者,并告知被考评者。考核结果可以作为组织了解员工、激励工作、开发能力、奖酬发放、升职晋级等的依据。

(四)员工考评的方法

1. 传统的评价方法。

(1)自我评价法。该方法就是评价主体对自己思想、愿望、行为和个性特点的判断和评价。

(2)小组评议法。与自我评价相反,小组评议法是由几个成员或者专家组成团队,对组织的工作进行判断和评价。

(3)工作标准法。工作标准法是对工作的内容、方法、程序和质量要求制定标准。工作标准的内容包括各岗位的职责和任务,每项任务的数量、质量要求及完成期限,完成各项任务的程序和方法,信息传递方式,工作人员的考核与奖惩方法等。

(4)业绩评估表法。业绩评估表法也可以称为"评分表法",它是根据规定的绩效任务(如完成工作的质量、数量等)对工作进行评估,把工作的业绩与规定的标准进行逐一对比打分,然后得出工作业绩的最终结果,并分为几个等级,如优秀、良好、一般等。这种方法的优点是可以作定量比较,评估标准比较明确,便于作出评价结果。但是评估者需要由对工作相当了解的员工担任;评估者可能带有一定的主观性,不能如实评估。

(5)民主测评法。该方法即是由组织的成员集体打分的考评方法,一般采用问卷法进行。考核者事先设计问卷,按考核的项目设计问题;再由相关知情者以书面或口头的方式回答;最后由考核者进行统计整理。对领导者的考评,通常按德、能、勤、绩四个方面设计项目,并按优秀、良好、合格、不合格等作出评价。这种方法主要用于对领导的考核。

2.现代绩效评价方法。

(1)360度考核法。

360度考核法是一种全方位反馈评价的方法。该方法最早由因特尔公司创造并实施。该方法是指通过员工自己、上司、同事、下属、顾客等不同主体来了解员工工作绩效,以清楚自己的长处和短处,达到提高自己的目的。

360度考核法是一种从不同角度获取组织成员工作行为表现的观察资料,然后对所获得的资料进行分析评估的方法。资料包括来自上级、同事、下属及客户的评价,也包括被评者自己的评价。这种方法的优点是能比较全面地进行评估,易于作出比较公正的评价,同时反馈结果可以促进员工提升工作能力,也有利于团队建设和沟通。但是因为评估是来自各方面的,评估的工作量比较大,也可能存在非正式组织评估,影响评价的公正性。

(2)因素评分法。

因素评分法即通过对有关项目分别考核,再进行综合评价的一种考核方法。其先将考核的有关项目分成具体的评定要素,并规定每一个项目的分数;然后,根据实际情况,对照标准,分别给各个项目打分;最后,根据公式确定总分。该方法主要适用于不可量化工作的考核。因素评分法有以下具体计算形式:

①加减法。这是指对每个评定要素,根据它们的作用、性质与程度,分别规定不同的分数,各分数之和即为综合评价分。

②扣减法。该方法主要考察应该达到的事项或标准。对于达不到的实行扣分,且没有加分项。最后,根据扣分后的结果进行综合评价。

③扣除法。该方法是上述扣减法的一种特殊形式。只要该条标准没有达到,就把该项的分数全部扣掉。这种方法主要适用于那些要求绝对遵守的项目的考核,如安全生产。其最极端形式是"一票否决"。

④累加法。这种方法只加不减,以最后的累加分数作为评价依据。这种方法主要适用于考核销售额、市场占有率、服务质量指标、利润额等。

老师讲故事

一家制药业的"巨无霸"企业刚刚获得了一项评审极其严格的质量产品奖。广大的员工废寝忘食,牺牲了个人的休息时间,经过半年多的努力,最终赢得了这个奖项。当宣读获得这个奖项的人员及公司的名称的时候,大家都兴奋不已。公司领导很快就召集全体员工开庆祝会。在庆祝会之前领导先召开了会议,会议并没有宣布嘉奖事宜。随后,领导把员工召集到自助餐厅开庆祝会,由总裁表达对每位员工的感谢,宣布这个奖项对公司的意义。总裁总结性地说到:"为了庆祝这次巨大的成功,大家都会得到一份很有意义的礼物。"此时,从后面传来一句:"现在就发吧!"大家都笑了,那时大家的心情就像过节一样。总裁点了点头,示意公关部经理揭开罩在神秘礼物上的帷幕。啊!竟是由无数塑料杯子搭建起的"金字塔"。会场上先是死一般的寂静,接着爆发出震耳欲聋的喊声。员工们被这个场面所震到,好像他们看到的是一个巨大的发了霉的水果蛋糕一样。大家排着队,摇着头,苦笑着领走奖品,随后的几个星期里,杯子成了公司里令人嘲讽和挖苦的象征品。

四、薪酬设计与管理

(一)薪酬及薪酬的构成

薪酬是指雇员作为雇佣关系中的一方所得到的货币收入、服务和福利之和。薪酬主要有四种形式,即基本工资、绩效工资、津贴和补贴、福利和服务。

基本工资是雇主支付给雇员完成工作的基本薪酬,它主要反映员工的工作性质和工作技能,而不考虑员工之间的个体差异。基本工资又具体分为基础工资、岗位工资、技能工资和工龄工资。基础工资是保障劳动者基本生活的部分,是平均水平的劳动力再生产的最低需要;岗位工资是员工履行了职务规定的基本职责后的酬劳,遵循以岗定薪、岗变薪变的原则;技能工资是以员工掌握的技能为依据,根据员工在工作中使用知识的广度、深度和类型来确定的报酬;工龄工资也称为"年功工资",其以工龄为主,结合考勤和工作业绩来确定,给员工增加工龄工资一方面意味着员工积累了相应的工作经验,另一方面意味着员工对组织的忠诚。

绩效工资是基本工资之外的薪酬,随着雇员业绩的变化而变化,是对过去工作行为和工作成绩的认可,亦称为"奖金"。绩效工资的计算依据可以是员工投入工作的时间和精力,也可以是员工劳动的产出。一般而言,按员工劳动成果发放绩效工资,激励作用更强。

津贴和补贴是对在特殊劳动条件中超额劳动的报酬。我们习惯把与工作相联系的称为"津贴",与生活相联系的称为"补贴"。它与奖金不同之处在于,津贴和补贴一般不与业绩挂钩,而是政策性的报酬。津贴的唯一依据是劳动者所处工作环境条件,与劳动者的努力、技能、劳动成果无关,它主要是对劳动者在特殊劳动条件下工作进行补偿。

福利是除基本工资、奖金和津贴补贴之外的一切物质待遇,它的涵盖范围一般是全体员工,主要用来满足员工带有共同性或普遍性的消费需要,解决员工个人或家庭难以解决的某些困难。良好的福利不仅能够提高员工的收入水平,更能增加组织的凝聚力。

社会保险是员工暂时或永久丧失劳动能力后,组织和社会给予的生活上的物质保障,如:医疗保险、失业保险、养老保险、伤残保险等。目前,我国大部分保险基金是由国家、企业和员工共同筹集的。

(二)薪酬设计的影响因素

1. 内部因素。

(1)企业规模、实力与经营状况。

这是薪酬体系设计和变动的硬性约束,它决定了企业用于薪酬分配,特别是货币性薪酬的总体水平,决定了员工薪酬的结构及水平的变动区间。

(2)工作状况。

工作状况主要是指工作要求、工作责任、工作条件和工作类别等。责任重大、对企业的生存和发展有重大的影响的工作,一般薪酬水平较高;对技能和任职资格有特殊要求的工作,薪酬水平也较高;工作条件差、工作比较危险员工的薪酬水平也较高。

(3)员工特征。

员工特征决定了各个不同员工的具体薪酬水平。这些因素包括受教育程度、年龄构成、资历因素、发展潜力、特定人力资源的稀缺性等。例如,处于不同年龄阶段的员工对薪酬的需求也是不同的,青年员工比较关注货币收入,以满足生活消费的需要;中年员工比较重视晋升发展的机会,以满足地位和成就的需要;老年员工相对而言更多地考虑福利等。

2. 外部因素。

(1)国家法规。

组织薪酬的制定必须符合法规的规定,如对员工最低工资的规定、对最长工作时间的规定、对特殊工种的从业人员的规定等。

(2)区域经济发展水平。

区域经济发展水平及其发展趋势会影响组织的薪酬水平。一般来说,经济发展水平较高的区域,员工薪酬水平也会相应较高。

(3)行业薪酬水平。

行业薪酬水平受历史因素和现实需要影响,不同行业之间存在着薪酬差异。

(4)市场人力资源供求状况。

市场人力资源供求状况是影响薪酬标准的重要因素。当人力资源丰富时,薪酬相应会减少;反之,则会提高。组织付给员工的薪酬数额应根据人才市场价格来决定,同一行业、同一地区或同等规模的不同组织中类似岗位的薪酬水平定在竞争对手之上,就能增强组织在吸引员工方面的竞争能力。一个组织,不论其财力状况如何,如果低于市场平均支付薪酬,必然会导致人才的流失,继而丧失继续发展的能力。

(三)薪酬设计的基本原则

1. 对外具有竞争力原则。

组织应支付符合劳动力市场水平的薪酬,确保组织的薪酬水平与类似行业、组织的薪酬水平相当,以免因薪酬太低而使组织的人才流失。

2. 对内具有公正性原则。

在组织内部,不同岗位的薪酬水平应当与这些岗位对企业的贡献相一致,否则会影响员工的工作积极性。薪酬设定应对岗不对人。

3. 对员工具有激励性原则。

适当拉开员工之间的薪酬差距,可以使业绩好的员工认为自己得到了鼓励,业绩差的员工认为值得去改进绩效,以获得更好的回报。

4. 对成本具有控制性原则。

在实现前面三个基本原则的前提下,企业应当充分考虑自己的财务实力和实际的支付能力,根据企业的实际情况,对人工成本进行必要的控制。

(四)薪酬设计的基本程序

1. 制定本组织的付酬原则与策略。

这是由组织最高管理者的管理哲学及组织文化所决定的,包括对员工本性的认识,对员工总体价值的评价,对管理骨干及高级专业人才所起作用的估计等核心价值观;组织基本工资制度及分配原则;有关薪酬分配的政策和策略,如薪酬拉开差距的分寸、差距标准,薪酬、奖励、福利费用的分配比例等。

2. 工作设计与工作分析。

工作设计是对工作进行周密的、有目的的计划安排,包括工作本身的结构设计、与工作有关的社会各方面因素的考虑以及对员工的影响。工作分析是全面收集工作信息的管理过程。工作设计和工作分析为明确工作分类、工作定岗,进而比较不同工作的相对价值大小奠定了基础。

3. 工作评价。

工作评价主要是对组织内的不同岗位进行相对价值的排序,即保证内部公平性,这是薪酬设计的关键。

4. 薪酬结构设计。

薪酬结构是指一个组织中各项岗位的相对价值及其对应的实付薪酬之间保持的关系,通常以"薪酬结构线"来表示。

5. 薪酬调查。

薪酬调查主要研究两个问题,即要调查什么和怎样调查。

6. 薪酬分级和定薪。

组织根据工作评价确定的薪酬结构将众多类型的岗位薪酬归并合成若干等级,形成薪酬等级系列,从而确定组织内每一个岗位具体的薪酬范围,保证员工个体的公平性。

7. 薪酬制度的执行、控制和调整。

组织薪酬制度一经建立,如何投入正常运作并对之实行适当的控制与管理,使其发挥应有的功能,是一项长期而复杂的工作。

实践活动

(一)实训目的

1. 通过案例分析与讨论,理解主管人员应具备的素质。
2. 掌握组织进行人员配备的原则。

(二)实训内容

1. 学生以小组为单位,进行课堂讨论。
2. 情景模拟如下:

企业需聘用一位生产经营部的经理,人事处从本厂中层管理人员中推荐了四名人员,并将他们的简历材料送给了总经理,四名候选人该选择谁呢?

(1)男,40岁,现任厂办副主任,大专毕业,学习过企业管理,成绩优秀,工作认真踏实,熟悉本厂生产,在车间工作过。已婚,有一个孩子。他本人与厂级干部关系好,人们说他是厂长身边的"大红人"。

(2)女,27岁,未婚,大专毕业,现任生产经营部下属门市部经理。她能干、聪明、热情、精力充沛、善于公关,工作干得不错,舞跳得也好。目前,她本人正打算攻读MBA,进一步提高自己。群众对她的工作能力很赏识,但有的群众说她是厂长的舞伴。

(3)男,50岁,大学毕业,现任生产科科长,在该厂担任过几个科室的业务员和领导工作。他工作经验丰富,曾受大家的称赞,但近两年来,他工作的兴趣和热情有所下降。已婚,孩子已经成家立业,他本人没有晋升的期望。

(4)男,45岁,大学毕业,现任技术科科长。该人性格内向,只知道兢兢业业工作,不太爱说话,从不得罪领导和同事,人缘很好。群众一直认为他是一位好人,在选举职代会代表时,往往得的选票数最多,但他最不愿意管别人的闲事。

3. 每组进行讨论,并阐述选择的理由。
4. 每组总结组织主管人员应具备的素质和要求。

(三)实训评估

1. 教师对各小组上交的报告、组织结构图、职务说明书进行打分。
2. 教师根据学生交流会上的表现进行打分。

基础训练

一、单项选择

1. 考察员工是否爱岗敬业,属于(　　)方面的考核。
   A. 德　　　　B. 能　　　　C. 勤　　　　D. 绩
2. 下面哪项属于薪酬设计影响因素中的外部因素(　　)。
   A. 企业规模　　B. 国家法规　　C. 员工特征　　D. 工作状况
3. 雇主支付给雇员完成工作的基本现金薪酬,反映工作或技能,而不考虑员工之间的个体差异是(　　)。
   A. 绩效工资　　B. 基本工资　　C. 社会保险　　D. 福利
4. 人员培训中采取角色扮演法的主要目的是使员工(　　)。
   A. 掌握更多的理论知识　　　　B. 学习更多的业务知识
   C. 提高解决和处理问题的能力　D. 提高互相学习的机会
5. 员工福利的享受与个人绩效不直接挂钩,体现了福利的(　　)。
   A. 集体性　　B. 有偿性　　C. 均等性　　D. 补偿性

二、多项选择

1. 薪酬设计的基本原则包括(　　)。
   A. 对外具有竞争力原则　　　B. 对内具有公正性原则
   C. 对员工具有激励性原则　　D. 对成本具有控制性原则
2. 下面哪些属于外部招聘(　　)。
   A. 校园招聘　　B. 内部晋升　　C. 人才市场　　D. 员工推荐
3. 以下属于内部招聘的缺点的有(　　)。
   A. 导致组织内部"近亲繁殖"现象　B. 可能会引起同事之间的矛盾
   C. 进入工作状态慢　　　　　　　D. 招聘成本高
4. 人员配备的原则包括(　　)。
   A. 因事择人原则　　　B. 用人所长原则
   C. 动态平衡原则　　　D. 权责利一直的原则
5. 现代绩效评价方法有(　　)。
   A. 360度考核法　　B. 因素评分法　　C. 民主测评法　　D. 自我评定法

案例分析

东京迪斯尼乐园员工培训

目前,世界上共有6个迪斯尼乐园,其中最成功的、生意最好的是日本东京迪斯尼乐园。美国加州迪斯尼乐园营业了25年,共有2亿人参观;东京迪斯尼乐园,最高纪录一年达到了1700万人参观。我们研究看看东京迪斯尼乐园是如何吸引顾客的。

一、重视员工培养,引客回头

开酒店或经营乐园,并不是希望客人只来一次。如果今天一对夫妇带孩子逛乐园,这孩子长大了以后会再来吗?他会带他的朋友再来吗?将来他生了孩子,他会带他的孩子再来吗?如果回答是肯定的,这才叫作引客回头。东京迪斯尼乐园要让老客户回头,就得在这个问题上动脑筋。到东京迪斯尼乐园去游玩,人们不大可能碰到迪斯尼乐园的经理,但一定会遇上扫地的清洁工。东京迪斯尼乐园对清洁员工非常重视,训练和教育大多集中在他们的身上。

1. 从扫地的员工培训起。

东京迪斯尼乐园的有些清洁员工是假期工作的学生,虽然他们只工作两个月时间,但是培训仍要花3天时间。

(1) 学扫地。

第一天上午要培训如何扫地。共有三种扫把用来扫地:一种是用来扫树叶的;一种是用来扫纸屑的;一种是用来扫灰尘的,这三种扫把的形状都不一样。怎样扫树叶,才不会让树叶飞起来?怎样扫纸屑,才能把纸屑扫得很好?怎样掸灰,才不会让灰尘飘起来?这些看似简单的工作却都有严格培训。开门时、关门时、中午吃饭时、距离客人15米以内等情况下不能扫地。这些规定必须严格遵守。

(2) 学照相。

第一天下午学照相。十几台世界最先进的数码相机摆在一起,各种不同品牌,每台都要学,因为客人可能会让员工帮忙照相,如果员工不会照相,就不能照顾好顾客。

(3) 学包尿布。

第二天上午学给小孩子包尿布。孩子的妈妈可能会让员工帮忙抱一下小孩,但如果员工不会抱小孩或动作不规范,不但不能给顾客帮忙,反而增添顾客的麻烦。员工不但要会抱小孩,还要会替小孩换尿布。

(4) 学辨识方向。

第二天下午学辨识方向。有人要上洗手间,"右前方,约50米,第3号景点东,那个红色的房子";有人要喝可乐,"左前方,约150米,第7号景点东,那个灰色的房子";有人要买邮票,"前面约20米,第11号景点,那个蓝条相间的房子"……顾客会问各种各样的问题,所以每一名员工要把整个迪斯尼乐园的地图都熟记在脑子里,对迪斯尼乐园的每一个方向和位置都要非常明确。

2. 会计人员也要直接面对顾客。

有一种员工平时是不太接触客户的,他们就是会计人员。但迪斯尼乐园规定:会计人员每天早上上班时,要站在大门口,对所有进来的客人鞠躬道谢。因为顾客是员工的"衣食父母",员工的薪水是顾客掏出来的。感受到什么是客户后,再回到会计室中去做会计工作,能让会计人员充分了解客户。

二、其他重视顾客、重视员工的规定

1. 学与小孩讲话。

迪斯尼乐园里有很多小孩。迪斯尼乐园的员工碰到小孩问话时,统统都要蹲下,眼睛跟小孩的眼睛要保持一个高度,不要让小孩抬着头去跟员工讲话。因为孩子是未来潜在的顾客,所以要特别重视。

2. 学会对待丢失的小孩。

从开业到现在的十几年里,东京迪斯尼乐园共丢失过2万名小孩,但全都找到了。重要的不是找到,而是在小孩在走丢后从不广播。如果这样广播:"全体妈妈请注意,全体妈妈请注意,这边有一个小孩子,穿着黑裙子白衬衫,不知道是谁家的小孩子,哭得厉害……"所有妈妈都会吓一跳。既然叫作乐园就不能这样广播,一家乐园如果总是丢小孩,谁还敢来。所以在迪斯尼乐园里设下了10个托儿中心,只要看到小孩走丢了,就用最快的速度把他送到托儿中心。从小孩衣服、背包来判断大概是哪里人,衣服上有没有绣他们家族的姓氏;再问小孩,有没有哥哥、姐姐、弟弟、妹妹来判断父母的年龄;有的小孩连妈妈的样子都描述不出来,就要想办法在网上开始寻找,尽量用最快的方法找到父母。然后用电车把父母接到托儿中心,当父母看到小孩正在喝可乐、吃薯条、啃汉堡,过得挺快乐,这才叫乐园。

3. 学习送货。

迪斯尼乐园里面有喝不完的可乐,吃不完的汉堡和三明治,买不完的糖果,但从来看不到送货的。因为迪斯尼乐园规定在客人游玩的地区里是不准送货的。迪斯尼乐园的地下像隧道网一样,一切食物、饮料统统在地道中搬运,再用电梯送上来。这样可以看出,迪斯尼乐园多么重视客户,所以客人就不断去迪斯尼乐园。去迪斯尼乐园玩10次,大概也看不到一次经理,但是只要去一次就看得到员工在做什么。这就是前面讲的,顾客站在最上面,员工去面对客户,经理人站在员工的底下来支持员工,这个观念人们应该建立起来。

(上海企业培训网,2008年12月17日)

思考:

1. 东京迪斯尼乐园采用了哪些方法来进行员工培训?
2. 东京迪斯尼乐园员工培训给企业管理者什么启发?

模块四
指挥与协调

项目七 领导

任务分解

【知识指标】

1. 了解领导的概念,领导与管理的区别。
2. 了解领导理论。
3. 掌握领导艺术的四个方面。

【技能指标】

1. 能够根据领导理论辨别有效的领导方式。
2. 通过实训,掌握一定的领导艺术。

知识结构图

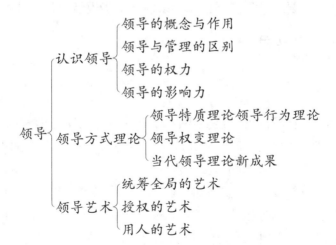

任务一 认识领导

 问题导入

联合国为周恩来下半旗致哀

1976年1月8日,周恩来总理逝世,联合国决定下半旗致哀,有的成员国表示反对,当时的联合国秘书长就说:"世界上有哪个国家的总理终生受人爱戴?在国外银行没有一分钱存款,没有一个子女?"反对的人无言以对,决定由此顺利通过。自联合国成立以来,逝世者能享受这一待遇的,至今只有周恩来总理一人。

思考:究竟是什么原因使联合国顺利通过为周恩来总理下半旗致哀的决定呢?

管理是为了实现组织目标而进行的有目的的组织协调、控制活动,领导就是这种活动的基本组织者。领导者通过领导行为和领导方式调动组织成员的工作积极性、主动性和创造性,为实现组织的目标而共同努力。马克思说:"一切规模较大的直接社会劳动或共同劳动,都或多或少的需要指挥,以协调个人的活动,并执行生产总体的运动。它不同于这一总体的独立器官的运动所产生的各种一般职能,一个单独的提琴手是自己指挥自己,一个乐队就需要一个乐队指挥。"所以领导是实现组织目标的关键。

一、领导的概念和作用

(一)领导的概念

关于领导的概念,从不同的角度有不同的阐述,如:领导是影响人们为达成群体目标而努力的一种行为;领导是对制定和完成企业目标的各种活动施加影响的过程;领导是一种说服他人热心于一定目标的能力;领导是一门促使其部属充满信心、满怀热情来完成他们任务的艺术;领导是对组织内群体或个人施加影响的活动过程;领导是指挥部下的过程;领导是一种影响过程,即领导者和被领导者个人作用和与特定环境的相互作用的动态过程;领导是一个动态的过程,是领导者个人品质、追随者个人品质和某种特定环境的"函数"。

概括来说,领导就是在社会共同活动中,具有影响力的个人或集体在特定的结构中通过示范、说服、命令等途径,动员、指挥、协调、激励下属实现群体目标的活动过程。

领导的本质就是被领导者的追随和服从,它不是由组织赋予的职位和权力所决定的,而是取决于追随者的意愿。领导者是组织中的一种角色或职务,是在组织活动过程

中承担领导任务或发挥影响作用的个体。

> **知识小巴士**
>
> 最受爱戴的领导者的十个特点：
>
> 诚实；高瞻远瞩；鼓动性强；精明能干；公正；善于提供支持；襟怀宽广；才智过人；直率；勇敢。

(二)领导的作用

领导是领导者向下属施加影响的行为,领导的实质在于影响。所以,领导的作用主要是指挥、激励、沟通、协调。

指挥具有强制性、直接性、时效性等特点,在组织活动中主要是通过部署、命令、指示、要求、指导、帮助等形式表现出来。激励具有自觉自愿性、间接性和作用持久性等特点,常常以满足人的需要,特别是心理需要的方式,调动组织成员的积极性,增强组织凝聚力。沟通是以信息交换、情感交流、人际交往等形式,促进组织成员之间的融洽关系,实现组织目标。协调体现了领导的服务意识,为成员达成工作目标创造必要条件,进行工作指导,提供努力方向。

二、领导与管理的区别

在管理学中,管理是一个宽泛的概念,是指为实现目标而对整个组织施加影响的全部行为或过程,领导只是管理中的一个职能。领导来源于管理,管理强化领导。领导离不开管理,否则领导的目标就不能实现。管理离不开领导,否则管理就没有行动方向。

领导侧重宏观与未来；管理重于微观与现在。领导驾驭全局与整体；管理关注局部与个体。领导谋事用人；管理做事管人。领导强调激励、授权和教练；管理强调指挥、控制和监督。领导是一种变革的力量；管理是一套规范和程序。

领导属于管理的范畴,是高层次的管理,但领导者却不一定是管理者。好的领导和薄弱的管理不能产生好的效果,有效的管理但领导不得力也不能达到组织的预期目标。管理学意义上的领导者,是指影响他人并拥有管理的制度权力的人。领导者做正确的事,管理者把事情做正确；领导的对象是人,管理的对象是物。

三、领导的权力

领导的权力来自于其职权,是一种法定权,但领导行为有效性还受其在下属中的威信的重大影响。具体说,领导权力可分为以下五种。

1. 法定权。

法定权是组织赋予的岗位权力，它以服从为前提，其作用的基础的是职权的权威性，包括决策权、组织权、指挥权和人事权。法定权随职务的授予而开始，以职务的免除而终止。

2. 惩治权。

法定权建立在下级的恐惧感上，是一种负面强化手段，其作用主要是禁止某些行为的发生。如果运用不当容易导致下级的反感、抵制，甚至是冲突，它是权力极端形式的表现。

3. 奖励权。

奖励权是惩治权的相对物，是一种正面手段，包括物质奖励和精神奖励两方面。在职权范围内，可以从薪金、晋升、表彰等方面鼓励下级更好的工作。

4. 专长权。

专长权是基于领导者自身专业知识、特殊技能、创新能力、指挥能力等方面的影响力，引起下级由衷的敬佩和追随，从而产生尊重与服从。

5. 个人影响权。

个人影响权即人们常说的人格魅力，包括道德、品行、性格、气质、社交能力、领导力、感染力等，它取决于领导者本人的素质和修养，无法由组织赋予，完全靠其个人努力而取得。

法定权、强制权、奖惩权这三种权力是职务法定的权力，是外界赋予的，通过正式渠道发挥领导作用，对下级的影响带有强制性和不可抗拒性，但对组织成员的心理和行为的激励作用是有限的。专长权和个人影响权来自于下级的信任，是领导者自身的素质和行为造成的，其影响力的巨大而持久的。有效的领导来源于这五种权力的综合运用。

四、领导的影响力

影响力就是一个人在与他人交往中影响和改变他人心理和行为的能力。领导者的影响力就是领导者有效地影响或改变被领导者的心理或行为的能力。领导之所以能发挥其影响力，除了社会分工的需要、领导者的自身素之外，很重要的是在社会个体中存在着对领导的心理需要，包括对特定群体的归属心理、对杰出人物的崇拜心理、对行为表率的模仿心理、对权威的遵从心理等，这些心理构成了实现领导影响力的社会心理基础。简单说，领导者的影响力包括职权和威信两个方面。

职权影响力是由社会赋予个人的职务、地位和权力等形成的，是对工作群体产生的一种约束力量，这种力量是一个工作群体发挥作用的基本保证。职权影响力带有法定性、强制性和不可抗拒性，经常通过推动、强制、命令等外推力的形式发生作用，主要受传统观念、职位因素和资历大小等方面影响，被领导者的心理和行为表现为消极和被动的服从。

威信影响力是指领导者以自身良好的素质感化组织成员的心理，激发他们的工作内在动力,使他们愿意以积极、主动、自觉、乐观的态度接受领导,不带有任何强制性和压服性。威信影响力更多地属于自然性影响力,其产生的基础要比职权影响力广泛得多。威信影响力表面上没有合法权力那种明显的约束力,但实际上常常能发挥职权影响力所不能发挥的约束作用,它主要取决于领导者的个人品格、才干能力、知识学问和亲和力。

一个优秀的领导者一定是这两种影响力的完美结合者。

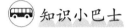

你是否有影响力

1. 你能够"打开天窗说亮话",跟别人坦诚相见吗?
2. 你愿意去教育、训练和栽培别人吗?
3. 你跟别人一起共事时,你会对别人有信心而不猜疑吗?
4. 你聆听人家说话时,愿意把自己的意见摆在后面,不中途打断别人的想法吗?
5. 你会尝试去了解每个人的特征,包括血型、家世以及个人的特质吗?
6. 你会不会想办法发展下属,让下属有更高的境界,把他推到一个更理想的位置?
7. 你会做人家的导师,替人家指引,在前面带头,告诉他人事应该怎么做,路该怎么走,用你的经验去引导他吗?
8. 你会随时随地跟别人沟通、协调,不断地和别人协作,不让任务脱节吗?
9. 你会心甘情愿地把权力分一块出去,授给别人,你在旁边像教练一样指导他,让人家替你操作、完成吗?
10. 你会塑造另一个有影响力的人吗?用影响力塑造一个有影响力的人,一个有影响力的人又塑造一个有影响力的人,你会这样不断地塑造吗?

任务二　领导理论

问题导入

杨帆和李强在同一家公司里从事类似的工作。虽然他们的学历相同,但是杨帆的工作经验更多一些。他们的主管通过仔细观察发现,李强有工作意愿,但是能力不足,而杨帆具有充足的能力,但是缺乏自信心。依据这些分析,主管决定在他们工作最初几个月以不同的方式对待他们:对李强采取"推销"的方法,对杨帆采取"参与"的方法。两年后,主管又采用了不同的方法:对李强采取"参与"的方法,对杨帆采取"授权"的方法,这是由于他们都已经获得了一定的能力和自信心。

思考:
1. 你对自己了解多少?你希望得到什么样的领导方式?
2. 主管采取的"推销""参与""授权"的方法具体是怎样的?

自从有了人类社会,就有了领导活动,也就有了对领导活动的思考。古今中外,先哲们留下了丰富的有关领导的宝贵思想,值得我们学习、继承和发展。本任务通过对三类领导理论的介绍,帮助大家了解领导者应该具备的素质。

一、领导特质理论

领导特质理论就是通过对大量领导者的考察、分析和研究,从性格、生理、智力及社会因素等方面寻找领导者特有的素质或应有的品质的理论,也叫"素质理论",主要研究领导者的个人特性对领导结果影响。它集中回答这样的问题:领导者应该具备哪些素质?怎样正确地挑选领导者?

领导特质理论强调领导者先天的个性和行为,认为领导能力是与生俱来的,领导者是天生的"伟人"。不管在什么情况下,具有领导特质的人最终将被推向领导者的位置。对人格力量和先天品质的信念,使人们把研究的重点集中在领导品质的研究上,形成了一些理论观点和假设。在 20 世纪 80 年代,特别是知识经济时代的来临,人们对特质理论产生了新的兴趣,并继续深入研究,取得了新的成果。

(一)包莫尔的领导特质论

美国普林斯顿大学包莫尔(W. J. Baumol)提出了一个领导者应具备的十种品质。
1. 合作精神。
愿与他人一起工作,能赢得人们的信任,对人的管理不是靠强迫,而是靠情感和说服。
2. 决策能力。
依赖事实而非想象进行决策,具有高瞻远瞩的能力。
3. 组织能力。
具备发掘部属的才能,善于组织人力、物力和财力。
4. 精于授权。
大权独揽,小权分散。
5. 善于应变。
机动灵活,善于进取,不抱残守缺,不墨守成规。
6. 敢于求新。

对新事物、新环境和新观念有敏锐的感受能力。

7. 勇于负责。

对上级、下级和产品用户及整个社会抱有高度的责任心。

8. 敢担风险。

敢于承担企业发展不景气的风险,有创造新局面的雄心和信心。

9. 尊重他人。

重视和采纳别人的意见,不盛气凌人。

10. 品德高尚。

品德为社会人士和企业员工所敬仰。

(二)鲍尔的领导特质论

麦肯锡公司创始人之一马文·鲍尔(Marvin Bower)在 1997 年出版的《领导的意志》中指出,领导者必须有以下品质:

1. 值得信赖。

值得信赖就是行动上要正直。鲍尔特别指出:一个想当领导者的人应当永远说真话,这是赢得信任的良好途径,是通向领导之门的入场券。

2. 公正。

公正和信任是联系在一起的。办事不公正对领导者来说是特别严重的问题。

3. 谦逊的举止。

傲慢、目中无人和自高自大对领导来说是有害的,而随和、不拘礼节对领导来说则是有益的。真正的领导者绝不会虚伪的谦逊。

4. 倾听意见。

领导在讨论时过早地发表自己的意见,会失去学习的机会。倾听意见时,不仅要注意听,也要作简短的、非引导式的提问。只有善于倾听,领导者才能察觉他人尚未察觉的问题。

5. 心胸宽阔。

有些领导者心胸不宽阔在很大程度上要归咎于体制。全权的领导者容易陶醉和自我满足。自信是一个优点,但过分自信会导致骄傲自大,从而使心胸狭隘。

6. 对人要敏感。

领导者应具备推测人们内心想法的能力。如果了解人们内心的想法,领导者就能够更好地说服他们。敏感也意味着领导者对人谦和、体贴,对人说的话不会令人沮丧。

7. 对形势要敏感。

这里所说的形势不是指经济形势、政治形势等宏观形势,而是指工作中发生的各种各样的情景。领导者要善于对事实进行仔细的分析并作出客观的评价,同时要敏锐地觉察有关人员的情感和态度。

8. 进取心。

进取心是任何领导者都应具备的最重要的品质之一。

9. 卓越的判断力。

领导者要能把确定的信息、可疑的信息和直观的推测结合起来,从中得出结论,而日后事情的发展要能证明这种结论是正确的。行动中的判断力包括有效地解决问题的能力、制定战略的能力、确定重点以及作出直观和理性的判断。判断力也包括对合作者和对手的潜力进行评估的能力。

10. 宽宏大量。

领导者要能容忍各种观点,能宽恕离经叛道的行为,还要能不为小事所干扰。

11. 灵活性和适应性。

这是同心胸宽阔和倾听意见相联系的。领导者要思想开放,清醒地看到形势的变化不断加以改进,实施并适应变革。

12. 稳妥而及时的决策能力。

这就是说,领导者要能把握好决策的速度和质量。

13. 激励人的能力。

领导者要能通过的待遇、尊重、持股、分红等形式让员工获得满足感,从而激励员工工作,增强员工的信心。

14. 紧迫感。

领导者有了紧迫感,就能为员工树立榜样。当紧迫感传遍整个组织时,组织的效率就会有很大的提高。这在竞争激烈的环境里是很重要的。

(三)德鲁克的领导特质观

德鲁克在《有效的管理者》一书中指出:"一般而言,管理者都具有很好的智力、很好的想象力和很好的知识水准。但是一个人的有效性,与他的智力、想象力之间,几乎没有太大的关联。有才能的人往往最为无效。这是因为他们没有领略到才能本身并不就是成就。他们不知道,一个人的才能,唯有透过有条理、有系统的工作,才能有效。"

德鲁克认为的结论是:"有效性是一种后天的习惯,是一种实务的综合。既然是一种习惯,便是可以学会的,而且必须靠学习才能获得。"一个优秀的管理者必须具备以下主要习惯:

1. 善于处理和利用自己的时间,能认清自己的时间用在什么地方。
2. 注重贡献,确定自己的努力方向,并非为工作而工作,而是为成功而工作。
3. 善于发现和用人之所长,包括自己的长处、上级的长处和下级的长处。
4. 能分清工作的主次,集中精力于少数主要的领域。
5. 知道如何作出有效的判断和决策。

(四) 其他学者的观点

有的西方学者曾经提出"六C"标准,对领导特质进行了如下概括:

1. 可信(conviction)。

一个人对他的理想表现出明显的激情。

2. 品质(character)。

一贯地表现出正直、诚实、尊重和信任。

3. 关心人(Care)。

表现出对其他人的人身和职业安全的关心。

4. 勇气(courage)。

具有维护自己的信仰,接受他人的挑战,承认错误和必要时改变自己行为的意愿。

5. 沉着(composed)。

一贯地表现出合适的情绪反映,尤其是在困难或危急时刻。

6. 能力(competence)。

不仅熟练掌握一些硬性技能,如技术上和职务上令人满意的专业技能,还熟练掌握一些软性技能,如处理人际关系、互相沟通、团队合作和组织的技能。

也有人提出了"七C"标准,即沟通(Communication)、信心(confidence)、品质(character)、综合(comprehensive)、可信(conviction)、勇气(courage)与能力(competence)。

二、领导行为理论

由于在领导特质论的研究中,未能取得预期的效果,研究者们开始把目光转向领导者表现出来的行为上,希望通过对领导者行为的研究找出领导者行为与领导效果之间的关系。领导行为理论有多种,我们主要介绍勒温的三种领导方式理论、领导行为连续统一体理论以及利克特的管理系统理论。

(一) 勒温的三种领导方式理论

关于领导方式的研究最早是由心理学家勒温(P. Lewin)进行的,他通过试验研究不同的领导方式对下属群体行为的影响。他认为存在着三种极端的领导工作方式,即专制方式、民主方式和放任自流方式。

1. 专制方式。

所谓具有专制方式的领导人,是指"以力服人"的领导人,即靠权力和强制命令让人服从。其特点如下:

(1) 领导者独断专行,从不考虑别人意见,所有的决策都由领导者自己决定。

(2) 领导者从不把任何消息告诉下级,下级没有任何参与决策的机会,而只能察言观色、奉命行事。

(3)领导者主要依靠行政命令、纪律约束、训斥和惩罚进行领导工作。有人统计,具有专制作风的领导人和别人谈话时,60%左右的谈话采取命令和指示的口吻。

(4)领导者预先安排好一切工作程序和方法,下级只能服从。

(5)领导者很少参加群体的社会活动,与下级保持一定的心理距离。

2. 民主方式。

所谓具有民主方式的领导人,是指那些以理服人、以身作则的领导人。他们使每个人都作出自觉的、有计划的努力,各施其长,各尽所能,分工合作。其特点如下:

(1)所有的政策是在领导者的鼓励和协作下由群体讨论而决定的,而不是由领导单独决定的。政策是领导者及其下级共同智慧的结晶。

(2)分配工作时,尽量照顾个人的能力、兴趣和爱好。

(3)对于下属的工作,不安排得那么具体,下属有相当大的工作自由度,工作具有选择性与灵活性。

(4)领导者主要依靠个人的权力和威信,而不是靠职位权力和命令使人服从。谈话时多使用商量、建议和请求的口气,下命令仅占谈话内容5%左右。

(5)领导者积极参加团体活动,与下级无任何心理上的距离。

3. 放任自流方式。

所谓放任自流的领导方式,是指工作事先无布置,事后无检查,权力完全给予个人。

勒温在试验中发现,在专制方式领导的团体中,各团员的攻击性言论很多,而在民主方式领导的团体中,团员彼此比较友好;在专制方式者领导的团体中,成员对领导者服从,但表现自我或引人注目的行为多,在民主方式领导的团体中,团员彼此以工作为中心的接触多;专制方式领导的团体中的成员多以"我"为中心,民主方式领导的团体中"我"字使用频率较低且注重"我们"。

当试验导入"挫折"时,专制方式领导的团体中的成员彼此推卸责任或进行人身攻击,民主方式领导的团体中的成员则团结一致,试图解决问题;当领导者不在场时,专制方式领导的团体中的成员工作动机大为降低,也无人出来组织作业,民主方式领导的团体中的成员则像领导在场一样继续工作;专制方式领导的团体中的成员对团体活动没有满足感,民主方式领导的团体的成员则对团体活动有较高的满足感。

勒温根据试验得出了以下结论:以上三种领导方式中,放任自流方式的领导方式工作效率最低,只能达到组织成员的社交目标,但完不成工作目标;专制方式的领导方式虽然通过严格管理能够达到既定的任务目标,但组织成员没在责任感,情绪消极,士气低落;民主方式的领导方式工作效率最高,不但能完成工作目标,而且组织成员之间关系融洽,工作积极主动,富有创造性。

(二)领导行为连续统一体理论

美国管理学家坦南鲍母(R. Tannenbaum)与施密特(W. H. Schmidt)在1958年的

《哈佛商业评论》上发表了《怎样选择领导模式》一文,提出了"领导行为连续统一体"理论。他们指出领导行为是包含了各种领导方式的连续统一体,在独裁式的领导行为和民主式的领导行为两种极端的领导方式中间还存在着多种领导方式。他们在其模型中列举了七种有代表性的领导风格:

1. 领导作出决定并宣布。
2. 领导说服下属接受决定。
3. 领导提出计划,但征求意见。
4. 领导提出初步的决策方案,同下级交换意见。
5. 领导提出问题,征求意见,然后作出决定。
6. 领导规定界限,请小组作决定。
7. 领导允许下级在上级规定的界限内行使职权。

上述七种模式中,说不上哪种领导方式是正确的,哪种方式是错误的。领导应当根据具体情况,考虑各种因素后选择适合的领导方式。在这个意义上,领导行为连续统一体也是一种情景理论。采用何种领导方式,取决于领导者、被领导者和组织环境。

影响领导者选择领导方式的因素有以下几个方面:领导者方面,包括领导者的价值观念、对下属的信任程度、领导个性等。被领导者方面,包括下属人员独立性,对有关问题的关心程度,对不确定情况的安全感,对组织目标的理解,在参与决策方面的知识、经验、能力等。组织环境方面,包括组织的价值标准、组织的规模、集体的协作经验、决策问题的性质及其紧迫程度等。

(三)利克特的管理系统理论

在俄亥俄州立大学研究的同期,密歇根大学的伦西斯·利克特(Rensis Likett)等人也在进行着相似性质的研究,他们把领导行为划分为两个维度:员工导向和生产导向。

员工导向的领导者重视人际关系,总会考虑到下属的需要,并承认人与人之间的不同。生产导向的领导者更强调工作的技术或任务事项,主要关心的是群体任务的完成情况,并把群体成员视为达到目标的手段。

利克特从员工导向与生产导向两个维度研究领导行为,提出了四种管理方式:剥削专制型管理方式、温和专制型管理方式、协商民主型管理方式、参与民主型管理方式。他赞同领导者应采用参与民主型管理方式,主张领导者要考虑下属的处境、想法和期望,支持职工实现目标的行为,让员工认识到自己的价值和重要性。由于领导者支持员工,能激发员工对领导者的信任感,反过来支持领导者,因此利克特的理论也被称为"支持关系理论"。

利克特通过调查表明:一个组织领导者如果在管理中以员工为中心,即领导者不仅关心员工的工作,而且较多地关心员工的需要和愿望,则该组织的生产率较高。如果以工作为中心,即领导者关心员工的工作而较少考虑员工的需要和愿望,则该组织的生产率较低。一个组织的领导者同员工接触的时间越多,生产率越高;同员工的接触时间越少,生产率越低。一个组织的领导方式越是民主、合理,则生产率越高;越是专制、不合理,则生产率越低。总之,领导方式对生产率有极为重要的影响。

三、领导权变理论

领导权变理论也称"随机制宜理论",所谓权变,就是指行为主体根据环境因素的变化而适当调整自己的行为,以期达到理想效果。领导权变理论就是关于领导者在不同的领导环境下,选择相应的领导方式,最终达到理想领导效果的理论。

下面具体介绍四种有代表性的领导权变理论。

(一)菲德勒权变模型

第一个综合的领导模型是由弗莱德·菲德勒(Fred Fiedler)提出的。伊利诺伊大学的菲德勒从1951年开始,首先从组织绩效和领导态度之间的关系着手进行研究,经过长达十五年的调查试验,提出了"有效领导的权变模式",即菲德勒权变模型。菲德勒所提出的权变理论被视为较完整的领导情景理论,受到许多人的肯定和认同。

菲德勒权变模型指出,有效的群体绩效取决于以下两个因素的合理匹配:与下属相互作用的领导者的风格;情景对领导者的控制和影响程度。菲德勒开发了一种工具,叫作"最难共事者问卷"(least preferred co-worker questionnaire LPC),用以确定个体是任务导向型还是关系导向型。另外,他还分离出三项情景因素:领导者—成员关系、任务结构和职位权力。领导者只有与这三项情景因素相匹配,才能进行有效的领导。

根据菲德勒的理论,个人的领导风格是固定不变的。因此,只有两种途径可以提高领导者的效果。第一,更换领导者以适应情景。例如,如果一个群体的情景非常不利,但现在群体的领导者确实关系导向型的管理者,那么,要想提高群体的绩效,只有更换一位任务导向型领导者。第二,改变情景以适应领导者,这可以通过任务重构、加强或削弱领导者对加薪、晋升和惩罚等方面的控制力来实现。

(二)领导的生命周期理论

领导生命周期理论是由美国的管理学家科曼于1966年首先提出,后经赫赛和布兰查德加以完善形成。该理论指出,领导的有效性取决于工作行为、关系行为和下属的成熟程度。领导之所以要重视下属,是因为不管领导者做什么,其有效性都取决于下属的行为,由下属决定接受还是拒绝领导者,而很多其他领导理论都忽视或低估了这一因素的重要性,从这一点来看,该理论是一个重视下属的权变领导理论。

赫赛和布兰查德把成熟度分成四个等级,即不成熟、初步成熟、比较成熟和成熟,并分别用 M1、M2、M3、M4 来表示。

1. 不成熟(M1)。

下属对于接受和承担任务既无能力又不情愿。他们既不能胜任工作，又不能被信任。

2. 初步成熟(M2)。

下属缺乏能力，但愿意从事必要的工作。下属有积极性，但目前尚缺乏足够的技能。

3. 比较成熟(M3)。

下属有能力，但不愿意从事领导者希望他们做的工作。

4. 成熟(M4)。

下属既有能力，又愿意从事领导让他们做的工作。

赫赛和布兰查德认为，随着下属从不成熟走向成熟，领导者不仅可以逐渐减少对工作的控制，还可以逐渐减少关系行为。当下属不成熟(M1)时，领导者必须给予下属明确而具体的指导以及严格的控制，采取高工作低关系的行为，即命令式领导方式；当下属初步成熟(M2)时，领导者需要采取高工作高关系的行为，即说服式领导方式，高工作行为可以弥补下属能力上的不足，高关系行为可以保护、激发下属的积极性，给下属以鼓励，使下属领会领导者的意图；当下属比较成熟(M3)时，由于下属能胜任工作，却没有动机或不愿意领导者对他们有过多的指示和约束，因此领导者的主要任务是做好激励工作，了解下属的需要和动机，通过提高下属的满足感来发挥其积极性，宜采用低工作高关系的行为，即参与式领导方式；当下属成熟(M4)时，由于下属既有能力又愿意承担工作、担负责任，因此领导者可以只给下属明确目标，提出要求，由下属自我管理，此时可采用低工作低关系的行为，即授权式领导方式。

总之，领导生命周期理论为领导情景理论提供了又一个有用且易于理解的模型。该理论再次说明了并不存在一种万能的领导方式能适用于各种不同的情景，管理的技巧要配合下属的成熟度，并帮助他们发展，加强自我管理。

(三)途径—目标理论

加拿大多伦多大学教授豪斯(R. J. House)提出了途径—目标理论。这种理论认为领导者的效率是以能激励下级达成组织目标，并在其工作中使下级得到满足的能力来衡量的，并把领导方式分为四种类型，到底采用哪种领导方式，要根据权变因素来考虑。领导者的工作是为下属指明目标，排除实现目标过程中遇到的障碍，帮助下属达到目标。领导者把对员工需要的满足与有效的工作绩效联系在一起，提供必要的辅导、指导、支持和奖励，使员工取得良好的工作绩效，力求使组织与员工获得双赢。

根据该理论，领导方式可以分为四种：

1. 指示型领导方式(directive leader)。

领导者应该对下属提出要求，指明方向，给下属提供他们应该得到的指导和帮助，使下属能够按照工作程序去完成自己的任务，实现自己的目标。

2. 支持型领导方式(supportive leader)。

领导者对下属友好,平易近人,关心下属的生活。

3. 参与型领导方式(participative leader)。

领导者经常与下属沟通信息,商量工作,虚心听取下属的意见,让下属参与决策,参与管理。

4. 成就指向型领导方式(achievement—oriented leader)。

领导者的一项重要工作就是树立具有挑战性的组织目标,激励下属想方设法去实现目标,迎接挑战。

豪斯认为领导者的风格是可以改变的,同一领导者可以根据不同情景表现出任何一种领导风格。这与菲德勒的观点相反。至于究竟采用哪种领导方式最有效,主要受两类因素的影响:下属的个性特点、工作环境的特点。

总之,途径—目标理论指出,当领导者弥补了员工或工作环境方面的不足时,就会对员工的绩效和满意度起到积极的影响。但是当任务本身十分明确或员工有能力和经验处理,领导者无须干预时,如果领导者还花费时间解释工作任务,则下属会把这种指导行为视为累赘甚至是侵犯。途径—目标理论曾经由一些研究项目予以验证,实践证明这一理论是有效的。

 案例链接

杰克·克鲁索尔领导行为的转变

杰克·克鲁索尔曾经是一名极为严厉的总管。在职业生涯中,他为自己树立了精明强硬的老板形象。他从不多说一句废话,一旦发现工人擅自离开生产线,就会毫不留情地搬出严格的规章制度,让他们停职检查。

位于宾夕法尼亚的CP工业公司,是一家生产无缝压力容器的制造厂,公司总裁和首席执行官克鲁索尔这样说:"18年来我一直是铁的纪律的执行者,我的激励条款可能比任何人都多。我对员工的要求也极为严格,即使对领班和总领班也同样如此。"

1984年,当时他所在的美国钢铁总公司国家炼钢厂要关门了。对于克鲁索尔来说,他在那里工作了10多年,做了公司要求做的每一件事,然而还是无力扭转乾坤。最后,工厂关门,600名员工失去了工作。

同年,总公司派他到另一家小型钢厂,这就是而后的CP公司。他告诉上司:"我不再按照上次的做法继续行事了,因为它们根本行不通。我要采取新办法。"

这些新办法中包括了截然不同的领导风格。克鲁索尔将他的专制做法改为信任参与做法。他的新型指导原则成为推己及人的经典:"当我深入基层时,我常常想着如果我自己就在这个位置工作,我会有何种感觉和需要。"他回避了惩罚活动,相信大多数员工可以做正确的事情。他鼓励下属承担责任和自己作出决策,甚至还授权工人进行新员工的聘用和培训工作。

克鲁索尔不再因为缺勤或不服从而惩罚员工。"我们无法要求任何人做任何事,当人们不想去做时,你就不可能使其去做。我们没有足够多的主管,也没有足够多的时间。"克鲁索尔进一步指出,惩罚会产生副作用,尤其是在有工会组织的情形下。这些抱怨浪费了工人、工头以及管理层的大量时间,结果使生产率下降,工作士气受损。

杰克·克鲁索尔修正了他的领导风格。尽管CP公司缩减了工人数,但生产率上升极快,1992年计时工人仅有89名,但年收入比1984年拥有159名员工时提高了20%。

四、当代领导理论新成果

(一)魅力领导理论

魅力领导理论(charismatic leadership theory)指的是当下属观察到某些行为时,会将其归因为杰出的领导能力。豪斯提出魅力型领导者的三项因素:极高的自信、支配力以及坚定信念。瓦伦·本尼斯(Warren Bennis)研究了90位美国最杰出和最成功的领导者,发现他们有四种共同的特质:令人折服的远见和目标意识;能清晰地表达目标,使下属明确理解;对目标的追求表现出一致性和全身心投入;了解自己的实力并以此作为资本。

1. 自信。

魅力型领导者对自己的判断和能力十分自信。

2. 愿景。

魅力型领导者有理想化目标,认为明天会更加美好。理想化目标与现状差距越大,下属就越有可能将其归因为领导者的远见卓识。

3. 阐述愿景的能力。

魅力型领导者能用下属易于理解的措辞明确表达自己的愿景。

4. 对目标的坚定信念。

魅力型领导者被认为具有极强的使命感,愿意去冒极大的个人风险、承受高代价,为了实现愿景目标,能够作出自我牺牲。

5. 行为异常。

魅力型领导者的行为被认为是新奇、叛逆、反常规的,但一旦成功,这些行为会令下属惊讶和钦佩。

6. 作为变革推动者而出现。

魅力型领导者被认为是激进变革的推动者,而非现状的卫道士。

7. 对环境的敏感。

魅力型领导者能够对需要进行变革的环境和资源进行客观的评价。

一般来说，魅力型领导者与下属的高绩效和高满意度有着明显的相关性，其中高满意度占有更加突出的地位。但是，有一点需要明确的是，魅力型领导者对于员工的高绩效水平来说，并不总是必需的。这一观点也可以解释为何魅力型领导者大多数出现在政治组织、宗教组织或一个引入全新产品或面临生存危机的工商企业，因为这种条件下容易产生理念性问题。魅力型领导者是帮助企业渡过危机的理想领导，但一旦危机和剧烈变革的需要消退时，魅力型领导者可能变成组织的负担。这是因为魅力型领导者的过分自信通常会产生许多问题。魅力型领导者不愿意听取他人的意见，受到上进的下属挑战时会十分不快，并开始在所有的问题上固执地坚持自己的"正确性"。

（二）愿景型领导

愿景型领导（visionary leadership）是指为组织或组织的某一部门的未来发展而创造和清楚地表达一个现实的、可信的、有吸引力的前景的领导。如果愿景不能提供一个清楚的、可向组织及其成员表明更好未来的描述，那么它可能是失败的。可取的愿景要适合时间和环境，并反映组织的特殊性，组织人员也必须相信愿景是可实现的。人们更容易理解和接受能清楚表达且想象力丰富的愿景。例如，迈克尔·戴尔（戴尔电脑公司创始人）设计的企业愿景是八天之内把一台组装好的个人电脑直接销售并送到顾客手中。杰夫·贝佐斯为亚马逊公司营建的愿景是成为互联网上最大的零售商。

确立了愿景之后，领导者还应表现出三种能力，这些能力与愿景能否有效这些息息相关。第一种是向他人解释愿景的能力。领导者必须通过清楚的口头和书面沟通，按照所要求的行为和目标使愿景清晰化。第二种是不仅通过口头还通过领导者行为表达愿景的能力。这要求通过行为不断表达和强化愿景。第三种技能是将愿景扩展至不同领导背景的能力。这是一种合理安排活动以至于使愿景能适用于多种情景的能力。

（三）交易型领导与变革型领导

交易型领导（transactional leaders）通过明确角色和任务要求来指导或激励下属向着既定的目标前进。变革型领导（transformational leaders）勾勒出一幅组织远景并热情洋溢地进行宣传，他们帮助员工开阔眼界，从只关注自己的工作或部门的狭隘中解放出来，即鼓励下属为了组织的利益而超越个人利益，试图造就学习型的人才与组织，以便能更好地为前面未知的挑战做准备。因此，变革型领导通常能引发人们超乎当前的能力和想象力。从以上分析来看，交易型领导带有更多的理性色彩，在交换中谋求一种平衡，而变革型领导则试图为组织提供一种希望和发展动力。

有非常多的证据支持变革型领导优于交易型领导的观点。例如，在联邦快递公司中，那些被下属评价为变革型的领导者，也被他们的直接上级评价为更有成就、更应晋升的人。总之，与交易型领导相比，变革型领导与低离职率、高生产率和高员工满意度相关性更高。

任务三 领导艺术

周恩来的领导艺术

1954年,中国代表团在日内瓦会议上举行首次新闻发布会,台湾国民党中央社驻巴黎记者王家松要求参加,被我国新闻联络官拒绝入场,事后,周恩来知道了,问为什么要这样做。新闻联络官说,要警惕王家松在这里制造"两个中国"的言论。周恩来皱皱眉头对他说,不能无根据地讲警惕,没有事实根据的警惕是主观主义,让自己紧张,给工作造成损失,接着周恩来向他分析了蒋介石的基本政策也是坚持"一个中国"和对美国人又投靠又不信任的矛盾心理。周恩来说,你把人家拒之门外,这于情不合,也并不利于人家了解我们的真实情况,没有根据地说人家是国民党的官方代表,反而给人家造成了"两个中国"的假象。当新闻联络官认识到自己的错误后,周恩来又教给了他补救的办法。

思考:请根据领导科学的原理,谈谈周恩来在处理该问题时候所表现出的领导艺术。

医院院长非要由名医来当吗?电子公司总经理非要精通电子技术来当吗?什么是真正的"内行"领导?无数事例证明,除领导经验外,领导主要依靠"判断力、直觉和创造力",即高超的领导艺术。美国前总统尼克松对"领导"是这样描述的:"伟大的领导能力是一种独特的艺术形式,既要求有非凡的魄力,又要求有非凡的想象力。经营管理是一篇散文,领导能力是一篇诗歌。"

领导艺术贯穿于领导工作的始终。领导者如何开展工作,怎样才能成为组织成员心中理想的领导者,其领导行为必须运用一定的领导艺术。领导艺术有两个来源,一是科学的知识,如管理学、领导科学、思维科学、哲学、当代科学技术等方面的知识;二是实践经验。下面主要介绍四种常用的领导艺术,包括统筹全局的艺术、授权的艺术、讲话的艺术和用人的艺术。

一、统筹全局的艺术

所谓统筹全局主要是从整体、长远、根本上去观察问题。全局是由各个局部有机结合而成的,这种有机的结合产生了"整体大于部分之和"的作用。尤其是在当今,科学技术已渗透到社会物质和精神生活的各领域,呈现出科学技术与经济、社会发展相统一的趋势。在这一历史性趋势下,现代社会生活越来越复杂、多变,范围越来越广泛,社会生活的各方面都会影响到全局。靠直觉来判断社会活动未来发展的趋势,靠经验领导复杂、瞬息万变的社会活动带有很大的盲目性,一旦发生失误,损失巨大又无法弥补,领导只有通观全局,长远考虑,研究规律,才能成功。

从领导艺术的角度看,领导者应该凡事着眼未来,普通事常规办,重复事下级办,重要事亲自办,例外事原则办。

老师讲故事

统帅全局的战略头脑

许多著名的政治家、军事家都很有战略眼光,英国著名的政治家温斯顿·丘吉尔就是一位。在第二次世界大战中,面对希特勒德国的严峻的军事威胁,首相张伯伦相信希特勒的政治谎言,采用绥靖政策,步步退让,终使德国一再得逞其侵略野心。丘吉尔则看到了希特勒的侵占欧洲,乃至整个世界的阴谋,大声疾呼主张对德积极作战。在日益严峻的形势下,丘吉尔以其统帅全局的战略眼光,一向以反共著称的他,主张联合苏联化敌为盟友,他说,"在过去二十五年中,没有哪一个人像我这样始终如一地反对共产主义,凡是我过去说过的话,我一个字也不想收回,但是,在此刻正在展开的景象面前,所有这一切都变得黯然失色了……""我们要给予俄国和俄国人一切可能的援助"。

二、授权的艺术

现代的科学的领导方法和传统的事无巨细、事必躬亲的领导方法是根本对立的。现代的领导方法要求领导者只抓大事,不问琐事,或者说只管两头,不管中间",还可以说是"抓两头、带中间"。现代领导方法是现代社会分工发展的必然结果,决策与执行的分工、谋与断的分工、行与评的分工及分责分权是现代领导方法现实的基础。现代领导方法是"大权独揽、小权分散"。这个"大权"是指决策权,即输入执行部门的决策指令和发出指令的最后决断权。这个权力只能集,不能分。这里的"小权"是指决策权以外的一切权力,如咨询权、执行权等,这些权力原则上必须分散,不能集中,否则就是专制、就是独裁。

授权就是上级授予下级一定的权力和责任,使其在一定范围内有处理问题的自主权,这是行政领导者的分身术和成事术。对领导者来说,重要的是要有全局的眼光和战略的眼光,在大事方面精明,全力抓好大事,小事情则委托给部属办;运用授权艺术,授权留责,适度合理授权,视能授权,逐级授权,加强授权后的监督控制,防止反向授权。

(一)授权的类型

1. 口头授权与书面授权。

口头授权多属临时性授权或随机性授权,权力往往随着工作任务的完成被上级收回或自行失效。书面授权比较庄重,期限也相对长些。

2. 随机授权与计划授权。

随机授权多因机遇和需要而定,往往是临时性的、非计划性的。计划授权常通过会议,以书面行文的方式进行,授权的限期较长,相对稳定。

3. 个人授权与集体授权。

个人授权往往伴随着原领导被调离开原岗位,权力被新领导收回。集体授权多是常规的、行文的,既可以随任命干部同时授权(即明确分工),也可以在任命干部后授权,还可以在非任命(即对一般干部)时授权。集体授权属于常规授权的一种。

4. 长期授权与短期授权。

长期授权是指下属对权力的使用期相对较长;短期授权是指下属对权力的使用期相对较短。授权期的长短,均以工作的需要和条件的许可而定。

5. 逐级授权与越级授权。

在领导工作中,授权应该是自上而下逐级进行的,越级授权一般来说是应该避免的。因为越级授权往往引起被授权者直接上级的不满,也容易使被授权者产生顾虑,影响其放手开展工作。但是,在某些紧急情况或非常情况下,越级授权往往是不可缺少的,有利于迅速解决某些紧迫的问题。

(二)选好"受权者"

授权是一项原则性强、政策性强的严肃工作,必须谨慎操作。除了审慎地确定授权范围和程度外,选择好的"受权者"特别重要,"受权者"即接受上级所授权力和责任的个人。不夸张地说,选好"受权者"是授权工作的基础和关键环节。现实生活中,具有下面特点的个人,往往是"受权者"的理想人选。

1. 大公无私的奉献者。
2. 不徇私情的忠诚者。
3. 善于团结协作的人。
4. 善于独立处理问题的人。
5. 勇于创新的开拓者。
6. 那些犯过非本质的或是偶然的错误并渴求悔改机会的人。

老师讲故事

石油大王的授权

石油大王洛克菲勒的创业"老臣"贝特曾因不慎使其在南美的投资经营惨败。

然而洛克菲勒的态度使他不胜惊异,洛克菲勒并没有向他询问失败的详细情形,却鼓励他说:"好极了,贝特,你设法保持了60%的投资。要不是你处置有方,哪能保全这么多呢?你干得如此出色,已经在我们意料之外了。"洛克菲勒就这样在别人不为之处而为之,授予贝特权力,最终取得了成功。

三、用人的艺术

(一)善于发现英才

发现和培养人才,不能求全责备,因为"金无足赤,人无完人"。美国南北战争时的总统林肯任命格兰特将军为总司令,只看他有运筹帷幄、决胜千里的能力,并不计较他嗜酒贪杯的缺点。"有大略者不问其短,有厚德者不非小疵"是识别人才的重要原则,要做到这一点需要领导者有大公无私的精神,从全局出发,坚持任人唯贤的路线。

(二)善于因材施用

领导者要善于用人,用其所长,避其所短。学非所用,用非所学,都会造成人才的浪费。

老师讲故事

中国古代知人善任的故事

1."西邻五子"的寓言。

西邻有五个儿子,五子中一个朴实、一个聪明、一个眼瞎、一个是跛足、一个驼背。由于西邻注意发挥每个人的长处,叫朴实的种田、聪明的经商、盲人算卦、跛足的搓麻、驼背的纺线,用人所长,避人所短,五人均无衣食之忧。

2.齐国的宝物。

战国时期,齐威王与魏惠王一起到郊外打猎,惠王向威王说道:"你身为齐国之王,可收藏些什么宝物?"齐威王答曰:"没有。"魏惠王说:"像我这样的小国,都藏有直径一寸大的珍珠几颗,这种珍珠所发出的光彩可以照耀十二辆车子。你这千乘之国,何以一件珍宝都没有?"齐威王回答说:"我有一些珍宝,但是与你所说的珍宝不同,我有一个臣子叫檀子,我派他驻守高唐,北方的赵人不敢来打鱼;另有一个臣子叫黔夫,我派他驻守徐州,能管理徐州那里四方来往的百姓七千多户;我还有一个臣子叫种首,我叫他防备盗贼,百姓可以路不拾遗、夜不闭户。像这样的珍宝,它的光辉可以照耀千里,何止十二辆车子?"齐威王的这席话,道出了齐国富强的原因。

3.刘邦拜将。

刘邦不仅重用"三杰",而且注意把各方面人士,不论出身贵贱,都集中在他的周围,如萧何曾是县吏,张良曾是贵族,陈平曾是游士,樊哙曾是屠夫,韩信曾是混子,彭越曾是强盗,周勃曾是吹鼓手,灌婴曾是布贩。可谓三教九流,刘邦都量才录用,使他们各尽其长。

4. 李世民的用人体会。

中国有句古语:"昌士者富,失士者亡。"唐太宗李世民是杰出的封建君王,他治国成就赫赫,以人为本的治国思想在他的身上更是体现得淋漓尽致。他总结说,他成功的主要原因就在于用人:第一,不妒忌有才能的人,看到别人的才能,好像就是自己的才能;第二,用人所长,避免其短;第三,敬重贤良,原谅犯错误的人;第四,褒奖正直。唐太宗深知人才的价值,在治国的过程中,正是充分地体现了以人为本的思想,才出现了"贞观之治",在中国历史上写下了显赫的一页。

知识小巴士

中国思想家和政治家的用人原则

如何知人识人,在我国古今领导科学中,不仅有理论,而且有具体的方法。所谓"知人",就是能够历史地、全面地了解别人的长处和短处,及时地发现和识别人才。人各有"长"有"短"。完美无缺的人是不存在的。实际上,人的长处和短处,优点与缺点,不仅是共生的,而且在某些情况下就是同一个问题的两方面。例如:具有办事果断、泼辣的优点的人,同时可能具有武断的缺点;具有虚心、谨慎的优点的人,往往可能具有优柔寡断的缺点;具有事业心强、好胜心强的优点的人,也可能具有好出风头的缺点。可见,人无绝对的优点和缺点,关键是领导如何用其所长。

第一,扬长避短。事物有长短,人才有高下,这是古往今来客观存在的事实。唐太宗在用人方面总结的一条原因就是"人不可以求备,必舍其所短,取其所长"。王安石的"取其长不向其短""理不应""责人以细过"的主张以及朱元璋的"量才录用""用其所长,不强其所不能"的观点,都是同唐太宗"舍其所短,取其所长"的思想一脉相承的。

第二,"察能授官"。《管子·权修》中说:"察能授官,班禄赐予,使民之机也。"荀子也主张"察能授官""论德而定次,量能而授官"。凡是有作为的君臣也都实施这个政策。刘邦主张"爵以功为先后,官以能为秩序"。在"察能授官"的问题上,陆贽不仅从理论上作了系统的论述,而且提出了一套具体的做法。他主张,经过严格考核,定出官吏政绩、才能的等级,作为升降的依据。可见,陆贽把选拔、任用人才与考核人才联系起来,强调量才录用,能职相称,这是很值得重视的。

第三,用人不疑。古人说:"疑则勿任,任则勿疑。"用人不疑,这是领导者使用人才必须注意的原则。唐太宗说:"但有君疑于臣,则不能上达,欲求尽忠虑,何以得哉?"如果用人者疑于被用者,就不能充分发挥作用。历史上无数事实证明,在"知人"的基础上做到疑人不用,用人不疑,就能成就大事。林彪善于指挥作战,但个性太强,刚愎自用,担任团长以后,与历届党代表或政委都搞不好关系,鉴于他打仗有长处,后来毛泽东果断地任林彪为军长,罗荣桓原则性强,对己严格,对人宽容,毛泽东任其为政委,与林彪搭档,实践证明他俩是最佳组合。这是毛泽东知人善任的一个典型例子。

在我国历史上,诸如舜不怕禹记当年杀父之仇而重用禹,后又禅位于禹;齐桓公不记当年一箭之仇重用管仲,使齐国成为春秋时代第一霸主;唐太宗李世民不计前嫌重用魏征,对于巩固唐朝的统治起了重要作用。这些都是爱才用才的好例子。

实践活动

(一)实训目的

这是一个生动、有趣的游戏,参与者在游戏中口头教一位"外星人"穿短袜和球鞋。本游戏的目的是教会参与者清晰地发出指挥的命令。

时间:15~20分钟。

需要的材料:一双短袜,一双球鞋,其中一只球鞋没系鞋带,向学生分发的材料(或放映幻灯片)。

(二)实训内容

1.将学生按一定人数分称若干小组,根据组的数量选择几位同学扮演外星人。当"外星人"走进教室时,一只脚穿着袜子和系了鞋带的鞋,另一只脚则光着。

2.教师的任务是帮助参与者认识到,他们发出的指令必须意思清晰。如果一个参与者说"将短袜放在脚上","外星人"就捡起短袜放在脚上。如果参与者说"捡起鞋带","外星人"就从中间捡起鞋带。如果参与者说"将鞋带穿进鞋上的孔","外星人"就将鞋带的头部穿进任何一个孔,而不一定是第一个孔,或者是将鞋带整个塞进孔里。

3.如果几个参与者同时对"外星人"进行指导,或某个参与者变得过于情绪化,失落或骂人,"外星人"可以停下来装傻。如果参与者有说了或做了"外星人"愿意继续游戏的事,就可以继续配合他们进行游戏。

4.游戏限时十分钟。时间到,停止活动。如果时间允许,开始第二轮游戏,直到鞋子完整地穿好。

（三）实训评估

1. 你从指导他人中学会了什么？
2. 在这个游戏中，你会看到外星人有时听从你的指导，有时又不听从你的指导。那么你怎么让客户理解你的指导并加以实施呢？
3. 你怎样才能更好地指导你的客户呢？

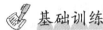

一、单项选择

1. 关于领导者与管理者的权力来源，下列描述准确的是（　　）。
   A. 两者的权力都源自职位　　　　B. 领导者的权力源自职位
   C. 管理者的权力源自职位　　　　D. 管理者的权力源自自身

2. 领导者以自身的专业知识、个性特征等影响或改变被领导者的心理和行为的力量是他的（　　）。
   A. 法定权利　　B. 奖惩权力　　C. 组织权力　　D. 自身影响力

3. 王经理在协调其属下成员间的冲突时行使了管理的（　　）职能。
   A. 计划　　　　B. 组织　　　　C. 领导　　　　D. 控制

4. 关于管理和领导的关系，下列阐述中哪一个是正确的？（　　）
   A. 二者是同一个概念，只不过是论述角度不同而已
   B. 领导的内涵大于管理的内涵，管理是领导的一部分
   C. 管理的内涵大于领导的内涵，领导是管理的职能
   D. 二者的权力基础相同

5. 领导的实质是指（　　）。
   A. 决策　　　　　　　　　　　　B. 指挥
   C. 对被领导者施加影响力　　　　D. 管制

二、多项选择

1. 领导方式主要理论类型有（　　）。
   A. 领导品质理论　B. 领导行为理论　C. 期望理论　　D. 领导权变理论

2. 在领导权力的结构中，因职位因素而产生的权力是（　　）。
   A. 专家权力　　B. 强制权力　　C. 奖励权力　　D. 感召权力

3. 非职位权力包括（　　）。
   A. 感召性权力　B. 奖赏性权力　C. 惩罚性权力　D. 专长性权力

4. 心理学家勒温在实验研究的基础上，把领导行为方式分为（　　）。
   A. 专制式　　　B. 事务式　　　C. 民主式　　　D. 变革式

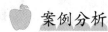

案例分析

副市长的一天

翻开某市副市长办公桌上的台历,台历上那密密麻麻的字记载着他奔波操劳的足迹。以1998年5月4日为例,早上6时,去火车站欢迎从北京载誉归来的"五一"劳动奖章获得者;上午8时,参加地方工业品展销大厦落成开业剪彩仪式;上午9时,到工人文化官向十位"优秀青年企业家"颁发奖状;上午10时,在市委听取全市上月工业生产情况的汇报;中午12时,赶到某宾馆与某省工业厅的领导同志共进午餐;下午2时,参加市长办公会议;下午6时,应邀参加一个兄弟城市市长来本市参观结束后的答谢宴会;晚上7点30分,出席市青少年官举办的青年职工文艺汇演,向优胜单位和个人颁发奖杯和奖品;晚10时,前往火车站为兄弟市的市长送行;晚11时,回家阅批文件到深夜12点半。据悉,这一天,该市长还有两起重要的会谈,因实在挤不出时间而推迟了。至于登门拜访或请示汇报工作的人可能也不少,然而都扑了空。难怪有人感慨地说:"市长真忙,真难找啊!"

思考:

1. 请你运用行政领导的有关理论分析这位副市长一天的工作。
2. 作为行政首长的市长怎样才能摆脱繁杂的日常事务,履行好自己的职责?

项目八
激 励

任务分解

【知识指标】

1. 了解激励的概念,理解激励的构成要素
2. 了解了解激励的过程模式。
3. 理解和运用激励的各种理论。

【技能指标】

1. 能够根据激励理论分辨选择激励方式。
2. 通过实训,掌握一定的激励技巧。

知识结构图

$$
激励\begin{cases} 认识激励\begin{cases} 激励的概念与要素 \\ 领导与管理的区别 \\ 激励的过程 \\ 激励的作用 \end{cases} \\ 激励理论\begin{cases} 内容型激励理论 \\ 过程型激励理论 \\ 行为改造型激励理论 \end{cases} \\ 激励的原则与方式\begin{cases} 激励的原则 \\ 激励的方式 \end{cases} \end{cases}
$$

任务一　认识激励

拉绳实验

法国工程师林格曼曾经设计了一个引人深思的拉绳试验：他把被试验者分成一人组、二人组、三人组和八人组，要求各组用尽全力拉绳，同时用灵敏度很高的测力器分别测量其拉力。结果，二人组的拉力只是单独拉绳时二人拉力总和的95%；三人组的拉力只是单独拉绳时八人拉力总和的49%。这个结果对于如何挖掘人的潜力，搞好人力资源管理，很有研究价值。

"拉绳试验"中出现"1+1<2"的情况，明摆着是有人没有竭尽全力。这说明人有与生俱来的惰性，单枪匹马地独立操作就竭尽全力；到了一个集体，则把责任悄然分解到其他人身上。社会心理学研究认为，这是集体工作时存在的一个普遍特征，概括为"社会浪费"。

人的潜力需要刺激，而最长效、最管用的刺激手段，莫过于建立人尽其才的激励机制。责任越具体，人的潜力发挥得越充分，耍滑头的人越少从而最大限度地减少"社会浪费"。

思考："拉绳实验"说明了什么？

企业管理的首要问题是对员工的管理，而员工管理的实质就是让员工保持旺盛的士气、高昂的热情，为企业目标而努力。

一、激励的概念和要素

（一）激励的涵义

激励，即激发、鼓励，是心理学的一个术语。在管理学中，激励是指管理者运用各种管理手段刺激被管理者的需要，激发其动机，使其朝向所期望的目标前进的过程。

（二）激励要素

1. 动机。

动机是推动人从事某种行为的心理动力。激励的核心要素就是动机。

2. 需要。

需要是激励的起点与基础。人的需要是人们积极性的源泉和实质。

3. 外部刺激。

外部刺激是指在激励的过程中,人们所处的外部环境中诸种影响需要的条件与因素,主要指各种管理手段及相应的管理环境。

4. 行为。

被管理者采取有利于组织目标实现的行为是激励的目的。

二、激励的过程

简单地说,激励的过程是由需要决定动机,动机产生行为的过程。需要始终是激励过程的原动力。在激励的过程中,有些需要很容易得到满足,有些需要可能付出巨大努力也根本无法满足,这时会出现两种结果:一种是无法满足的需要消失,又产生其他需要;另一种是产生更强烈的需要,付出更大的努力,直到达到目的,实现需要。前者是消极的结果,后者是积极的结果。心理学研究表明,任何一种需要得到满足后都会产生新的需要,于是,新一轮的激励过程又开始了,如此循环往复。

激励的实质过程是在外界刺激变量(各种管理手段与环境因素)的作用下,使内在变量(需要、动机)产生持续不断的兴奋,从而引起起被管理者积极的行为反应(实现目标的努力)。人的行为是由动机决定的,而动机是由需要支配的。但有需要不一定就会产生动机,有某种动机不一定就会引发某种行为。只有最强的动机实际产生行为,这就形成了具体的需要结构和动机结构。

管理者对员工的激励,要关注并研究激励的过程,要按照组织的目标积极引导员工的需要,只有个人需要与组织目标相一致时,激励才能达到最佳的效果。

三、激励的作用

激励最显著的特点是内在驱动性和自觉自愿性。企业管理者运用激励有助于激发调动员工的工作积极性,吸引并留住人才,增强企业的凝聚力,科学的激励制度还能够创造出良性的竞争环境。激励在管理中的核心作用就是调动人的积极性,使员工在工作中始终保持高昂的热情和士气,这对企业的管理和发展起着至关重要的作用。

案例链接

管理激励下的改变

我刚上小学的时候,非常调皮,上课老爱说话,经常被罚站,后来老师就改用体罚来处罚我,刚开始用夹报纸的木板子打我,但是,我还是没有改变,最后就改用柳条抽打,还是继续捣蛋。直到三年级下学期,我们班换了班主任,他任命我一个职位——记名长,就是谁在班上说话就把他的名字记下来。自从当了记名长,我就再也不在课堂上说话了。

其实,这位老师的处理方式就很好地做到了因势利导,因为,三年级的孩子已经能够懂得一些道理了。给我一个职位就让我觉得:第一,我感觉到我是一个"官"了,就有了责任意识;第二,做了记名长以后,我就知道,如果我在课堂上说话就不能够服众,没办法去说别人了。所以,我必须要控制自己,自我约束。由于以前调皮捣蛋惯了,在班上有点"小霸王"的感觉,现在,只要我把眼睛一瞪就没有人敢说话了,再加上我也改正了错误,整个班级的秩序大好,我的成绩也是不断上升。老师给了我一个期望,我觉得我应该对得起老师,首先我就不能再说话,其次还要帮助老师管好班级,最后,对于老师这么大的期望,我应该表现得像个好孩子。

其实,这个"记名长"压根就不是什么职位,没级别也没有什么权力,但是,就这么一个方法,不仅解决了我的问题,还改善了班级秩序,可谓一举两得。所以说,管理激励是科学,实际的应用却是艺术。

任务二 激励理论

问题导入

1980年1月,在美国旧金山一家医院里的一间隔离病房外面,一位身体硬朗、步履生风、声若洪钟的老人,正在与护士死磨硬缠地要去探望一名因痢疾住院治疗的女士。但是,护士严守规章制度毫不退让。

这位护士真是"有眼不识泰山",她怎么也不会想到,这位老者竟是通用电气公司总裁,一位曾被世界电气业权威杂志——美国《电信》月刊选为"世界最佳经营家"的斯通先生。护士也根本无从知晓,斯通探望的女士,并非斯通的家人,而是加利福尼亚州销售员哈桑的妻子。

哈桑后来知道了这件事,感激不已,每天工作达16个小时,以此报答斯通的关怀,加州的销售业绩一度在全美各地区评比中名列前茅。正是这种有效的感情激励管理,使得通用电气公司事业蒸蒸日上。

思考:斯通先生是如何激励员工的?

一、内容型激励理论

(一)需要层次理论

需要层次理论是由美国心理学家亚伯拉罕·马斯洛1943年提出来的。它将需要分为五层:

1. 生理需要。

该需要是指维持人类自身生命的基本需要。

2. 安全需要。

该需要是指人们希望避免人身危险和不受丧失职业、财物等威胁方面的需要。

3. 社交需要。

该需要是指希望与别人交往,避免孤独,和睦相处、关系融洽的需要。

4. 尊重的需要。

该需要是指人们追求受到尊重的需要,包括自尊与受人尊重两个方面。

5. 自我实现的需要。

该需要是指人能最大限度地发挥潜能,实现自我理想和抱负的需要。这是一种最高层次的需要,是无止境的。

马斯洛认为:只有低层次需要得到基本满足之后,较高层次需要才发挥对人行为的推动作用(低层次需要并未消失),人的行为主要受优势需要的驱使。

该理论提供了一个比较科学的理论框架,成为激励理论的基础,它指出了人的需要是从低级向高级发展的,并指出了每一种需要的具体内容。它将自我实现作为人的需要的最高层次对我国的管理者同样具有积极的意义。但是它对需要五个层次的划分过于机械,分析过于简单,缺乏实证基础。

(二)ERG理论

ERG理论是由美国耶鲁大学著名管理学家奥尔德弗提出来的,他认为人的需要可归结为生存需要(existence)、关系需要(relation)和成长需要(growth)三种。生存需要是指人全部的生理需要和物质需要,与需要层次论中的全部生理需要和部分安全需要相对应;关系需要是指人在工作中相互间的关系和交往的需要,与需要层次论中的部分安全需要、全部社交需要和部分尊重需要相对应;成长需要是指个人自我发展和自我完善的需要,与需要层次论中的部分尊重需要和全部自我实现需要相对应。

在同一层次上,少量需要满足后会产生更强烈的需要;较低层次的需要满足得越充分,对较高层次的需要越强烈;较高层次的需要满足得越小,低层次的需要则更强烈。ERG理论较马斯洛需要层次理论更全面地反映了社会现实,ERG理论假设激励行为是遵循一定的等级层次,认为人可能同时受到多种需要的激励,并明确提出了"气馁性回归"的概念。

(三)双因素理论

双因素理论是由美国心理学家赫茨伯格于20世纪50年代提出来的。

1. 保健因素。

保健因素属于和工作环境或条件相关的因素,如公司的政策和管理、人际关系、工作环境的条件、工作的安全性、工资和福利等。当人们这些方面得到满足时,只是消除了不满,却不会调动工作积极性。

2. 激励因素。

激励因素属于和工作本身相关的因素,包括工作成就感、工作挑战性、工作中得到的认可与赞美、工作的发展前途、个人成才与晋升的机会等。当人们得到这些方面的满足时,会对工作产生浓厚的兴趣,产生很大的工作积极性。

管理者要善于区分管理实践中存在的两类因素。管理者应运用各种手段,如调整工作的分工,实行工作内容丰富化等来增加员工对工作的兴趣,千方百计地使员工满意自己的工作。在不同国家、不同地区、不同时期、不同阶层、不同组织,乃至每个人,最敏感的激励因素是各不相同的,应灵活地加以确定。

(四)成就需要激励理论

成就需要激励理论是由美国心理学家麦克利兰于20世纪50年代提出的,它认为人们在生理需要得到满足以后,还有三种基本的激励需要,即成就需要、权力需要和归属需要。该理论认为动机是可以被训练和激发的,因此,激发员工的成就动机,可以提高生产率,对主管人员来说,成就需要比较强烈,因此这一理论常用于对主管人员的激励。

二、过程型激励理论

(一)公平理论

公平理论是由美国心理学家亚当斯于1965年提出来的。

该理论认为人的工作积极性不仅受其所得的绝对报酬的影响,更重要的是受其相对报酬的影响。这种相对报酬是指个人付出劳动与所得到的报酬的比较值。

1. 横比,即在同一时间内以自身同其他人的相比较。
2. 纵比,即拿自己不同时期的付出与报酬比较。

横比可称为"社会比较",纵比可称为"历史比较"。管理者必须将相对报酬作为有效激励的方式,尽可能实现相对报酬的公平性。

(二)期望理论

期望理论是由美国心理学家弗鲁姆于1964年提出的。这一理论通过人们的努力行为与预期奖酬之间的因果关系来研究激励的过程。

期望理论认为人们对某项工作积极性的高低,取决于这种工作是否能满足其需要。

激发力量＝效价×期望值。

激发力量是指激励作用的大小。效价是指目标对于满足个人需要的价值。期望值是指采取某种行动实现目标可能性的大小。管理者一定要选择员工感兴趣、评价高,即认为效价大的项目或手段。

(三)波特—劳勒模式

美国心理学家和管理学家波特和劳勒于1968年在期望理论和公平理论的基础上,提出了一种比较完善的激励模式,并把它主要用于对管理人员的研究。

波特—劳勒模式的五个基本点:

1. 个人努力以及努力的程度不仅仅取决于奖励的价值,还受到个人被觉察出来的努力和受奖励概率的影响。

2. 个人实际能达到的绩效不仅仅取决于其努力程度,还受到个人能力以及对任务了解和理解程度的影响。

3. 个人所应得到的奖励应当以其实际达到的工作绩效为价值标准,剔除主观评估因素。

4. 个人对于所受到的奖励是否满意以及满意的程度如何,取决于受激励者是否对所获报酬感觉公平。

5. 个人是否满意以及满意的程度将会反馈到其下一个任务的努力过程中。

三、行为改造型激励理论

(一)强化理论

强化理论是由美国哈佛大学心理学家斯金纳提出的。该理论认为无论是人还是动物,为了达到某种目的,都会采取一定的行为。这种行为将作用于环境,当行为的结果有利时,这种行为就会重复出现;当行为的结果不利时,这种行为就会减弱或消失。

1. 正强化。

正强化又称"积极强化",包括奖金、表扬、改善工作条件和人际关系、安排担任挑战性的工作、给予学习和成长的机会等。正强化与奖励不完全一致,奖励不一定带来正强化。

2. 负强化。

负强化又称"消极强化",包括批评、处分、降级,有时不给予奖励或少奖励也是一种负强化。

3. 自然消退。

自然消退又称"衰减",是指对原先接受的某种行为强化的撤销,表现为忽视,冷处理。

4. 惩罚。

惩罚是负强化的一种典型方式。

强化理论在管理中的应用时,应该以正强化为主;采用负强化,尤其是惩罚时,手段要谨慎;采用不定期的非预料的间断性强化,效果更好;因人制宜,采用不同的强化方式;注意信息的及时反馈。

(二)归因理论

归因理论是由美国心理学家海德于1958年提出的,后由韦纳、凯利等人发展丰富。归因理论认为,任何事件的原因无外乎内因和外因两种,而能力、努力、任务难度和运气是人们在解释成功或失败时知觉到的四种主要原因,其中,能力和努力属于内因,任务难度和运气属于外因。

1. 个人将成功归于能力和努力,会感到骄傲、满意、自信,归因于任务容易和运气好,则满意感较少。将失败归因于能力和努力,个人会感到羞愧和内疚,归因于任务太难或运气不好则羞愧感较少。这与我国传统看法一致。

2. 在付出同样努力时,能力低的人赢得更多的奖励。

3. 能力低而努力的人收到高评价,能力高而不努力的人收到低评价。

管理者对员工的行为进行判断和解释时,要尽量避免归因中的偏见和误差;员工对于薪水、上级的评价、工作满意度、自己的位置和成就等方面的归因,直接影响其潜力的发挥和组织的良好运作。

老师讲故事

一家汽车销售公司出台了一个措施,就是在2004年如果有人的销售额超过了500万元,那么就奖励一辆吉利汽车,价值4万元。但是在一年多的实践中,公司发现这个激励措施并没有什么效果。原来对于员工而言,这样的措施没有人感兴趣,因为从2000年以来就没有员工的销售额突破过400万元,达到目标的概率太低了。另外,员工开的都是中档次的汽车,与此相比,一辆吉利汽车的效价太低了。正因为目标实现的概率太小,效价也不大,所以,公司这个措施的激励效果自然很低。

针对此种情况,公司高层调整了奖励措施,新措施如下:任意员工的销售额突破400万元,那么年终就奖励一辆"宝马"车;销售额在350万元到400万元之间的,奖励"帕萨特"一辆;销售额在300万元到350万元之间的,奖励"桑塔纳"3000一辆;如果销售额达到200万元,就可以得到吉利汽车。这一新政策立马引起员工的兴趣,去年销售的前十名都觉得自己有机会一搏,因为他们去年的销售额基本都在

350万元到380万元之间,大家都是有机会达到400万元的。另外,"宝马"的诱惑力还是蛮大的,也就是效价很大。这样的激励措施明显调动了大家的积极性。这种分层激励的方式使得获益面更宽,大家觉得只要努力多少都能有点利益,于是就形成了全员参与的盛况,大家都觉得这样的激励措施真正做到了和员工的需求挂钩。

在激励的过程中,无论是奖励还是惩罚,都要清楚激励措施在员工心目中的效价有多大,只有这样,才能使措施更加符合实际情况,激励的效果才可能最好。

任务三　激励的原则与方式

问题导入

给偷东西的工人涨工资

一个犹太商人的儿子在父亲的店里工作。他发现有一个工人在偷东西。他便问自己的父亲,该如何惩罚这个偷东西的员工。

父亲告诉他:"给他涨工资。"

儿子吃惊地问父亲:"他偷我们的东西,为什么还要给他涨工资?"

父亲的回答是:"他偷东西,是因为他挣得不够多。"

思考:为什么要给偷东西的人涨工资?

一、激励的原则

(一)目标结合原则

激励对员工所产生的积极性是否有利于完成组织任务、实现组织目标,这是判断激励是否有效的标准。激励目标还必须满足员工的需要,只有个人目标与组织目标结合得好,激励才会达到满意的效果。

(二)按需激励原则

需要是激励的起点与基础。员工的需要具有个体差异性和动态性的特点,每个人对于接受奖励和惩罚的时间、方式和环境要求都不一样,因此,管理者在实施激励措施时要因人而异,只有满足员工最迫切的需要,即主导需要的措施,激励效果才会最好。

(三)公平、公正原则

人们对得到的报酬会不自觉地进行社会比较或历史比较,满意的程度往往取决于相互比较的结果,从而判断自己是否受到了公平、公正的待遇,进而影响情绪,控制行为。要做到激励的公平公正,必须机会均等,奖惩与功过相一致,激励措施实施的过程要公开化和民主化。

二、激励的方式

激励的方式是多种多样的,从内容来说,都可归纳到物质激励和精神激励这两大系统中。精神激励需要借助一定的物质载体,而物质激励则必须包含一定的思想内容。在现实生活中,人们得到的奖状、奖章等精神鼓励就是直接借助物质形式体现的。得到的奖金、奖品等物质鼓励则意味着组织和社会对其成绩的承认,本身就含有精神价值。二者的有机结合,就构成了激励的完整内容。

(一)物质利益激励

1. 金钱激励。

物质需要是人类的第一需要,是人们从事一切社会活动的基本动因,所以,物质激励是激励的主要形式,比如工资或其他鼓励性报酬、奖金、福利等。管理者在使用金钱激励时,应注意以下几点:一是不同收入、不同需要的人对金钱的价值看法不一;二是金钱激励必须公正;三是金钱激励反对平均主义,平均分配等于无激励。

2. 股票期权激励。

股票期权是企业在规定期限内(最长可达 10 年)给予受益人在未来一段时间按预定的价格(行权价)购买一定数量本公司股票的权利,股票期权只能在股票增值和员工长期为企业工作的情况下才有意义,被员工称为"金手铐"。股票期权激励在发达国家中已经成为奖励企业高级管理人员的主要手段。

3. 员工持股激励。

员工持股是指企业内部员工出资认购本企业部分股权委托员工持股会集中管理运作,并参与持股分红的一种新型企业内部股权形式。该激励在小企业的管理中比较流行,其最终目的是调动员工的积极性,使员工更加努力工作,因为员工也是所有者,要分担企业的盈亏。员工持股激励能为员工也为企业能创造更多的财富。

4. 惩罚激励。

激励并不全是鼓励,它也包括批评、淘汰、罚款、降薪、降职和开除等。惩罚激励就是对员工进行处罚,它是一种管理上的负强化,属于一种特殊形式的激励。

老师讲故事

尽管拿破仑说过"金钱并不能购买勇敢",但为了保护部队的高昂士气,他总是慷慨地给立下战功的官兵赐以物质奖赏。仅在征服普鲁士、打败沙俄而签订《提尔西特和约》后，拿破仑一次性奖给达乌元帅100万金法郎，贝尔蒂埃元帅50万金法郎，内伊元帅30万金法郎，其他的元帅和军官以及所有实际参加了战斗的官兵，都得到了奖赏。只有把物质激励寓于精神激励之中，善于把下属个人的眼前经济利益和人民长远的经济利益融为一体，才能更好地发挥物质激励的积极作用，达到激励人们积极性的目的。

(二)精神情感激励

1. 目标激励。

企业有自己的目标，员工也有个人目标，目标激励要求个人目标与企业目标相结合、相一致，在努力工作实现企业目标的同时，也实现自己的个人目标。管理者运用目标激励，可以帮助员工调整工作方法，鼓舞他们为实现目标进行坚持不懈的努力。

案例链接

乐观的拿破仑

拿破仑在一次与敌军作战时，遭遇顽强的抵抗，队伍损失惨重，形势非常危险。拿破仑因一时不慎掉入泥潭中，弄得满身泥巴，狼狈不堪。可此时的拿破仑浑然不顾，内心只有一个信念，那就是无论如何可也要打赢这战斗。只听他大吼一声："冲啊！"战士们群情激昂、奋勇当先，终于取得了战斗的胜利。

无论在任何危急的困境中，都要保持乐观积极的心态，尤其作为一个领导者，你的自信可以感染到无数你接触到的人。有没有乐观自信的态度也直接影响到事业的成败。领导不是只告诉别人怎么干的人，而是激发队伍并朝目标勇往直前的人。

2. 参与激励。

参与激励是指让员工参与组织管理和决策，多提合理化建议，监督企业的各项活动。参与激励可以增加员工自主性，提高员工责任感，满足员工的成就需要、归属需要和权力需要。

3. 感情激励。

感情激励是指管理者与员工进行感情沟通，尊重、关心、体贴员工，从而建立融洽和谐的上下级关系，营造协调、愉悦的团队氛围。

感情激励要选择适合的场合和机会，比如下属生病，领导及时前去探望，关心他们的身体健康；下属过生日，给下属发点奖金、买个蛋糕或说几句赞美的话，表示庆祝；关心员工的家庭和生活,为他们解决实际困难。感情激励形式多样,情真意切就好。

4. 工作激励。

工作本身就具有激励力量,管理者要善于调整和调动各种因素,使工作本身更有意义和挑战性,让员工有自我实现感。管理者一般可以通过增加工作的挑战性、丰富性等途径,让员工满足于自己的工作,以实现有效的激励。

5. 赏识激励。

管理者对员工进行赏识激励,会加强员工的自我认同感,加深对企业的忠诚度,拥有主人翁的责任感,从而提高工作的效率和质量。赏识并不是发点奖金、送点礼品这么简单,它必须确保至少包含赞扬、感谢、机会和尊敬这四个要素中的一个。具体来说,赞扬员工要及时,诚心说"谢谢",给予机会不吝啬,表达尊敬是基础。赏识激励有利于公司内部形成宽容、和谐的人际关系,提升员工工作的热情,最终提高工作效率。

老师讲故事

韩国某大型公司的一个清洁工,本来是公司内最被人忽视的员工,在一天晚上公司保险箱被窃时,与小偷进行了殊死搏斗。

事后,有人问他的动机时,他说:当公司的总经理从他身旁经过时,总会不时地赞美他"你扫的地真干净"。

你看,就这么一句简简单单的话,就让这个员工受到了感动。也正合了中国的一句老话"士为知己者死"。

金钱在调动下属的积极性方面不是万能的,而赞美恰好可以弥补它的不足。人都有较强的自尊心和荣誉感。上级对员工真诚的表扬与赞同,就是对员工价值的最好承认和重视。领导对员工的真诚赞美能使员工的心灵需求得到满足,并能激发员工潜在的才能。打动人最好的方式就是真诚的欣赏和善意的赞许。

6. 培训激励。

有人说:培训是企业送给员工的最好礼物。激励在人力资源管理领域属于"软培训"。培训的目的是端正员工的工作态度和提高员工的工作能力,培训不仅提升了员工的技能,还提高了员工的职业素质。只有把员工的个人发展和企业战略发展目标相结合,培训激励才能落实。

没有正确的职业态度,就不可能有正确的职业方向;没有知识和技能,就不可能完成工作;没有规范的行为,就不可能来很好的待人接物。企业通过培训满足了员工的精神文化需要,激发了员工的干劲和热情,沟通了上下级的关系。培训激励提高的不仅是员工的素质,更是企业整体的工作绩效。

知识小巴士

管理学小故事

1. 帕金森定律。

英国有个很有名的行政学家叫帕金森,他提出了发人深省的"帕金森定律"。其主要观点是:行政机关成立的时间越久,机关人选的素质就会越低。这是因为行政主管在选择自己的下属时,总喜欢挑选那些各方面能力都不如自己的人,以避免今后与自己形成职位上的竞争。按我们现在的话讲,就是奉行一种"武大郎开店"的作风,"我矮,别人就不能比我更高"。这种社会心态倒也不难理解,试想:一头狮子可以率领一群绵羊,一只绵羊怎能统领一群狮子呢? 所以强者选择平庸者,平庸者选择更平庸者,在官僚机构中似乎已是司空见惯的现象。这种心理惯性所引起的后果是不言而喻的,低素质的人员不可能带来高效率的工作。

2. 奥格尔维法则。

美国奥格尔维·马瑟公司总裁奥格尔维召开了一次董事会,在会议桌上,每个与会的董事面前都摆了一个相同的玩具娃娃。董事们面面相觑,不知何故。奥格尔维说:"大家打开看看吧,那就是你们自己!"于是,他们一一把娃娃打开来看,结果大娃娃里有个中娃娃,中娃娃里有个小娃娃。他们继续打开,里面的娃娃一个比一个小。

最后,当他们打开最里面的玩具娃娃时,看到了一张小纸条。纸条上写的是:"如果你经常雇用比你矮小的人,将来我们就会变成矮人国,变成一家侏儒公司。相反,如果你每次都雇用比你高大的人,日后我们必定成为一家巨人公司。"前一句话与从大娃娃到中娃娃再到小娃娃的次序吻合,后一句话与小娃娃到中娃娃再到大娃娃的次序吻合。这些聪明的董事一看就明白了。这件事给每位董事留下了很深的印象,在以后的岁月里,他们都尽量任用有专长的人才,对公司的发展起到了很好的推动作用。

实践活动

(一)实训目的

学会分析判断每一个职位在组织中的作用。

(二)实训内容

1. 阅读下面材料,分小组讨论形成结论。
2. 选派一位同学作为小组发言人,上讲台发表观点。

3. 自由辩论,针对其他小组的意见进行辩驳。

西游记的取经团队

为了完成西天取经任务,取经团队组成,成员有唐僧、孙悟空、猪八戒、沙和尚。其中唐僧是项目经理,孙悟空是技术核心,猪八戒和沙和尚是普通团员。这个团队的高层领导是观音。团队的组成很有意思,唐僧作为项目经理,有很坚韧的品性和极高的原则性,不达目的不罢休,又很得上司支持和赏识(直接得到唐太宗的任命,既给袈裟,又给金碗,又得到以观音为首的各路神仙的广泛支持和帮助)。沙和尚言语不多,任劳任怨,承担了项目中挑担这种粗笨无聊的工作。猪八戒这个成员,看起来好吃懒做,贪财好色,又不肯干活,最多牵下马,好像留在团队里没有什么用处,其实他的存在还是有很大用处的,因为他性格开朗,能够接受任何批评而毫无压力,在项目组中承担了"润滑油"的作用。最关键的还是孙悟空,虽然孙悟空是这个取经团队里的核心,但他的性格极端,回想他那大闹天宫的历史,恐怕没有人会愿意让这种人待在团队里。

(三)实训评估

为了节约成本,我们需要你在取经团队里裁掉一个队员,你会裁掉哪一位?为什么?

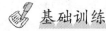

一、单项选择

1. 赫茨伯格提出的双因素理论认为( )不能直接起到激励的作用,但能防止人们产生不满情绪。

   A. 保健因素　　　B. 激励因素　　　C. 成就因素　　　D. 需要因素

2. 公司为每一位员工买一份人寿保险,这最可以满足员工的以下哪种需要?( )

   A. 自我实现的需要　　　　B. 社交的需要

   C. 尊重的需要　　　　　　D. 安全的需要

3. 马斯洛的需要层次理论有两个基本出发点,它们是( )。

   A. 人是有需要的动物,已获得满足的需要不再起激励作用。

   B. 人是有需要的动物,人的需要是有层次的。

   C. 人的需要是有层次的,某一层需要得到满足后另一层需要才会出现。

   D. 人是有需要的动物,满足最主要的需要比满足其他需要更迫切。

4. 企业中,常常见到员工之间会在贡献和报酬上相互参照攀比。一般来说,你认为员工最有可能将哪一类人作为自己的攀比对象?( )

   A. 企业的高层管理人员　　　　B. 员工们的顶头上司

   C. 企业中其他部门的领导　　　D. 与自己处于相近层次的人

5.曹雪芹虽然食不果腹,仍然坚持《红楼梦》的创作,最有可能是出于其(　　)。
　　A.自尊需要　　　　　　　　　B.安全需要
　　C.自我实现的需要　　　　　　D.以上都不是

二、多项选择

1.需要层次理论中的自我实现的需要包括(　　)。
　　A.成长与发展　　B.发挥自身潜能　　C.实现理想　　D.成就感
2.下列因素中属于保健因素的有(　　)。
　　A.工资　　　　　　　　　　　B.工作条件
　　C.地位　　　　　　　　　　　D.工作上的责任感
3.下列因素中属于激励因素的有(　　)。
　　A.工作成就感　　　　　　　　B.工作条件
　　C.个人的发展前途　　　　　　D.职务上的责任感
4.下列哪些属于(　　)。
　　A.培训激励　　B.目标激励　　C.工作激励　　D.感情激励
5.下列哪些属于过程型激励理论(　　)。
　　A.公平理论　　B.期望理论　　C.双因素理论　　D.需要层次理论

案例分析

李佳的工作调动

　　三年以前,某计算机公司招聘录用两名计算机专业刚刚毕业的大学生张强和李佳。公司人事经理决定让他们从事市场营销工作。虽然两个人都愿意从事该项工作,但张强个性外向、热情、开朗,善于交际且主动,李佳则与之相反。一年后,张强完全适应了销售工作,且成绩出色,被提升为部门副经理;而李佳表现一般,仅能完成上级交给的任务。过了一段时间后,李佳找人事主管谈话,说他准备辞职,对营销工作早已不感兴趣。人事主管经通过私下了解,得知李佳有极强的创新精神,高中时就获得过科技发明奖。人事主管和公司总经理找李佳作了一番长谈后,将李佳调到公司研究开发部工作。李佳到新的工作部门不到一年,两项发明就为公司创利二十多万元。

　　思考:
　　1.如果你是公司管理者,你如何解决李佳提出辞职的问题?
　　2.从这一案例中,你得到什么启示?

项目九 沟 通

任务分解

【知识指标】
1. 了解沟通、协调的概念。
2. 了解沟通的过程和形式。
3. 掌握沟通与有效沟通的方法。

【技能指标】
1. 能够根据沟通形式,掌握有效沟通的技巧方式。
2. 通过实训,掌握一定的沟通技巧和方法。

知识结构图

```
                    ┌─ 沟通的概念
           认识沟通 ─┼─ 沟通的过程
                    └─ 沟通的作用
                    
                    ┌─ 语言沟通和非语言沟通
                    ├─ 正式沟通和非正式沟通
沟通与协调 ─ 沟通形式┼─ 上行沟通、下行沟通、平行沟通
                    ├─ 单项沟通、双向沟通
                    ├─ 直接沟通、间接沟通
                    └─ 口头沟通、书面沟通
                    
                    ┌─ 常见的沟通障碍
           有效沟通 ─┼─ 减少沟通障碍的措施
                    ├─ 有效沟通的重要性
                    └─ 有效沟通的实现
```

任务一 认识沟通

沟通的意义

有几人一起搭船渡河,船行至河中,忽遇到暴风雨,顷刻将覆。在这危急时刻,有一名青年主动站出来指挥船上的人,他以不容反驳的口气命令一位十五六岁模样的少年骑在船中的横木上,又指挥两名木匠划桨。因为水势过于险恶,为了保住船,必须把船上多余的东西扔掉,青年不容分说把少年的玉米扔入河中,也把两名木匠的袋子扔了,但留下自己带来的一个沉重的箱子。两名木匠很生气,于是趁青年不备,合伙将青年那个沉重的木箱扔进了水里。木箱一离船,船就像纸一样漂起来,失去控制,撞到了石头上,所有的人都被甩到了急流中。那两名木匠没想到的是,被他俩扔入水中的木箱里面装的全是沙石,是用来稳住船的。没有了稳定船用的木箱,船就会翻。

这本是一件不该发生的事情。究其原因,主要是青年和两名木匠没有沟通好。试想,如果青年向两名木匠说明木箱里装的是稳定船用的沙石,木匠绝不可能将木箱扔入河中。可见,从某种意义来说,沟通得好,在危急时刻可使舟渡过难关,沟通得不好亦可使舟倾覆。

思考:船翻的原因是什么?这件事给了我们什么启示?

人类社会一开始就以沟通作为基本生活方式,通过各种媒介,如身体、石器、棍棒、叫声、语言等,互相传播着各种信息,为自己提供所需的物品,抵御来自外界的威胁。今天,沟通的主题没有改变,但是沟通的方式和工具已远远超越以前的媒介。马克思指出:"人是一切社会关系的总和。"个人的生存和发展离不开社会,而人与人、人与社会之间的联系就要靠沟通。

美国《沟通杂志》调查显示,领导人45%的时间在听,16%的时间在看和阅读,30%的时间在问和说,9%的时间在写。所以,听、说、看、写是人们运用的最主要的沟通方式。

一、沟通的概念

沟通一词来自英文"Communication",意思是"沟通、交流、通讯、传播",是指可理解的信息或思想在两个或两个以上的人群中传递或交换的过程。沟通的目的是激励或影响人的思想或行为。所以,沟通就是为达到一定目的,将信息、思想和情感在个人或群体间进行双向传播与交流的过程。

企业整个的管理工作都和沟通有关。在组织内部,有员工之间的沟通、员工与工作团队之间的沟通、团队与团队之间的沟通;在组织外部,有组织与客户之间的沟通、组织之间的沟通。沟通是协调各个体,使企业成为一个整体的凝聚剂;沟通是领导者激励下属、实现领导职能的基本途径;沟通是企业与外部环境之间建立联系的桥梁。

二、沟通的过程

沟通是从传递者到接受者再到反馈的过程。沟通就是在别人的反应里看到自己。

沟通有六个步骤:

倾听——用身体告诉对方:"我在听您说";

核对——用"您的意见是……"句式核对你对倾听到内容的理解;

接纳——用眼睛看、用耳朵听、用头脑想;

拒绝——用坦诚加礼貌地语音说"不";

表达——用准确具体地语言表达你内心的意思;

体态——体态语言比有声语言更明确地,传达你的真实意思。

三、沟通的作用

人是社会的人,有人存在,即有沟通存在。是否具有良好的沟通能力是一个人能否成功的决定性因素之一。沟通的主要作用有两个:

(一)传递和获得信息

生活中信息的采集、传送、整理、交换,无一不是沟通的过程。通过沟通,交换有意义、有价值的各种信息,生活中的大小事务才得以开展。掌握沟通的技巧、了解如何有效地传递信息能提高办事效率,而积极地获得信息更会提升人的竞争优势。

(二)改善人际关系

英国文豪萧伯纳曾说:"假如你有一个苹果,我也有一个苹果,而我们彼此交换这些苹果,那么,你我仍然是各有一个苹果;如果你有一种思想,我也有一种思想,而我们彼此交换这些思想,那么,我们每个人将各有两种思想。"社会是由人们互相沟通所维持的关系组成的网,人们相互交流是因为需要同周围的社会环境相联系。沟通与人际关系两者相互促进、相互影响。有效的沟通可以赢得和谐的人际关系,而和谐的人际关系又使沟通更加顺畅。相反,人际关系不良会使沟通难以开展,不恰当的沟通又会使人际关系变得更差。有效的沟通能让我们高效率地把一件事情办好,让我们享受美好的生活。

 老师讲故事

《圣经·旧约》里的故事

人类最初讲的是同一种语言。他们在底格里斯河和幼发拉底河之间,发现了

一块异常肥沃的土地,于是就在那里定居下来,修起城池,建造了繁华的巴比伦城。后来,人们的日子越过越好,为自己的业绩感到骄傲,于是决定在巴比伦修一座通天的高塔,以此作为集合全天下弟兄的标记,以免分散。因为大家语言相通,同心协力,通天塔修建得非常顺利,很快就高耸入云。上帝得知此事,立即从天国下凡视察,心里又惊又怒,因为上帝是不允许凡人达到自己的高度的。上帝看到人们这样统一强大,心想,人们讲同样的语言,就能建起这样的巨塔,日后还有什么办不成的事情呢?于是,上帝决定让人世间的语言发生混乱,使人们互相言语不通。人们各自说起不同的语言,感情无法交流,思想很难统一,就难免出现猜疑,各执己见,争吵斗殴。这就是人类之间误解的开始。

团队没有默契,不能发挥团队绩效,而团队没有交流沟通,也不可能达成共识。身为领导者,要善用任何沟通的机会,创造出更多的沟通途径,与成员充分交流。唯有领导者从自身做起,秉持对话的精神,激发员工积极发表意见与讨论,汇集经验与知识,才能凝聚团队共识。团队只有有共识,才能激发成员的力量,让成员心甘情愿地倾力打造企业的"通天塔"。

一个人在生命的路途上前进时,若不随时与同伴交流沟通,便会很快落伍。

任务二　沟通形式

 问题导入

换一种说法

有两个烟鬼同在寺庙修行,师傅让他们诵经一百遍,没有一会,两个人烟瘾就上来了,烟鬼甲于是去问师傅:"我可以在念经时抽烟吗?"结果遭到师傅的严厉斥责。而烟鬼乙又去问师傅:"我可以在吸烟时念经吗?"他的请求却得到允许,于是悠闲地抽起了烟。

思考:为什么这两个教徒发问的目的完全相同,但效果却不一样?

一、语言沟通与非语言沟通

语言是人类特有的一种非常好的、有效的沟通方式。语言包括口头语言、书面语言、图片、数字或者图形等。语言交流是生活中的主要沟通方式。非语言沟通主要是指通过

动作、表情、眼神、语调、手势等语音以外的形式进行信息沟通。事实上,非语言沟通越来越被重视,因为在语言沟通的同时,伴随一些非语言沟通,沟通效果会更佳。

除特殊环境、特殊原因,一般语言沟通都伴随非语言沟通,非语言沟通能起到语言沟通无法达到的效果。语言沟通擅长的是传递信息,非语言沟通更善于传递思想和情感。

二、正式沟通与非正式沟通

正式沟通是通过企业、团体、组织规定的沟通渠道,进行信息的传递和交换方式,如项目例会、项目计划、项目报告、变更大会、合同和协议、组织与组织间的往来公函等。非正式沟通是通过正式沟通渠道以外的渠道进行信息传递和交换,如茶余饭后的拉家常等。

正式沟通的优点是比较严肃,约束力强,沟通效果好,信息具有法律效力;缺点是沟通速度慢,方式刻板。正式沟通常用于重要的沟通和决策。非正式沟通的优点是形式多样,沟通速度快,畅所欲言,沟通压力小等;缺点是不留证据,难以控制,信息极易失真,甚至成为谣言。非正式沟通常用于关系密切的成员之间的交流等。

三、上行沟通、下行沟通、平行沟通

上行沟通和下行沟通又称"垂直沟通",均属于上下级之间的沟通方式。平行沟通是平等的组织、部门、团队成员之间的沟通方式。

上行沟通和下行沟通的优点是沟通速度快,信息传递准确;缺点是如果组织层次多,信息传递变慢,可能会出现越级沟通和隐瞒事实的现象。水平沟通的优点是沟通主体之间彼此平等,沟通顺畅;缺点是容易产生矛盾和冲突,难以控制局势。

四、单向沟通与双向沟通

单向沟通是指在沟通过程中,发送者只发送信息,接收者只接收信息,单一方向的交流,缺乏信息的反馈,如报告会、演讲、宣读政策文件等。双向沟通是在沟通过程中,发送者和接收者经常要互换角色,发送者把信息发送给接收者,接收者接收到信息后,再以发送者的身份反馈信息,直到沟通完成,如讨论会、商业洽谈、技术交流等。

单向沟通的优点是传递速度快,意见统一,时间进度易于控制;缺点是信息没有反馈,观点可能会片面。双向沟通优点是沟通双方参与度高,能及时完善沟通结果;缺点是观点有时难统一,沟通容易变成拉家常,浪费时间和精力等。

比较而言,在时间上,双向沟通比单向沟通需要花费更多的时间;在信息和理解的准确程度上,双向沟通的接受者理解信息和发送者意图的准确程度大大提高;在接受者和发送者的置信程度上,双向沟通的接受者和发送者都比较相信自己对信息的理解;在满意度上,接受者比较满意双向沟通,发送者比较满意单向沟通;从噪音上看,由于在双

向沟通中与问题无关的信息较易进入沟通渠道,双向沟通的噪音比单向沟通要大得多。

五、直接沟通与间接沟通

直接沟通就是信息直接进行传递与交流,如面对面谈话等。间接沟通就是信息通过第三者进行传递和交流,如转告、代言等。

直接沟通的优点是沟通双方可以充分交换意见,信息准确;缺点是受时间、地点等条件的限制较多。间接沟通的优点是不受时间限制,交流机会多;缺点是浪费的人力与时间较多,有时信息在传递过程中有失真现象。

六、口头沟通与书面沟通

口头沟通就是运用口头表达所进行的信息沟通,比如交谈、讲座、讨论会、打电话等。书面沟通就是用书面形式进行的信息沟通,比如写便条、写备忘录、写电子邮件等。

口头沟通的优点是信息量很大,传递速度快,沟通灵活,约束少,反馈及时;缺点是核实困难,沟通过程和结果没有证据,易于成为谣言等。书面沟通的优点是有证据且可以长期保存,描述周密,逻辑性和条理比较清晰;缺点是耗费的时间比口头沟通要多,效率低、缺乏反馈。

任务三　有效沟通

 问题导入

卡耐基的故事

美国"钢铁大王"卡耐基,在1921年付出一百万美元的超高年薪聘请一位首席执行官。许多记者访问卡耐基时问:"为什么是他?"卡耐基说:"因为他最会赞美别人,这也是他最值钱的本事。"甚至,卡耐基为自己写的墓志铭是这样的:这里躺着一个人,他懂得如何让比他聪明的人更开心。

思考:卡耐基成功的原因是什么?

一、常见的沟通障碍

沟通中的障碍是指导致信息在传递过程中出现失真、失误或丢失的各种因素。这些因素有个人的,也有组织的;有社会的,也有文化的;有发送者的,也有接收者的;有心理方面的,有文化方面的,也有语言方面的;有物理方面的,也有管理方面的;还有渠道、噪音及

反馈的问题。这些因素交错在一起，需要管理者有针对性地辨别。只有克服障碍，管理者才能运用沟通的技巧，实施有效管理。综合来说，沟通的障碍主要有以下四种：

（一）个人障碍与组织障碍

个人障碍有以下几种情况：人们对人对事的态度、观点和信念不同造成沟通的障碍；个人的个性特征差异引起沟通的障碍；语言表达、交流和理解造成沟通的障碍。例如，人们在接受信息时，对符合自己利益需要又与自己切身利益有关的内容很容易接受，对自己不利或可能损害自己利益的则不容易接受。

组织的障碍则包括专业化的障碍、层级的障碍、组织地位的障碍、目标差异的障碍等方面。许多研究表明，地位对沟通的方向和频率有很大的影响。信息传递层次越多，到达目的地的时间也越长，信息失真率则越大，越不利于沟通。另外，组织机构庞大，层次太多，也影响信息沟通的及时性和真实性。

（二）语言文化障碍

不同的文化程度、知识储备和经验都会造成沟通的障碍。语言障碍主要表现在表达能力欠缺，如用词不当、词不达意等造成沟通双方在理解上出现困难或产生歧义。文化背景上的差异也会导致沟通双方思维有差异，从而产生沟通障碍。

（三）社会心理障碍

从社会因素看，地位障碍、职业障碍及组织结构障碍等，都有可能使得信息在传递过程中发生改变，沟通障碍不可避免。从心理因素分析，造成沟通障碍的主要有认知障碍、态度障碍、情绪障碍和人格障碍。现实的沟通活动常常受人的态度、个性、情绪影响，这些心理因素会成为沟通中的障碍。

（四）物理因素障碍

物理因素障碍是指沟通现场的环境、氛围等客观因素造成的障碍，包括自然障碍、机械障碍、距离障碍等。这些因素可能会减弱或隔断信息的发送或接受。

二、减少沟通障碍的措施

（一）保持主动倾听习惯

有效的倾听能增加信息交流双方的信任感，是克服沟通障碍的重要条件。要提高倾听的技能，可从以下几方面去努力：使用目光接触；展现赞许性的点头和恰当的面部表情；避免分心的举动或手势；要提出意见，以显示自己不仅在充分聆听，而且在思考；用自己的话重述对方所说的内容；要有耐心，不要随意插话和随便打断对方的话。

(二)使用对方容易了解的语言,尊重他人的观点

美国汽车大王亨利·福特说:"如果成功有什么秘诀的话,那就是站在对方的立场看问题,如同从自己的立场看问题一样。"在沟通过程中,要试着站在对方的角度考虑,理解他人的看法。管理者应激发团队成员自下而上地沟通。沟通双方的诚意和相互信任至关重要。领导者走出办公室,亲自和员工们交流信息。坦诚、开放、面对面的沟通会使员工觉得领导者理解自己的需要和关注,沟通易取得事半功倍的效果。

(三)具有开放的心胸,避免在沟通中掺入情绪

人的情绪、心态对沟通过程和结果具有巨大影响,过于兴奋或失望的情绪容易造成信息的误解。领导者要认识到沟通的重要性用开放的心胸营造良好的沟通环境,充分考虑对方的心理特征、知识背景等状况,调整沟通方式,避免以自己的职务、地位、身份为基础去进行沟通,而要将现代沟通观念逐渐渗透到组织的各个环节中去。

(四)保持双向沟通,善用反馈的技巧

反馈的方式有很多种,管理者可以通过提问、聆听、书面汇报的方式获得反馈信息,也可以通过细心的观察、感受真实的及时反馈信息,从而检验沟通效果。

语言文字运用得是否恰当直接影响沟通的效果好坏。专业沟通时,语言文字要简洁、明确,叙事说理要言之有据,条理清楚,富有逻辑性;措辞得当,通俗易懂,不要滥用辞藻,不要讲空话、套话。非专业性沟通时,要少用专业性术语,同时可以借助手势语言和表情动作,以增强表达的生动性和形象性,使对方容易接受。

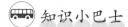
知识小巴士

谈对方感兴趣的话题

和某人初次接触的时候,要做到"FOHN",这是什么意思呢?

"F"即"Family",家庭。面对年长的朋友,可以和他聊聊他的家庭;面对年轻的朋友,可以和他聊聊他的家乡。相信大家都有这样的经历,谈起自己的家乡,那可真是"谁不说自己的家乡好"。这样一来,聊天的氛围就起来了,初次见面的陌生感顿时就没有了。

"O"即"Occupational",职业。和初次交谈的朋友交流,我们可以和他聊聊工作问题,或者是学习问题。

"H"即"Hobbies",兴趣爱好。交流的时候,适当提及一些兴趣爱好,也许,对方的某些爱好是和我们相似的,这样聊起来,那可就滔滔不绝了。

"N"即"News",新闻。现代社会人们都明白信息的重要性,相互交流一些自己知道的信息,某些时候我们的信息对对方有用,说不定对方会感激不尽从而加深彼此之间的情谊呢!

三、有效沟通的重要性

有资料表明,企业管理者70%的时间用在沟通上。开会、谈判、谈话等是最常见的沟通方式。企业中70%的问题是由于沟通障碍引起的,无论是工作效率低,还是执行力差,领导力不高等,归根结底都与沟通有关。没有沟通,管理就只是一种设想和缺乏活力的机械行为。沟通是企业组织中的生命线,它好像血管,贯穿全身每一个部位,促进循环,提供补充各种各样的营养,形成生命的有机体。

有效的沟通让我们高效率地把事情办好,让我们享受更美好的生活。善于沟通的人懂得如何维持和改善相互关系,更好地展示自我需要、发现他人需要,最终赢得成功的事业。

沟通是合作的开始,优秀的团队一定是一个沟通良好、协调一致的团队。沟通带来理解,理解带来合作。沟通是一个明确目标、相互激励、协调合作、增强团队凝聚力的过程。

四、有效沟通的实现

有效沟通的实现要求管理者注重以下五个方面:分析沟通者、了解受众、对要传递出去的信息进行分析、选择合适的沟通渠道、选择相应的文化策略。

具体来说,要进行有效沟通,可从以下几个方面着手:

一是必须知道说什么,就是要明确沟通的目的。如果目的不明确,就意味着不知道说什么,自然也不可能让别人明白,自然也就达不到沟通的目的。

二是必须知道什么时候说,就是要掌握好沟通的时间。在沟通对象忙于工作时,你要求他与你商量下次聚会的事情,显然不合时宜。所以,要想很好地达到沟通效果,必须掌握好沟通的时间。

三是必须知道对谁说,就是要明确沟通的对象。虽然说得很好,但选错了对象,自然也达不到沟通的目的。

四是必须知道怎么说,就是要掌握沟通的方法。知道应该向谁说、说什么,也知道该什么时候说,但不知道怎么说,仍然难以达到沟通的目的。沟通是要用对方听得懂的语言——包括文字、语调及肢体语言来进行交流。

 案例链接

卡耐基人际沟通十大技术

1. 不批评、不责备、不抱怨:对人指责是愚蠢的,不管批评的方式怎么样,有声的、无声的或眼神,都将违背处世之道,得不到别人的同情。

2. 给予真诚的赞赏:承认别人的优点,哪怕一点点长处或者某一时刻的优秀表现,都应该适时地表现自己对其的赞美。

3. 发掘对方的矛盾和需求：要站在别人的立场考虑问题，观察他们眼神和肌体语言、倾听他们的谈话，结合自己的目的，寻找共同点或准备有效的谈话内容。

4. 真诚关心对方：始终善意地关心他人，相信他会变好。

5. 经常发出自然的笑声：微笑是最好的礼物、最好的精神补品，生活之中难免会遇到挫折和困难，但不管怎么样，别忘了带给朋友们开心的笑容。

6. 仔细聆听，观察对方的肌体语言：聆听是最好的恭维，也是学习的工具，让别人感觉你谦虚，同时聆听能让你发现对方的感受、需求、矛盾。

7. 永远让对方自我感觉良好：通过各种方式，让他感觉跟你在一起坦然、开心。

8. 谈论对方感兴趣的话题：每个人的自我表现欲都很强，这是人性的弱点，让他人表现，既可以满足他人的虚荣心，又可以让自己学到许多有用的东西。

9. 让对方感觉到他在我心目中是多么的重要：人需要别人的信任和认可，以安慰自己孤独的心灵，如果能让他人感觉到他是重要、伟大，他就会当我是他的知己，自然会同情和帮助我。

10. 使用积极的词汇和语调，永远保持愉悦的微笑：积极的心态需要积极的语言、行为、动作去创造。

实践活动

沟通能力自我测试

为了测试自己的沟通能力，回答下列问题：

1. 在和别人交谈的时候，是否觉得自己的话常常不能被人正确理解？
   A. 常常是　　　　B. 有时是　　　　C. 很少

2. 和与自己观点不同的人交流时，你是否会觉得对方的思想很怪异呢？
   A. 从不　　　　　B. 有时是　　　　C. 经常是

3. 在与人谈话的时候，如果你对正确理解别人的观点没有把握，你是否会请对方明确解释？
   A. 总是　　　　　B. 很难说　　　　C. 一般不会

4. 你在开会或上课的时候，你是否能够专心听讲
   A. 一般会　　　　B. 很少　　　　　C. 几乎不

5. 如果一个同事或同学对一个你看起来很无聊的笑话大笑不止，你会觉得他无聊吗？
   A. 会　　　　　　B. 难说　　　　　C. 不会

6. 如果别人在回答你的问题时很含糊，你会重新把自己的问题再说一遍吗？
   A. 会　　　　　　B. 有时会　　　　C. 不会

7. 在一次会上,他人说了一件错误的事情或者提出了一个错误的论点,你会出来反对吗?
   A. 经常会　　　　　B. 偶尔会　　　　　C. 不会
8. 在一次会议中,有人反对你的观点,你认为他是反对你这个人本身吗?
   A. 不是　　　　　　B. 可能是　　　　　C. 一定是
9. 在通知别人一件事时,你喜欢用发手机短信的形式代替电话吗?
   A. 喜欢　　　　　　B. 觉得无所谓　　　C. 不喜欢
10. 你不同意一个人已经发表的谈话内容时,是否还会认真听下去?
    A. 是　　　　　　　B. 难说　　　　　　C. 不会

分析:
1. 每个问题选择 A 得 2 分,选择 B 得 1 分,选择 C 得 0 分。
2. 总分在 0~12 分,说明你的沟通能力较差,必须加强这方面的学习;

总分在 13~16 分,说明你的沟通能力一般,仍需继续学习和锻炼,不断提高自己;

总分在 17 分以上,说明你的沟通能力很强。

这个测试并不是对沟通能力的准确衡量,而是一种定性的评估。你的得分表明你目前的沟通能力,而不表明你潜在的沟通能力。只要不断学习,积极实践,就一定能够提高自己的沟通能力。

基础训练

一、单项选择

1. 下列哪项属于组织沟通障碍(　　)。
   A. 心理障碍　　B. 语言障碍　　C. 组织层级　　D. 文化差异
2. 下面哪项不属于个人沟通障碍(　　)。
   A. 观念　　　　B. 态度　　　　C. 个性　　　　D. 组织层级
3. 下面哪项不是口头沟通的优点(　　)。
   A. 意见统一　　B. 传播速度快　C. 信息量大　　D. 反馈及时
4. 直接沟通的优点不包括(　　)。
   A. 交换意见充分　B. 信息准确　　C. 成本低　　　D. 不受时间限制
5. 下面哪种沟通属于上行沟通(　　)。
   A. 报告　　　　B. 通知　　　　C. 函　　　　　D. 公告

二、多项选择

1. 沟通的作用(　　)。
   A. 传递和获得信息　　　　　　B. 改善人际关系
   C. 起到激励作用　　　　　　　D. 控制成本

2. 按照沟通方式，我们把沟通分为（　　）。
   A. 书面沟通　　　B. 电子沟通　　　C. 上行沟通　　　D. 口头沟通
3. 减少沟通障碍的措施有（　　）。
   A. 积极倾听　　　　　　　　　B. 了解的语言
   C. 尊重他人的观点　　　　　　D. 多使用语言沟通
4. 沟通的障碍主要来自于因素（　　）。
   A. 物理因素　　　B. 心理因素　　　C. 管理层级　　　D. 语言障碍
5. 按照沟通方向，我们可以把沟通分为（　　）。
   A. 书面沟通　　　B. 上行沟通　　　C. 上行沟通　　　D. 平行沟通

案例分析

请阅读下面一段对话。

美国老板：完成这份报告要花费多少时间？

希腊员工：我不知道完成这份报告需要多少时间。

美国老板：你是最有资格提出时间期限的人。

希腊员工：10 天吧。

美国老板：你同意在 15 天内完成真报告吗？

希腊员工：（没有作声，认为是命令）。

15 天过后。

美国老板：你的报告呢？

希腊员工：明天完成。（实际上需要 30 天才能完成。）

美国老板：你可是同意今天完成报告的。

第二天，希腊员工递交了辞职书。

思考：

1. 什么是沟通，如何有效沟通？

2. 请从沟通的角度分析美国老板和谢希腊的对话，说明希腊员工辞职的原因并提出建议。

模块五
控制与创新

项目十 控 制

任务分解

【知识指标】

1. 了解控制的概念和作用,熟悉管理中控制的类型。
2. 掌握有效控制的程序和原则。
3. 掌握控制的方法。

【技能指标】

1. 培养通过检查纠偏确保目标实现的能力。
2. 培养学生运用现代控制方法的能力。

知识结构图

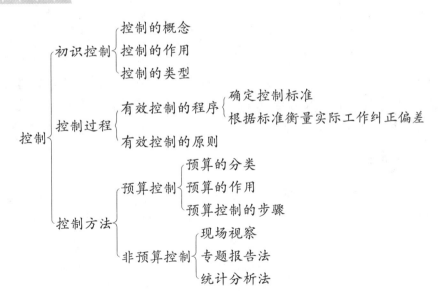

任务一　初识控制

哥伦比亚航天飞机失事

航天事业是高端科技领域,所以航天飞机是高科技产品,载人航天飞机的标准更是一流的、严格的。但2003年2月1日发生了震惊世界的美国"哥伦比亚"航天飞机着陆前爆炸事件,七名宇航员全部遇难。

事后的调查结果令人惊讶,造成此灾难的凶手竟是一块脱落的隔热瓦,"哥伦比亚"航天飞机有两万多块隔热瓦,避免航天飞机返回大气层时外壳被融化。但就一块脱落的隔热瓦,就葬送了价值连城的航天飞机,还有无法用价值衡量的七条宝贵生命。

此事件发生后,美国航天事业一度受挫。

(资料来源:http://www.docin.com/p-1096468436.html)

思考:
1. 哥伦比亚航天飞机失事的原因是什么?
2. 这则案例给你带来了怎样的启示?

控制是管理的一项重要职能,它与计划、组织和领导工作相辅相成、互相影响,共同构成管理不可缺少的重要环节。在现代管理实践中,控制不仅是一次管理循环过程的终点,更是新一轮管理循环过程的起点,它具有极强的不可替代性,在现代管理实践中发挥着重要作用。控制的有效与否,直接关系到管理系统能否在变化的环境中实现管理决策计划制定的预期目标,也为评价计划是否科学合理提供了重要参考。

一、控制的概念

组织目标决定组织的发展方向,在组织的实际运营过程中,由于组织内外部环境因素变化造成的影响,组织发展可能会出现偏离既定方向的情况,进而导致实际工作与计划不一致,由此就需要并使用管理的一项重要职能——控制。所谓控制,是指管理者为保证实际工作与计划一致,确保实现既定的组织目标而进行的检查、监督、纠偏等一系列管理活动。

控制的概念主要包括以下三层含义:

第一,控制的目的是保证组织的实际工作与计划一致,最终确保组织既定目标的实现。

第二，控制是通过"检查""监督"和"纠偏"来实现的。

第三，控制既可以理解为一系列的管理活动，也可以理解为实施检查、监督和纠偏的管理活动过程，即控制过程。

二、控制的作用

通过上述控制的概念我们得知，在管理实践过程中，如果没有有效的控制，组织目标可能无法顺利实现，组织各项工作也无法按照计划顺利开展，控制在管理活动过程中发挥了重要作用。

(一)控制是完成组织计划、实现组织目标的重要保证

计划是对未来的规划，随着时间的推移，组织在发展过程中，会面临来自组织内外部环境诸多因素的变化，一方面，计划不可能对未来的所有因素作全面科学的预测，计划无法做到十全十美；另一方面，在执行计划的过程中，由于人为因素的影响，不同执行者的执行能力也会不同，这样就常常容易出现实际工作与计划偏离的情况，这些缺陷和偏差都要靠控制来进行纠正和补救，进而确保计划的顺利执行，最终保证组织目标的顺利实现。

(二)控制促进其他管理职能的顺利实施

控制与计划联系紧密，明确的目标和计划是组织开展控制工作的前提，同时，有效的控制也是实现计划和组织目标的重要保证。在进行检查、监督和纠偏过程中，如果发现目标的偏差产生于组织上的问题，则控制的纠偏措施就要涉及组织结构的调整，组织中责权关系和工作关系的重新确定等方面，一旦偏差得以及时纠正，便可促进组织职能的更好发挥。控制职能的发挥也有利于改进领导者的领导工作，提高领导者的工作效率。

(三)控制是提高组织效率的有效手段

控制过程是一个纠正偏差的过程，它不仅能帮助管理者及时发现问题、分析问题并及时解决问题，帮助计划执行者回到计划确定的路线和目标上来，而且有助于提高员工的工作责任心，防止在以后的工作中出现类似的偏差，使计划更加顺利地执行。它还能促进计划执行者不断总结经验教训，不断对工作方式和方法进行改进甚至创新，从而提高组织的工作效率。

(四)控制帮助组织更好地适应内外部环境的变化。

控制职能的实施可以帮助管理者更加关注组织内外部环境的变化对组织运营产生的影响，在不断进行检验实际工作与计划的一致性的同时，实际不断提高了组织对内外

部环境的适应性,使组织能更好地适应内外部环境的变化。

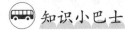 知识小巴士

破窗效应

一幢有少许破窗的建筑,如果那些破窗不被修理好,可能会有破坏者破坏更多的窗户。一面墙,如果出现一些涂鸦没有被清洗掉,很快墙上就布满了乱七八糟的涂鸦;一条人行道上有些许纸屑,如果没有被及时清理不久后就会有更多垃圾,最终人们会理所当然地将垃圾顺手丢弃在地上。这些现象就是破窗效应的表现!

从破窗效应中,我们可以得到这样一个道理:任何一种不良现象的存在,都在传递着一种信息,这种信息会导致不良现象的无限扩展,同时必须高度警觉那些看起来是偶然的、个别的、轻微的"过错",如果对这种行为不闻不问、熟视无睹或纠正不力,就极有可能造成"千里之堤,溃于蚁穴"的恶果。在企业管理中也要警惕"破窗效应"的发生,通过控制作用的发挥,确保企业的正常发展。

(资料来源:http://wiki.mbalib.com/wiki/破窗理论,编者节选修改)

三、控制的类型

(一)按照控制信息获取的时间点来分类

1.前馈控制。

前馈控制,又称"预先控制""事前控制",它是一种在计划实施之前,为保证将来的实际绩效能达到计划的要求,尽量减少偏差的预防性控制。前馈控制注重"防患于未然",通过情况的观察、规律的掌握、信息的分析、趋势的预测,预计未来可能发生的问题,在所有问题发生之前,及时采取相应措施进行纠正,尽量避免问题的发生。

由于预先控制是通过现在的努力保证未来管理活动的有效性,而管理者并不能完全预测到未来的具体情况,因此,在进行实际控制活动时要留有余地,以保证所作调控能适应未来需要。

2.现场控制。

现场控制,又称"同期控制""事中控制",它是指在计划实施过程中,管理者通过到现场进行实时检查和监督等方式,了解组织活动的运营情况,一旦发现问题,及时对问题进行分析并予以纠正。

现场控制的有效性需要信息采集的方便和传递快捷,这就要求组织建立完善的信息网络和必要的计算机信息系统,并建立畅通的信息流通和报告机制,确保信息及时传达,及时反馈,从而保证纠偏措施的及时落实。

案例链接

银行的风险事件

某银行业务运营风险管理系统出现一笔"反交易"的风险事件。银行网点柜员存入1500元后取出3000元,后将两笔业务进行反交易,监测人员发现后,及时查询核实。经核实,网点柜员由于工作疏忽,应取款1500元,结果误存1500元,然后双倍取出3000元,网点负责人发现后告知此业务操作涉嫌规避反交易,马上联系客户来行,客户来行后进行反交易,然后按正确流程办理。上述业务最终被确认为风险事件。

3.反馈控制。

反馈控制,又称"事后控制",它是指在计划执行后,所有组织活动已完成的情况下,管理者根据搜集到的反馈信息,对计划执行的最终结果进行考核分析,针对过去出现的偏差总结纠偏措施。反馈控制的目的不是对既成的事实进行纠正,而是为即将开始的下一过程提供控制的依据。

在进行反馈控制时,偏差已经产生,时间上具有一定的滞后性,但有助于帮助管理者把握一定的管理活动状况和规律,为运用预先控制和同期控制创造条件。

老师讲故事

扁鹊论医

扁鹊是战国时名医家喻户晓,但人们不知道扁鹊的其他弟兄也都是医生,而且医术都不错。魏文王知道了他家的情况,便问扁鹊,你兄弟三人,谁的医道最好?扁鹊回答:长兄最好,二哥次之,我最差。魏文王听了一愣,忙问道:那怎么你的名声最大?扁鹊说:我长兄治病,是在病发作前,一般人还未感到病的危害他就给治好了。我二哥治病是在病的初发期,一治就好,所以,别人以为他只能治些小病。我治病是在病情严重的时候,病人十分痛苦,甚而有性命危险,所以,我治病的影响最大。

(资料来源:http://www.zhongyao.org.cn/yi/wh/bg/200802/90052.html)

(二)按照控制的手段分类

1.直接控制。

直接控制是指通过培训等形式,提高管理人员的素质和责任感,使他们能够熟练地应用管理的概念、技术和原理,以系统的观点来进行和改善自己的管理工作,实施自我控制,从而防止出现因管理不善而造成的不良后果。直接控制重视管理者的素质,同时鼓励采用自我控制的办法,使管理者在计划执行过程中自觉承担责任并改正错误。

2.间接控制。

间接控制是指控制者不直接与被控制者接触,而是通过中间手段,如绩效考评、职务升降、奖励惩罚等措施,对被控制者工作中出现的偏差进行分析,并追究个人责任以改进未来工作的一种控制。间接控制是以一些事实为依据的:人们常常会犯错误,或常常没有觉察到那些即将要出现的问题,因而不能及时采取适当的纠偏或预防措施。

在实际工作工程中,一旦出现问题,产生偏差的原因是很多的,比如自然灾害等不可控因素,此时运用间接控制并不能起作用。间接控制主要针对由管理人员主观原因造成的管理的失误和工作的偏差起作用,它主要帮助管理人员总结经验教训,增强判断能力,提高管理水平。

老师讲故事

割草的男孩

一个替人割草打工的男孩打电话给一位太太说:"您需不需要割草?"

太太回答说:"不需要了,我已有了割草工。"

男孩又说:"我会帮您拔掉花丛中的杂草。"

太太回答:"我的割草工也做了。"

男孩又说:"我会帮您把草与走道的四周整理好。"

太太说:"我请的那人也已做了,谢谢你,我不需要新的割草工人。"

男孩便挂了电话,此时男孩的室友问他说:"你不是就在太太那割草打工吗?为什么还要打这电话?"

男孩说:"我只是想知道我做得有多好!"

(资料来源:http://www.docin.com/p-1096468436.html)

(三)按照控制时采用的方式分类

1.集中控制。

集中控制是指在组织内部建立集中的控制中心,根据系统的状态和控制目标,直接发出指令,对组织的所有子系统及其活动进行控制。集中控制是一种较低级的控制,只适用于结构简单的系统,如小型企业、家庭作坊等。

2.分散控制。

分散控制是与集中控制相对的一种控制形式,是指将系统中的控制部分看成若干分散的、有一定独立性的子控制系统，这些子系统各司其职、各负其责，通过对局部的控制活动来完成大系统所要达到的目标。

分散控制没有统一的控制器，全部控制功能分散在各个子运算中完成，在此控制方式中，各子运算的输出、输入信号及系统信号相互关联。分散控制的时序可以是同步的，也可以是异步的。

分散控制的优点是针对性强，信息传递效率高单，系统适应性强；缺点是信息不完整，整体协调困难。分散控制适用于系统组织较松散的部门，如城市各交叉路口的交通管理、企业集团的一些分支企业等。

3.分层控制。

分层控制又称"等级控制"，是一种把集中控制与分散控制结合起来的控制方式，它兼顾了两者的优点，又规避了两者的不足。分层控制的控制指令由上往下传达，越往下越详细，反馈信息由下往上传达，越往上越精炼，各层次的监控机构都有隶属关系，职责分明，分工明确，是一种较为理想的控制方式。

任务二 控制过程

 问题导入

关于降落伞的真实故事

这是一个发生在第二次世界大战中期，美国空军和降落伞制造商之间的真实故事。当时，降落伞的安全度不够，即使经过厂商努力的改善，降落伞的良品率已经达到了99.9%，但是美国空军却对此公司说"No"，他们要求所交降落伞的良品率必须达到100%。于是降落伞制造商的总经理便专程去空军商讨此事，看是否能够降低这个水准，美国空军当然一口回绝，因为品质没有折扣。

后来，军方改变了检查品质的方法。那就是从厂商前一周交货的降落伞中，随机挑出一个，让厂商负责人穿上装备，亲自从飞行中的机身跳下。这个方法实施后，不良率立刻变成0%。

（资料来源：http://www.docin.com/p-1096468436.html）

思考：

1.美国空军向降落伞制造商提出的要求是什么？

2.你从这则案例中获得了哪些启示？

一、有效控制的程序

控制职能是一项重要的管理职能,也是一个不断循环往复的管理过程,但就一次控制活动来看,主要由三个阶段构成:确定控制标准、根据标准衡量实际工作、纠正偏差。

(一)确定控制标准

这是开展控制工作的第一步,也是控制过程的起点。控制标准的确定是控制顺利实施的关键。控制是为了确保实际工作与计划保持一致,因此计划是控制的依据,是开展控制工作的前提条件。但由于计划只是对工作目标及行动方案的总体规划和安排,无法做到详尽具体,因此,在进行控制时,为了确保组织开展的各项实际活动能尽量按计划执行,就需要建立一套科学的控制标准,使这些标准成为衡量实际工作的详细依据和规范。

1. 控制标准及其分类。

标准是人们检查和衡量工作及其结果(包括阶段结果与最终结果)的规范。制定标准是进行控制的基础,没有一套完整的标准,衡量绩效或纠正偏差就失去了客观依据。

控制标准按照标准的性质划分,可以分为定量标准和定性标准两大类。

(1)定量标准。

定量标准是指能够以一定形式的计量单位直接计量的标准。定量标准便于度量和比较,是控制标准的主要表现形式。

定量控制标准主要分为实物标准、财务标准和时间标准,如产品的产量、销售量、直接费用、间接费用、工期、生产周期等。

(2)定性标准。

定性标准是指难以用计量单位直接计量的标准,主要用于有关服务质量、组织形象、组织成员的工作表现等。

尽管难以量化,但为了使定性标准便于掌握和控制,企业有时也尽可能地采用一些可度量的方法,例如,产品等级、合格率、顾客满意度等指标就是对产品质量的一种间接衡量。在实际运营过程中,对于一个企业而言,常用的标准主要有时间标准、数量标准、质量标准、消耗标准和行为标准。

2. 关键控制点的选择。

对于复杂的经营活动,控制人员不可能事事都亲自观察,现场监督每一个环节和步骤。在管理实践中,随着组织运营活动的开展,会出现一些对业务活动开展起到限定性的不利因素。因此,管理者必须对一些关键控制点,加以特别的注意。有了这些关键控制点给出的各种信息,各级管理人员可以不必详细了解计划的每一细节,就能保证整个组织计划的顺利贯彻执行。

老师讲故事

逃离笼子的袋鼠

有一天动物园的管理员们发现袋鼠从笼子里跑出来了,于是开会讨论,一致认为是笼子的高度过低,从而导致袋鼠从笼子里跳了出来。所以他们决定将笼子的高度由原来的10米加高到20米。谁知第二天,他们发现袋鼠依旧能够跑到外面来,所以他们又决定再将高度加高到30米。

然而,没料到第三天居然又看到袋鼠全跑到外面,于是管理员们大为紧张,决定一不做二不休,索性将笼子的高度加高到一百公尺:"嘿嘿,这下子看你还能不能跳出'如来佛的掌心'?"

第四天,袋鼠还是从笼子里跑了出来,还与好朋友长颈鹿聊天呢。"你看,这些人会不会继续加高你们的笼子呢?"长颈鹿问。"很难说",袋鼠说,"如果他们继续忘记关门的话!"

3.确定标准的要求。

(1)标准的可量化程度要高。

标准的可量化程度越高,越便于在控制过程中对实际工作进行衡量,所以在确定标准时需要考虑到标准的可量化程度。

(2)标准应该具备可操作性。

确定标准是为了顺利地开展下一阶段的控制工作,只有具备可操作性,才方便控制人员进行技术上的实施。

(3)标准应该具有一定的弹性。

在确定控制标准时,要注意留有一定的弹性,允许出现一定的偏差,从而增强对环境变化的适应性,保证控制工作的顺利开展。

(4)标准应该有利于组织目标的实现。

由于标准对控制工作具有一定的指导性,会引导控制对象的行为,因此标准应当与组织的目标保持一致。

案例链接

保洁员优质服务标准

1.每天上午九点前,清洁区重点部位应干净整洁。

2.清洁区地面无纸张、无树叶、树枝及积水。

3.清洁区无垃圾、无渣土堆积、无乱贴乱画。

4.玻璃、窗户及相关设施无尘土及污染。

5. 厕所无异味、无蚊虫、无积水、便池要冲刷无积垢。
6. 垃圾清运要及时。
7. 墙面无积尘、无蜘蛛网。
8. 清洁区、沟道内无垃圾落叶。
9. 认真完成领导交给的其他任务。

(二)根据标准衡量实际工作

控制的第二个阶段就是以所确定的控制标准为依据,对实际工作进行检查、监督和比较,从而确定实际绩效与各项标准之间的偏差,进而为下一步相应的调整措施做好准备。

1. 获取实际工作绩效的相关信息。

衡量实际工作的目的就是取得控制对象的相关信息,及时、准确地掌握偏差信息,并判断偏差的严重性和可控性,进而判断是否需要采取一定的纠偏措施。这一环节中信息的搜集和整理显得尤为重要,在实际工作中,常用的信息收集方法主要有以下几种。

(1) 现场观察。

控制人员通过亲临现场进行实地查验来获取工作实际进展情况以及存在的问题,这是最直接也最常用的一种方式,其中走动管理是其典型形式,能给管理人员提供发现隐情的机会,获得其他来源可能疏漏的信息,方便及时地发现并解决问题。但现场观察比较费时费力,容易受到时间的限制,加上可能受到管理者个人主观因素的影响,这种方法本身就存在一定的局限。

(2) 口头汇报。

口头汇报是指信息通过会议、聚会、面谈或电话沟通等口头汇报的方式来获取。这种方法相对比较快捷,但也会因汇报人而影响所获取信息的客观性和真实性。同时,通过这种方式获取的信息也不方便进行存档保存。

(3) 书面报告。

书面报告与口头汇报相比要正式一些,也方便存档保存,但不如口头汇报方式快捷,也容易收到汇报人书面表达能力的影响。

(4) 抽样检查。

抽样检查是指从一批产品中随机抽取少量产品(样本)进行检验,据以判断该批产品是否合格的统计方法。管理者在控制过程中也可通过随机检查被监控对象的某一部分工作来推测全部工作的进展情况。

(5) 统计报告。

在实际工作中,管理者会采集到有关工作开展的各种分析报表资料等,统计报告就是将这些所采集到的数据进行加工处理后获得的信息。统计报告主要受到原始数据准确性与全面性的影响。

2. 比较衡量偏差。

管理者在搜集到绩效信息后,需要将其与控制标准进行对比分析,确定偏差是否存在,是否达到严重的程度,最终判断是否需要及时地采取纠偏措施。

3. 确定适宜的控制频度。

控制工作的开展,对于实际工作可以起到一定的积极作用,但为了进行有效和可行的控制,也要避免出现控制过多或控制不足的现象。控制过多,有可能增加控制的成本,并且可能引起相关人员的抵触和不满,从而影响到工作的成效。控制不足,则偏差不能被及时发现,或者因偏差过大而产生不可挽回的严重后果。

因此,衡量实际工作时要确定适宜的控制频度。

(三) 纠正偏差

控制的第三个阶段就是纠正偏差,这一阶段是在前面两个阶段工作的基础上,针对所发现的超出可接受范围的偏差,及时采取措施予以纠正,使其恢复到正常的轨道上来。

1. 找出偏差产生的原因。

在管理过程中,实际绩效与偏差偏离的原因主要有以下几种:

(1) 计划或标准本身就存在问题。

如果计划或标准本身就存在问题,例如,管理者制定的计划不切合实际,目标定得过高或过于保守,在实际执行过程中,执行者就会遇到诸多的困难而导致实际工作与计划不一致。

(2) 组织内外部环境发生了变化。

即便计划或标准是科学合理的,在实际运营过程中,计划的执行情况也会因为组织的内外部环境发生变化而产生偏差。

从组织的内部环境看,组织调整了经营方针和经营策略;员工本身不愿意配合计划的执行,在执行过程中缺乏责任感;公司的激励机制不够健全,制度不够完善等,都容易导致计划执行无法正常进行。

从组织的外部环境看,计划的执行也会因市场环境、国家政治和经济环境以及消费者需求等因素发生变化而受到影响。

2. 采取恰当的纠偏措施。

在对偏差产生的原因进行了深入分析之后,管理者就要根据偏差产生的不同原因而选择不同的纠正措施。常见的纠正偏差的方法主要有以下两种:

(1) 调整或修订原有的计划或标准。

从产生偏差的原因看,计划或标准在制定之初就可能存在问题。如果是组织内外部环境发生了变化,使得原本的计划无法适应实际运营情况的需要而出现问题,这时就需要对原有的计划或标准进行调整或修订。

（2）改进工作方法。

在确认计划或标准不存在问题的情况下，说明问题存在于工作本身，这个时候采取的纠偏措施就是改进工作方法，例如，变动组织结构，改变管理模式，健全管理制度，完善激励机制，做好人员调整和培训等。

 知识小巴士

蝴蝶效应

蝴蝶在热带轻轻扇动一下翅膀，遥远的国家就可能形成一场飓风。蝴蝶效应是指在一个动力系统中，初始条件下微小的变化能带动整个系统的长期的巨大的连锁反应，这是一种混沌现象。美国气象学家爱德华·罗伦兹于1963年发表的一篇论文中提出了这个理论。

蝴蝶效应通常用于天气、股票市场等在一定时段难以预测的比较复杂的系统中。此效应说明，事物发展的结果对初始条件具有极为敏感的依赖性，初始条件的极小偏差将会引起结果的极大差异。

蝴蝶效应在社会学界用来说明，一个坏的微小的机制，如果不加以及时地引导、调节，会给社会带来非常大的危害，被称为"龙卷风"或"风暴"；一个好的微小的机制，只要正确指引，经过一段时间的努力，将会产生轰动效应，被称为"革命"。

蝴蝶效应之所以令人着迷、令人激动、发人深省，不但在于其大胆的想象力和迷人的美学色彩，更在于其深刻的科学内涵和内在的哲学魅力。混沌理论认为在混沌系统中，初始条件的十分微小的变化经过不断放大，对其未来状态会造成极其巨大的差别。

正如下面的这支民谣：

丢失一个钉子，坏了一只蹄铁；

坏了一只蹄铁，折了一匹战马；

折了一匹战马，伤了一位骑士；

伤了一位骑士，输了一场战斗；

输了一场战斗，亡了一个帝国。

马蹄铁上一个钉子的丢失，本是初始条件的十分微小的变化，但其长期效应却是一个帝国的灭亡。这就是军事和政治领域中的所谓"蝴蝶效应"。一个明智的领导人一定要防微杜渐，看似一些极微小的事情却有可能造成集体内部的分崩离析，到时岂不是悔之晚矣？

(资料来源：李镜.管理学基础.大连理工出版社)

二、有效控制的原则

(一)控制的重点原则

管理者应该密切关注出现偏差的具体事项,认真分析偏差对于计划和目标造成的影响,处理好全面控制和重点控制的关系,找出关键控制点,重点对关键事项进行纠偏处理,这就是所谓的重点原则。无论什么性质的工作往往存在多个目标,但总有一两个是最关键的目标,只有控制好最关键的,才能更好更快地起到纠偏的效果。

(二)控制的及时性原则

"千里之堤,溃于蚁穴",控制是一个纠正偏差的过程,偏差一旦出现如果未能及时得以纠正,便很可能会迅速恶化,给整个组织发展造成无法挽回的严重影响。高效率的控制系统,要能迅速发现问题并及时采取纠正偏差的措施。

(三)控制的灵活性原则

控制过程中,可能发生某些未能预测到的事件,如环境突变、计划疏忽、计划失败等,因此,在控制过程中要制定多种应付变化的方案,采用多种灵活的控制方法来达到控制目的,尽量避免不确定性因素带来的影响。

(四)控制的经济性原则

控制是一项需要投入大量人力、财力和物力等各种资源的活动,如果控制过程中投入巨大,不仅对组织本身会造成较大的负担,也会降低管理者开展控制工作的积极性。因此,在控制活动中,要注意选择正确的控制点,同时尽量降低控制的耗费,通过改进控制方法和手段,以最少的资源投入取得最理想的控制效果。

(五)控制的可操作性原则

控制最终的落脚点是发现偏差后采取一定的纠偏措施,从而保证各项措施得以落实。要达到以上目的,就务必确保各项措施具有技术上的可操作性,能正常投入实际的运作过程。

案例链接

海尔 1985 年砸冰箱事件

1985 年,海尔生产的第一批冰箱不合格,张瑞敏坚决把不合格的冰箱拿出来砸掉。

这件事让海尔全员的质量意识大大地提高,在 1988 年 12 月获得全国同行业的

第一块金牌。拿到金牌之后,张瑞敏又对他的员工说,我们拿到的是一块"全运会"金牌,下一步我们就要拿"奥运会"金牌。于是海尔的员工树立起严格的质量观。所有的员工都知道,我们要拿"奥运会"金牌,我们要以质量使得我们的产品走向全球。

海尔在生产经营中始终向员工反复强调一个基本观点:用户是企业的衣食父母。在生产制造过程中,他们始终坚持"精细化、零缺陷",每个员工都明白"下道工序就是用户"。每个员工将质量隐患消除在本岗位上,从而创造出了海尔产品的"零缺陷"。海尔从未发生过一起质量事故,产品开箱合格率始终保持在100%。

(资料来源:http://www.docin.com/p-1096468436.html)

任务三　控制方法

 问题导入

电子监控系统

某家公司办公室安装了电子监控系统,目的是让管理者直接地进行管理和监控。监控系统安装之后,有一定的成效,但是并没有激发员工更多的热情。因为员工花费了很多时间了解客户,这种被称为"电子警察"的系统让他们感到很不高兴,他们认为管理者可以对他们所有的行动进行监视并通过"遥控"来威胁他们。优秀的管理者通常是那些在员工和他们自己之间创造信任的人,但是电子监控系统破坏了信任关系。

(资料来源:李镜.管理学基础.大连:大连理工出版社,2014.)

思考:
1.该公司管理者对员工采用了怎样的监控手段?
2.员工对于这样的监控方法持什么态度,你从中获得什么启示?

一、预算控制法

在管理控制中使用最广泛的一种控制方法就是预算控制法。预算控制最清楚地表明了计划与控制的紧密联系。预算是计划的数量表现。预算的编制是作为计划过程的一部分开始的,而预算本身又是计划过程的终点,是转化为控制标准的计划。

预算控制在管理控制中还起到了协调和激励作用。一方面,在编制预算的过程中,组织首先要思考的是资源和利益之间的协调,在执行预算的过程中,组织内部的各个要素需要相互磨合、相互促进和有效沟通,这样预算控制可以使各个部门、各个步骤相互协调,保障组织工作有序运行。另一方面,如果组织预算中管理部门能辅之以相应的物质或精神奖励,就可以有效地调动员工积极性,激发员工潜能,使整个组织的效率明显提高。

(一)预算的分类

1.经营预算。

经营预算是指企业日常发生的各项基本活动的预算,它主要包括销售预算、生产预算、直接材料采购预算、直接人工预算、制造费用预算、单位生产成本预算、推销及管理费用预算等。

2.投资预算。

投资预算是对企业的固定资产的购置扩建、改造、更新等,在可行性研究的基础上编制的预算,它主要包括在何时进行投资、投资多少、资金从何处取得、何时可获得收益、每年的现金流量为多少、需要多长时间回收全部投资等。

3.财务预算。

财务预算是指企业在计划期内反映现金收支、经营成果和财务状况的预算,它主要包括现金预算、预算收益表、预计资产负债表等。

案例链接

疯狂扩张的代价

中联公司成立于1992年,是经国务院批准注册的国有大公司,注册资金为6亿元人民币。

公司组建伊始,高层领导不是按规律经营,客观地分析主客观环境,慎重地选择主业,制定正确的战略,脚踏实地地打好公司发展的基础,而是四处"招兵买马",急速扩大规模。中联公司在全国各地迅速地注册公司,短短一年时间之内,注册二级公司20多个,三级公司50多个,四级公司更是遍布全国。在注册资金不到位的情况下,本应采取重点战略,以求在部分项目上取得突破,打下基础后再进行扩张。然而,该公司采取分散兵力、盲目扩张的方式,几年过去了,偌大的一个公司,竟没有像样的主业支撑,再加上内部管理上的混乱,注定难逃失败的厄运。其子公司,既没有正确有力的经营战略指导,又没有有效的控制机制,不仅经营不力,与总公司的关系也极为不正常。由于盲目扩张,公司从1994年开始,资金周转困难,债台高筑,对下属公司的管理失控,陷入了全面危机。于是,国务院及主管部门下令该公司内部整顿,收缩战线,确定主导产业。但是已病入膏肓的中联公司已无力自救,1997

年,国务院不得不派驻工作组,对该公司进行全面清理整顿。一个曾红极一时的国有公司倒下了。

(资料来源:http://wenku.baidu.com/)

(二)预算的作用

预算的实质是用统一的货币单位为企业各部门的各项活动编制计划。预算能使企业在不同时期的活动效果和不同部门的经营绩效具有可比性;为协调企业活动提供了依据;为企业的各项活动确立财务标准;方便了控制过程中的绩效衡量工作,并为采取纠正措施奠定了基础。

(三)预算控制的基本步骤

1. 编制预算,制定标准。

制定企业发展的总预算是开展预算控制的第一步,接着编制部门预算和综合预算。

2. 执行预算,实际与标准进行比较。

以所编制的预算为标准,及时或定期检查预算的执行情况,观察实际工作效果是否在预算范围内。

3. 纠正偏差。

如果发现实际工作超出了预算范围,需要对预算差异进行衡量,若偏差较大、会对企业发展造成严重影响时,就需要采取措施加以纠正,使实际工作尽量控制在预算范围,保证企业经营活动的正常进行。

二、非预算控制法

除预算控制方法以外,管理控制工作中还有许多不同种类的控制手段和方法,非预算控制就是这些控制方法的总称。常见的非预算控制方法如下:

(一)现场视察法

视察也许算得上是一种最古老、最直接的控制方法,它的基本作用就在于获得第一手的信息。视察的优点不仅仅在于能掌握第一手信息,还在于能够使组织的管理者不断更新自己对组织的认识,让他们意识到事情进展以及组织系统运转得正常。视察还能够使得上层主管人员发现被埋没的人才,并从下属的建议中获得不少启发和灵感。此外,上级亲自视察有激励下级的作用,使得下级感到上级在关心着他们。所以,上级经常亲临现场视察,有利于创造一种良好的组织气氛。当然,主管人员也必须注意视察可能引起的消极作用。例如,下级可能误解上级的视察是对他们工作的一种干涉和不信任,或者当作不能充分授权的一种表现。

(二)专题报告法

报告是用来向负责实施计划的主管人员全面地、系统地阐述计划的进度情况、存在的问题及原因、已经采取的措施、收到的效果、预计能出现的问题等情况的一种重要方式。对报告的基本要求是必须做到突出重点、指出例外情况,主要是针对非常规的具体问题进行详细的分析,及时反映企业发展过程中的意外情况。

(三)统计分析法

统计分析法是指通过对研究对象的规模、速度、范围、程度等数量关系的分析研究,认识和揭示事物间的相互关系、变化规律和发展趋势,从而对事物进行正确解释和预测的一种研究方法。当组织规模逐渐扩大,组织外部环境的不确定性和复杂性日益增强,各种因素相互交织,仅仅凭借管理者的经验有时很难发现导致偏差的原因。如果能使用一些统计学知识,建立分析模型,对把握控制关键点会有很大的帮助。

一个具有完善的统计工作制度的企业,在生产经营中,决策者及管理层将会获得以下几个方面的优势:

1. 统计分析能综合反映和表现企业的生产经营现状,为管理者的决策提供数据支持。
2. 统计分析能为企业的综合管理提供决策依据。
3. 统计分析是提高企业经营管理水平的保障。
4. 统计分析是检验企业决策正确性的基础。

实践活动

(一)实训目的

1. 增强学生对控制职能的感性认识。
2. 熟练运用控制职能相关知识,分析现代企业管理实例。

(二)实训内容

1. 将班级分成若干小组,对企事业单位实地走访或通过查找互联网、报刊资料等途径,寻找并搜集企业进行有效控制的真实案例。
2. 各小组将所搜集的案例用控制职能的相关知识进行分析,分享所搜集案例中企业的详细控制步骤。

基础训练

一、单项选择

1. "防患于未然"体现了以下哪种控制类型（   ）。
   A. 反馈控制   B. 前馈控制   C. 现场控制   D. 间接控制
2. 在确定控制标准时，需要满足如下要求，除了（   ）。
   A. 标准应该具备可操作性   B. 标准应该具有一定的弹性
   C. 标准应该有利于组织目标的实现   D. 标准应该在最短的时间内确定
3. 要进行有效的控制，必须坚持的基本原则不包括（   ）。
   A. 重点原则   B. 及时性原则   C. 灵活性原则   D. 全面性原则
4. 在组织内部建立集中的控制中心，根据系统的状态和控制目标，直接发出指令，对组织的所有子系统及其活动进行控制，这种控制属于以下哪一种（   ）。
   A. 集中控制   B. 直接控制   C. 现场控制   D. 间接控制
5. 将控制分为直接控制和间接控制的分类标准是（   ）。
   A. 控制信息获取的时间   B. 控制的手段
   C. 控制时采用的方式   D. 控制的对象

二、多项选择

1. 控制在管理活动过程中发挥了重要作用。主要体现在（   ）。
   A. 控制是完成组织计划、实现组织目标的重要保证
   B. 控制促进其他管理职能的顺利实施
   C. 控制是提高组织效率的有效手段
   D. 控制帮助组织更好地适应内外部环境的变化
2. 按照控制信息获取的时间点来分类，我们将控制分为（   ）。
   A. 预先控制   B. 同期控制   C. 事后控制   D. 直接控制
3. 控制过程主要包括哪些阶段（   ）。
   A. 确定控制标准   B. 根据标准衡量实际工作
   C. 纠正偏差   D. 现场观察
4. 控制过程中，在衡量实际工作时，获取实际工作绩效相关信息的方法主要有（   ）。
   A 现场观察   B. 口头汇报   C. 书面报告   D. 抽样检查
5. 按照不同的内容可以将预算分为（   ）。
   A 成本预算   B. 经营预算   C. 投资预算   D. 财务预算

案例分析

信用卡公司的客户服务质量控制

美国某信用卡公司的卡片分部意识到高质量客户服务是多么重要。客户服务

不仅影响公司信誉，也和公司利润息息相关。比如，一张信用卡早到客户手中一天，公司可获得33美分的额外销售收入，这样一年下来，公司将有约140万美元的净利润。及时地将新办理的和更换的信用卡送到客户手中是提高客户服务质量的一个重要方面，但这远远不够。

决定对客户服务质量进行控制来反映其重要性的想法，最初是由卡片分部的一个地区副总裁凯西·帕克提出来的。她说："一段时间以来，我们对传统的评价客户服务的方法不大满意。向管理部门提交的报告有偏差，因为它们很少提及有问题但没有抱怨的客户，或那些只是勉强满意公司服务的客户。"她相信，真正衡量客户服务的标准必须反映持卡人的见解。这就意味着要对公司控制程序进行彻底检查。第一项工作就是确定用户对公司的期望。

了解了客户期望，公司开始建立控制客户服务质量的标准。所建立的近200条标准反映了诸如信用卡申请处理、账单查询等服务项目的可接受的服务质量。这些标准都基于用户所期望的服务的及时性、准确性和反应灵敏性上。

计划实施效果很好，比如处理信用卡申请的时间由35天降到15天，更换信用卡从15天降到2天，回答用户查询时间从16天降到10天。这些改进给公司带来的潜在利润是巨大的。例如，办理新卡和更换旧卡节省的时间会给公司带来1700多万美元的额外收入。另外，如果用户能及时收到信用卡，他们就不会使用竞争者的卡片了。

该质量控制计划潜在的收入和利润对公司还有其他的益处，该计划使整个公司都注重客户期望。各部门都以自己的客户服务记录为骄傲。每个雇员都对改进客户服务作出了贡献，员工士气大增。每个雇员在为客户服务时，都认为自己是公司的一部分，是公司的代表。

卡片分部客户服务质量控制计划的成功，公司其他部门纷纷效仿。无疑，它对该公司的贡献是非常巨大的。

思考：
1. 该公司控制客户服务质量的计划是前馈控制、反馈控制还是现场控制？
2. 找出该公司对计划进行有效控制的三个因素。
3. 为什么该公司将标准设立在经济可行的水平上，而不是最高可能的水平上？

项目十一
管理创新

❋ 任务分解

【知识指标】
1. 了解管理创新的概念、必要性和特点,熟悉管理创新的过程。
2. 掌握管理创新的五大内容。
3. 掌握管理创新的方法。

【技能指标】
1. 能够根据管理创新理论对特定组织管理中的问题提出改进和创新建议。
2. 增强学生的创新意识和创新精神,使学生具备一定的创新能力。

❋ 知识结构图

管理创新
- 初识管理创新
  - 管理创新的概念
  - 管理创新的必要性
  - 管理创新的特点
  - 管理创新的过程
- 管理创新的内容
  - 管理理念创新
  - 组织结构创新
  - 管理方法创新
  - 管理模式创新
  - 管理制度创新
- 管理创新的方法
  - 创新性思维的涵义
  - 创新性思维的基本特征
  - 创新性思维的表现形式
  - 管理创新的方法

项目十一　管理创新

任务一　初识管理创新

温柔乞讨

从前,有位失明的男孩子,他坐在一栋大厦前的台阶上,脚边放着一个破帽子,他的手里举着一个牌子,上面写着——"我是一个瞎子,请你帮帮我。"

一个男子从他身旁走过,他看见帽子里只有很少的几枚硬币,于是掏出些钱放进他的帽子里。然后,他取出笔,在男孩手中的牌子反面写上一行字,让他把牌子反过来举着。

没想到这样一改,很多人从男孩身边经过的人都投下了钱。下班时,那个男子再次从男孩身边走过,看见帽子里面的钱已经满了。男孩听出了他的声音,问道:"您是今天中午那个改写我牌子的人吗?您在上面写了些什么?"

男子答道:"我写的其实和你的实质一样,但我用了不同的表达方式。我写的是今天是美好的一天,可我看不到它。"

(资料来源:http://wenku.baidu.com/)

思考:

1. 为什么牌子被修改后会有更多的人给男孩钱?
2. 这个故事给你带来了怎样的启发?

一、管理创新的概念

创新是指突破现有的思维模式,提出有别于常规思路的见解,利用现有的知识和物质,在特定的环境中,本着理想化需要或为满足社会需求,改进或创造新的事物、方法、元素、路径、环境,并能获得一定有益效果的行为。

创新是以新思维、新发明和新描述为特征的概念化过程。其起源于拉丁语,有三层含义:更新、创造、改变。

当代著名的管理大师德鲁克认为:创新是企业家精神的特殊形式,创新就是改变资源的产出;创新不一定是技术上的,甚至可以不是一个实实在在的东西。

管理创新主要是从管理学角度对创新的内涵进行定义,是指一定的社会组织,从管理的基本职能出发,为适应经济和社会发展的需要,在科学理论的指导下,运用恰当的方法,对组织中各种管理资源进行创造性改革或重组,使组织管理工作处于动态协调和良性发展之中的活动。

二、管理创新的必要性

对于组织的整个管理过程而言,组织、领导与控制是保证计划目标实现所不可缺少的方式。从某种意义上来说,它们同属于管理的"维持职能",其任务是保证管理系统按预定的方向和规则运行。但是,管理是在动态环境中生存的社会经济系统,组织赖以生存和发展的内外部环境不断在发生着变化,这些变化必然会对管理的各种要素产生不同的影响。我们若不及时地根据内外部环境的变化进行局部或全局性的调整和创新,就很可能因为不能适应环境的变化而逐渐被淘汰。因此,仅有"维持职能"是不够的,为了保证组织的长期稳定健康发展,不断增强组织对内外部环境的适应性,还必须具备"创新职能"。卓越的管理应该是维持职能与创新职能相结合的管理,就这一点而言,创新也应成为管理的主要职能之一。

案例链接

关于创新的名言警句

1. 穷则变,变则通,通则久。——《周易·系辞下》

2. 创新是一个民族进步的灵魂,是一个国家兴旺发达的不竭动力,也是一个政党永葆生机的源泉。——江泽民

3. 不创新,就灭亡。——亨利·福特

4. 对企业来讲,要么创新要么死亡。——现代管理学之父,彼得·德鲁克

5. 对于一个艺术家来说,如果能够打破常规,完全自由进行创作,其成绩往往会是惊人的。——卓别林

三、管理创新的特点

(一)系统性

管理的系统性决定了管理创新的系统性。管理中的各个因素都密切相关,因此创新具有整体性,独立的部门或个人创新会遭受强大的阻力。

(二)职能性

组织的稳定健康发展离不开计划、组织、领导和控制等管理的基本职能,也离不开创新。管理创新能提高组织生存能力和环境适应力,是组织在市场经济条件下生存发展的基本条件,因此创新也是管理的主要职能之一。

（三）风险性

管理创新可能成功，也可能失败，这种不确定性就构成了创新的风险。因此，在创新过程中，只准成功、不许失败的要求，实际上是不切实际的。只能通过科学的设计与严格的实施来尽量降低创新的风险。

（四）动态性

管理创新是一个动态的过程。在市场经济条件下，唯一的不变就是一切都在变。因此，任何创新都不可能是一劳永逸的，而只有不断的变革和创新，才能适应时代的要求。

（五）全员性

管理创新要以人为本。创新必须尽可能多地取得组织全体员工的支持和积极参与，否则，创新就很难成功。

案例链接

科研招标

为了建立创新型国家，如何让我们有限的科研经费发挥更大的作用？中央财经大学徐焕东教授提出了一个新办法：废除课题经费预拨制，建立创新成果政府采购制。

他提出："对于已经取得成果的项目实行招标采购，得到的是一种实质性的成果；而事前支付巨额资金，获得的只是一种创新的可能，由于激励效果不明显，只会带来一种相对比较小的成功几率。"

徐焕东教授指出，建立科研项目政府采购制，即课题经费不再提前预拨，而是将项目公布于众，号召全社会有能力的人争相研究，谁的成果好，谁能带来社会效益，谁就可以获得大额奖励。

（资料来源：http://wenku.baidu.com/）

（六）变革性

管理创新一般涉及企业内权益关系的调整，因此，管理创新实质上就是一场深刻的变革。

四、管理创新的过程

管理创新过程是一个渐进的过程，是从无到有，从认识到认知，从认知到创新的过程。从管理创新的整个过程来看，管理创新主要经历了以下四个阶段：

(一)发现问题并分析问题产生的原因和背景

组织管理创新的第一步是密切关注、系统分析组织管理中存在的问题。

1. 发现组织管理中出现的新的问题和危机。

组织在发展过程中,随着内外部环境的变化,可能会出现各种阻碍组织正常发展的不利因素。针对这些不利因素,管理者务必要加强关注,判断其对组织的发展产生实质性影响。

2. 分析问题产生的原因和背景。

发现问题后,组织需要对问题和危机进行深层次分析,不利因素产生的原因既可能存在于系统内部,也可能存在于系统外部。系统内部原因主要有管理理念僵化保守、分配制度不合理、组织结构不科学、工作设施设备陈旧等;系统外部原因主要有市场经济环境的变化、技术以及政府的政治经济政策的变动等。这些都有可能影响组织的工作效率和组织目标的实现。

(二)提出创新方案并进行筛选

1. 创新定位。

分析问题的原因和背景之后,就需要找出组织现有状态同理想状态之间的差距,明确管理创新的内容,这一过程就是创新定位,属于创新前的筹备工作。

对于一个企业来讲,创新定位一般包括以下内容:

(1)通过市场调研,收集有关企业自身、客户、竞争者和社区公众等方面的信息。

(2)对市场进行细分。

(3)对消费者的需求和本企业的资源条件作出正确的评估和分析。

(4)进行详细的 SWOT 分析,识别潜在竞争优势和存在的明显劣势。

(5)根据以上分析确定目标市场。

(6)进行特定产品定位,即确定目标市场。

(7)进行品牌定位。

(8)根据以上分析,进行公司定位。

(9)向市场传递定位信息,并通过具体营销策略使企业核心优势得以充分发挥。

2. 形成创新方案。

创新方案包括创新工作的计划、步骤与进程等内容。在这个过程中,组织需要运用多种创新方法和技术手段,提出解决问题的创新构想,并在创新条件、创新原则、创新目标等约束下,对创意进行比较、筛选、综合,从而形成比较具体可行的创新方案。

3. 细化创新方案。

对最终确定的创新方案进行细化,明确创新目标,确定具体的实施细则和注意事项,确保创新方案能得到顺利的贯彻与实施。

(三)创新方案的贯彻与实施

这一阶段就是将上一阶段制定的详细的创新方案落实的过程。

1. 初步实施阶段。

在初步实施阶段需要注意的是,在对方案进行初步实施之前,需要做好宣传和沟通工作,尽量争取管理创新主体与客体的认同,克服和消除方案变革的心理障碍,并争取激发人们参与创新工作的积极性,确保创新方案的顺利实施。

2. 持续实施阶段。

由于旧势力的根深蒂固以及人们对组织内外环境变化尚未完全适应,因此必须利用必要的强化手段,使参与组织创新的人员对变革的行为与态度固定下来并持久保持,从而确保管理创新的持续发展。

(四)创新方案的修正与模式确立

这是管理创新过程的最后阶段,在经过一段时间的强化、固定后,创新的领域开始呈现新的模式,并日益稳定,创新效果也日益明显。但因为创新方案未必会立刻与实际工作相匹配或协调,再加上环境本身的变化,企业需要随时对创新方案的实施情况进行监督、考核和修正,从而确保管理创新最终取得成功。

任务二　管理创新的内容

你替我搬

英国有一家大型图书馆要搬迁,由于该图书馆藏书量巨大,所以搬运成本算下来非常惊人。就在这时,有一个图书管理员想出了办法,那就是对读者们敞开借书,并延长还书日期,只要求读者增加相应押金,并把书还入新的地址。

这一措施最终得到了采纳,结果不但大大降低了图书搬运成本,还受到了读者的欢迎。

(资料来源:http://wenku.baidu.com/)

思考:
1. 这一措施为什么能得以采纳?
2. 你从这则案例中获得了什么启发?

随着社会进步以及对创新理论的深入研究,学术界对创新的内涵有了深刻的认识,把创新看成是一种追求创意的意识和一种勇于思索、积极探求的心理取向。创新的内容包括新思想、新学说、新方法、新理论和新技术,创新既包括事务发展的过程,又包括事务发展的结果。从管理的角度看,创新包括了以下五个方面的内容。

一、管理理念的创新

所谓理念,又称"观念",是指人们对客观事物的看法、思想或思维活动的成果。理念一旦形成,便会对人们的行为产生驱动、指向或制约作用。与人的行为一样,组织行为总是在一定的思想观念的支配下产生的。组织每一种行为的产生与实行,都是一定观念支配的结果。不同的观念必然支配不同的行为,也自然产生不同的结果。作为行为主体的组织,只有不断创新理念,才能不断适应内外环境的新变化,否则,就会逐渐被市场淘汰。

观念创新是管理创新的基础和前提,管理理念的更新是管理创新的先导。一切管理制度、管理模式、管理方式和方法都是一定管理思想的产物。观念创新直接表现为一种创新性思维活动,是对旧的思维方式的否定和改变。

在组织发展过程中,观念创新的主体,包括组织的最高层决策者、中间层管理者以及具体操作者。要想组织管理理念创新,就必须在组织内部自上而下进行观念的创新,这就要求管理者具有较高的知识素养和综合能力,并具有较好的洞察力和解决问题的能力。

案例链接

海尔的创新发展理念

海尔集团创立于1984年,经过三十多年发展,从一家资不抵债、濒临倒闭的小厂发展成为全球家电领先品牌。海尔秉承锐意进取的海尔文化,不拘泥于现有的家电行业的产品与服务形式,在工作中不断求新求变,积极拓展业务新领域。

2015年8月,海尔集团荣登中国制造企业协会主办的"2015年中国制造企业500强"榜单,排名第二十四位。

海尔的巨大发展成就,离不开它的发展理念:

1."日事日毕,日清日高"。

"OEC"是海尔集团创造的管理理念——"O"代表全方位、全过程、全面的质量管理;"E"代表每个人、每件事和每一天;"C"代表控制和清理。

"OEC"的内涵是日事日毕,日清日高,即当天的工作必须当天完成,每天都应该有所改善和提高。

2."人人是人才,赛马不相马"。

当下缺的不是人才,而是出人才的机制。管理者的责任就是要通过搭建"赛马场",为每个员工营造创新的空间,使每个员工成为自主经营的战略业务单元。

具体而言,包含三条原则:一是公平竞争,任人唯贤;二是"职适其能",人尽其才;三是合理流动,动态管理。在用工制度上,实行优秀员工、合格员工、试用员工"三工并存,动态转换"的机制。在干部制度上,海尔对中层干部实行分类考核,每一位干部的职位都不是固定的,届满轮换。海尔人力资源开发和管理的要义是,充分发挥每个人的潜在能力,让每个人每天都既能感到来自企业内部和市场的竞争压力,又能够将压力转换成竞争的动力,这就是企业持续发展的秘诀。

二、组织结构的创新

组织结构是企业全体职工为实现企业目标,在管理工作中进行分工协作,在职务范围、责任、权力方面所形成的结构体系。不同的组织结构设计会给企业带来完全不同的影响,企业组织结构是否科学有效,直接影响到企业组织能否进行高效运转。

所谓组织结构创新包含两方面的含义:第一,企业可以对其中的一个或多个关键要素加以变革。第二,企业可以对实际的组织结构设计作出重大的变革。

目前,组织结构创新主要有以下几种形式:

(一)学习型组织

学习型组织是由美国麻省理工学院的圣吉教授等在知识化、信息化的时代背景下,充分吸收东西方管理文化的精髓,提出的以系统动力学为基础的一种崭新的企业管理模式。圣吉教授在其著作《学习型组织的艺术与实践》中提出了学习型组织所需的五项修炼,包括建立愿景、团队学习、改变心智、自我超越、系统思考。

学习型组织能够不断地、持续地进行有组织的学习,通过培养整个组织的学习气氛,充分发挥员工的积极性、主动性和创造性,从而实现持续发展。

(二)虚拟组织

虚拟组织是一种区别于传统组织的以信息技术为支撑的人机一体化组织,其以现代通讯技术、信息存储技术、机器智能产品为依托,实现传统组织结构、职能及目标。组织成员通过高度自律和高度的价值取向共同实现团队共同目标。

虚拟组织具有较大的适应性,在内部组织结构、规章制度等方面具有敏捷性,共享各成员的核心能力。虚拟组织是通过整合各成员的资源、技术、顾客市场机会而形成的,它的价值就在于能够整合各成员的核心能力和资源,从而降低时间、费用和风险,提高服务能力。虚拟组织中的成员必须以相互信任的方式行动。合作是虚拟组织存在的基础,在合作中必须彼此信任。

案例链接

"美特斯·邦威"的虚拟经营模式

1994年,"美特斯·邦威"品牌创建之时,集团创始人周成建只拥有400万元的原始资本。对于如此有限的资金,他深感为难:满足市场需求需要成倍购买机器扩大生产,但如果把钱用于建立工厂,其他工作也做不了,更别说创立品牌。周成建硬是开出一套独特的经营模式,用他自己的话说,这就是"借鸡生蛋"(定牌生产)和"借网捕鱼"(特许连锁经营)。

"美特斯·邦威"起家于1994年温州的一个加工厂,由于资金紧缺,外包是其迅速扩张的捷径之一。如果一家工厂年产量是2500万件套服装,至少需要5亿的投资。因而,在1995年,当很多服装企业还在比设备先进性和厂房大小时,"美特斯·邦威"把原有的工厂卖掉,公司董事长周成建提出了"以创新求发展,借助外厂力量求发展"的思路。公司先后与广东、江苏等地的200多家具有一流生产设备、管理规范的服装加工厂建立长期合作关系,并由公司派出技术组进行指导培训,派驻质检部严把质量关,公司则把精力放在经营品牌上。

(三)扁平化组织

扁平化组织就是管理层次相对较少,管理幅度较宽,高层与基层直接沟通,职能机构相对精简的一种横向组织。这种组织的优点是上下级关系密切,信息纵向流动快,管理费用低。由于被管理者有较大的自主权、积极性和满足感,利于管理者管理活动的开展。缺点是管理幅度较宽,权力分散,不易实现严格控制。

案例链接

格兰仕的变革

由于垂直式的科层管理与生产的协同制造、大规模定制之间存在着矛盾,早在几年前,知名家电企业格兰仕就进行了一场组织架构扁平化的内部管理变革,去掉了集团内部层层架构的设置,最终形成了决策、管理、执行三层结构制,由八位副总经理分管八个领域,"把一个集团变成了一个工厂"。企业组织实现从"金字塔"向"扁平化"转变,整个企业的反应能力迅速提高。

扁平化管理的好处显而易见,但这种管理方式并非对所有企业都适用。实施扁平化管理,要削弱中层管理者的权限,这可能会遭到他们自觉不自觉的抵制,使变革的努力被削弱,甚至中途夭折。要想使扁平化管理得到真正落实,必须首先调动中层人员的主动性。

(四)柔性组织

柔性组织是指与动态竞争条件相适应的具有不断适应环境和自我调整能力的组织。柔性组织无论是在管理体制上,还是在机构的设置上都具有较大的灵活性,对企业的经营环境有较强的应变能力,它是在废除科室制和推广项目小组形式的热潮中逐渐形成的。市场环境的瞬息万变,要求企业必须变革传统的刚性组织管理,实现柔性组织管理。

柔性组织的基本特征主要表现为以下四点:

1. 弹性领导关系。柔性组织虽然也有正式的组织结构,但为适应市场竞争的需要,领导关系常有变动和调整。

2. 决策权分散。权力下放到基层,每个员工或每个团队获得独立处理问题的权力,以应付各种突变情况和适应各种变化的条件。

3. 横向沟通增加。各部门间和岗位间的任务、职责分工比较笼统,常常需要通过横向协调而加以明确和调整。

4. 对外开放。柔性组织成立的出发点就是适应环境的变化,要求组织的其组成方式与环境的变化相同步。

三、管理方法的创新

管理方法是指组织用来实现管理目标而运用的手段、方式或途径的总称,也就是运用管理原理实现组织目的的方式。任何管理都要选择、运用相应的管理方法。

管理方法是在组织资源的整合过程中所使用的工具,直接涉及组织资源的有效配置。管理方法包括行政方法、经济方法、法律方法和教育方法等,这些方法在实际运用过程中都有其优点和缺点,组织应根据管理目标的需要采取不同的方法。

在现代管理中,运用得比较多的方法有人本管理法、目标管理法和系统管理法。

(一)人本管理法

人本管理法是以人为中心的管理方法,即"以人为本"的管理模式,它不同于"见物不见人"或把人作为工具、手段的传统管理模式,而是在深刻认识人在社会经济活动中的作用的基础上,突出人在管理中的地位,实现以人为中心的管理。在管理手段上,它强调人的主动性和积极性,实现人力资源的优化配置,进而促进组织的发展。

(二)目标管理法

目标管理源于美国管理学家彼得·德鲁克,他在1954年出版的《管理的实践》一书中,首先提出了"目标管理和自我控制的主张",认为"企业的目的和任务必须转化为目标。企业如果无总目标及与总目标相一致的分目标,来指导职工的生产和管理活动,则企业规模越大,人员越多,发生内耗和浪费的可能性越大"。目标管理法是让企业的管理人员和员工亲自参加工作目标的制定,在工作中实行"自我控制",并努力完成工作目标的管理方法。

(三)系统管理法

系统管理法是指将管理对象作为一种系统,并利用系统科学的理论,借助计算机等管理工具,实施管理活动的一系列科学管理方法的总称,它是将现代科学技术运用于管理活动中的方法。

系统管理法具有以下特点:

1. 它以目标为中心,始终强调系统的客观成就和客观效果。
2. 它以整个系统为中心,决策时强调整个系统的最优化,而不是子系统的最优化。
3. 它以责任为中心,每个管理人员都被分配给一定的任务。
4. 它以人为中心,每个工作人员都被安排进行有挑战性的工作,并根据其工作成绩来付给报酬。

 案例链接

神秘食客

某网上论坛曾发表一个"招聘兼职神秘食客,吃饭能报销,还有钱拿"的帖子,引来大量网友关注。发布者为广州某市场研究公司。该公司称,他们受麦当劳(中国)有限公司委托,招聘兼职人员随机到麦当劳各门店内购买食品(可以报销),在麦当劳员工不知情的情况下,监督他们的服务流程。

媒体报道后,麦当劳公司也作出回应,他们表示,"神秘食客"招聘的目的在于帮助麦当劳员工积极、努力地为顾客服务,而不是人前一个样,人后一个样。市场的反馈显示,该机制对于提高员工的服务质量起到了促进作用。

(资料来源:http://wenku.baidu.com/)

四、管理模式的创新

管理模式是指基于一整套相互联系的观念、制度和管理工作方法的总称。

在现代企业中,管理的模式主要有六种:

1. 亲情化管理模式。

这种管理模式试图通过家族血缘关系来实现对企业的管理。

2.友情化管理模式。

这种管理模式在企业初创阶段,能促进企业发展和壮大。

3.温情化管理模式。

这种管理模式通过强调通过人情味来进行管理。

4.随机化管理模式。

这种管理模式要么表现为民营企业中的独裁管理,要么表现为政府对企业的过度行政干预。

5.制度化管理模式。

这种管理模式强调按照已经确定的规则来推动企业管理。

6.系统化管理模式。

这种管理模式通过完成企业组织机构战略愿景管理、工作责任分工、薪酬设计、绩效管理、招聘、全员培训、员工生涯规划等七大系统的建立来完成对企业的管理。

不同的管理模式会产生不一样的管理结果,各类管理模式本身也有优缺点,为了更好地促进企业的发展,管理者要注重管理模式的创新。

案例链接

处方报警

现在有些医院的医生受到利益驱使而乱开药。媒体经常会公布一些"处方"事件。有时,感冒就用去上千元医药费,引得百姓怨声载道。

东南大学某附属医院为此引进了一个处方管理软件。当医生开出成分和功效相近的药物,或者当医生的医药处方超过一定数额时,软件就会直接报警,并把信息及时传到医务科办公室。这样,医生就不能为了利益而随心所欲了。

(资料来源:http://wenku.baidu.com/)

五、管理制度的创新

管理制度主要包括人事制度、工资制度、财务制度、生产管理制度等。制度创新是管理创新的根本保证,没有完善的管理制度,任何先进的方法和手段都不能充分发挥作用。

(一)提高组织运行要素的有效性

现代企业管理制度的四个主要管理对象是人、财、物、信息,所以在寻求管理制度创新过程中,需要从这四个要素入手,找到新的思路。

(二)不断完善和创新组织规范

组织规范是每个成员都必须遵守的行为标准。组织成员的态度和行为如果符合这种规范,组织就会加以肯定,而当成员偏离或破坏这种规范时,组织就会运用各种纠正办法,使其回到规范的范围内。离开了组织规范,组织的活动就无法顺利进行。

 案例链接

YT 公司的薪酬制度改革

YT 公司是一家大型的电子企业。2006 年,该公司实行了企业工资与档案工资脱钩,与岗位、技能、贡献和效益挂钩的"一脱四挂钩"工资、奖金分配制度。

一是以实现劳动价值为依据,确定岗位等级和分配标准。公司将全部岗位划分为科研、管理和生产三大类,每类又划分出十多个等级,每个等级都有相应的工资和奖金分配标准。科研人员实行职称工资,管理人员实行职务工资,工人实行岗位技术工资。科研岗位的平均工资是管理岗位的两倍,是生产岗位的四倍。

二是以岗位性质和任务完成情况为依据,确定奖金分配数额。每年对科研、管理和生产工作中有突出贡献的人员给予重奖,最高的达到八万元。总体上看,该公司加大了奖金分配的力度,进一步拉开了薪酬差距。

YT 公司注重公平竞争,以此作为拉开薪酬差距的前提。这样既稳定了科研人员队伍,又鼓励了优秀人员脱颖而出,为企业的长远发展提供源源不断的智力支持。

(资料来源:http://www.gzgp.org.cn/a/yinanjieda/173.html 编者节选整理)

任务三 创新性思维

 问题导入

和尚买梳子

李四是位梳子推销员,他每天走街串巷,到处推销工艺梳。一天,李四无意间经过一处寺庙,望着人来人往的寺院,一下子有个主意,于是径直进了寺院。

施见面礼之后,李四对方丈说:"贵院香火十分兴旺,但是我有一种方法可以使贵院的香火收入增加一倍。我们的梳子功效神奇,可以活血化瘀和防止脑血管硬化,你们如果利用好它的特效功能,对前来进香捐赠的香客给予一定的回赠,刻上'积善'两字。这样香客会更加敬佛和增加捐赠的。"方丈一听有理,立刻与李四签订了长期合作的协议。

思考:
1. 和尚不需要梳头发,为什么方丈还要与李四签订长期合作协议购买梳子?
2. 你从这则案例中获得怎样的启示?

一、创新性思维的涵义

创新性思维是指打破固有的思维模式,产生富有创造性的、指导性的思维。

二、创新性思维的基本特征

一般来讲,创新性思维具有以下基本特征:

独创性,指思维不受传统习惯和先例的禁锢,超出常规。

新颖性,指思维标新立异。

联想性,指面临某一种情境时,思维可向其他方向发展。这实质上是一种由此及彼、由表及里、举一反三、融会贯通的思维。

灵活性,指思维突破"定向""系统""规范""模式"的束缚。

三、创新性思维的表现形式

(一)理论思维

理论思维又称"逻辑思维",是指以科学的原理、概念为基础来解决问题的思维活动。理论思维是一种基本的思维形式。

(二)多向思维

多向思维也叫"发散思维""辐射思维"或"扩散思维",是指在某一问题或事物的思考过程中,不拘泥于一点,而是尽可能多方向扩展,并且从扩散的思考中求得多种设想的思维。

(三)侧向思维

侧向思维又称"旁通思维",就是避开问题的锋芒,利用其他领域里的知识,侧向迂回地解决问题的一种思维形式。"他山之石,可以攻玉",当我们在一定的条件下解决不了问题,可以用侧向思维来找到突破口。

(四)逆向思维

逆向思维是指与一般思维方向相反的思维方式,也称"反向思维"。

(五)联想思维

联想思维是指由某一事物联想到另一种事物,即由所感知或所思的事物、概念或现象的刺激而想到其他的与之有关的事物、概念或现象的思维过程。

(六)形象思维

形象思维就是对生活中的各种现象进行选择、分析、综合,然后加以艺术塑造的思维方式。它也可以被归纳为与传统形式逻辑有别的非逻辑思维。

四、管理创新的方法

根据对创新性思维的含义、基本特征和表现形式的分析,在管理学领域,目前常用的管理创新方法有以下几种:

(一)头脑风暴法

头脑风暴法适用于解决比较简单、确定的问题。

(二)逆向思考法

逆向思考法也叫"求异思维",它是对司空见惯的已成定论的事物或观点反过来思考的一种思维方式。

当人们按照常规来思考问题时,常常受到经验的支配,不能全面地、正确地分析事物,而倒过来想一下,采用全新的观点看待事物,却往往有新的发现。

老师讲故事

踢垃圾桶的男孩

沙克是一个老人,退休后,在学校附近买了一间简陋的房子。住下的前几个星期还很安静,不久有三个年轻人开始在附近踢垃圾桶闹着玩。老人受不了这些噪音,出去跟年轻人谈判。"你们玩得真开心"他说,"我喜欢看你们玩得这样高兴。如果你们每天都来踢垃圾桶,我将每天给你们每人一块钱"。三个年轻人很高兴,更加卖力地表演"足下功夫"。不料三天后,老人忧愁地说:"通货膨胀减少了我的收入,从明天起,只能给你们每人五毛钱了。"年轻人显得不大开心,但还是接受了老人的条件。他们每天继续去踢垃圾桶。一周后,老人又对他们说:"最近没有收到养老金支票,对不起,每天只能给两毛了。""两毛钱?"一个年轻人脸色发青,"我们才不会为了区区两毛钱浪费宝贵的时间在这里表演呢,不干了!"从此,老人又过上了安静的日子。

(资料来源:http://www.360doc.cn/article/5202148_309562310.html)

（三）组合创新法

组合创新法指按照一定的技术原理，通过将两个或多个功能元素合并，从而形成具有新功能的新产品、新工艺、新材料的创新方法。

组合创新是一种极为常见的创新方法，目前，大多数创新的成果都是通过这种方法取得的。组合创新的形式主要有以下几种：

1. 功能组合。

功能组合就是把不同物品的不同功能、不同用途组合到一个新的物品上，使之具有多种功能和用途。比如，按摩椅就是按摩功能和椅子功能的结合体。

2. 意义组合。

意义组合产品的功能不变，但被赋予了新的意义。比如，在衬衫上印上旅游景点的标志和名字，就变成了具有纪念意义的旅游商品。

3. 构造组合。

构造组合是指把两种东西组合在一起，使其具有新的结构，并带来新的实用功能。比如，房车就是房屋与汽车的组合，它不仅可以作为交通工具，还可以作为居住的场所。

4. 成分组合。

两种物品成分不相同，组合在一起后，就构成了一种新的产品。比如，柠檬和红茶组合在一起，就成了柠檬茶。鸡尾酒采用的也是成分组合。

5. 原理组合。

原理组合是指把原理相同的两种物品组合在一起，产生一种新产品。比如，将几个相同的衣架组合在一起，就可构成一个多层挂衣架，从而达到充分利用衣柜空间的目的。

6. 材料组合。

材料组合不仅可以改善原物品的功能，还能带来经济效益。比如，现在电力工业使用的远距离电缆，其芯用铁制造，外层则用铜制造。由两种材料组合制成的电缆，不仅保持了原有材料的优点（铜的导电性能好，铁硬而不下垂），还大大降低了输电成本。

（四）联想创新法

联想创新法是借助想象，把形似的、相连的、相对的、相关的或具有相通之处的事物相联结，从而产生新想法的一种方法。常见的联想创新法主要包括以下几种：

1. 接近联想。

它是指根据事物在空间或时间上的接近性进行联想，进而产生某种新设想的思维方式。

老师讲故事

苏公妙计

苏东坡当年在杭州任地方官的时候，西湖的很多地段都因被泥沙淤积，形成了所谓的"葑田"。苏东坡多次巡视西湖,反复考虑如何加以疏浚,再现西湖美景。有一天,他想到,把从湖里挖上来的淤泥堆成一条贯通南北的长堤,既便利来往的游客,又能增添西湖秀美。苏公妙计,一举两得。

(资料来源:http://wenku.baidu.com)

2. 类似联想。

大脑受到刺激后会自然地想起与这一刺激相类似的动作、经验或事物,如学习中的"高原现象"与企业成长阶段的"瓶颈"等。

3. 对比联想。

对比联想是根据事物之间存在着的互不相同或彼此相反的情况进行联想,从而引发出某种新设想的思维方式。

案例链接

丑陋的昆虫

一个美国人发现有几个孩子在玩一只昆虫,这只昆虫不但满身污垢而且长得十分难看,他想市场上都是些形象优美的玩具,假如生产一些丑陋的玩具投入市场会如何呢?结果这些玩具给他带来了丰厚的利润。

(五)类比创新法

类比创新法,又称"综摄法",是由美国麻省理工大学教授威廉·戈登于1944年提出的一种利用外部事物启发思考、开发创造潜力的方法。戈登发现,当人们看到一件外部事物时,往往会得到启发思考,即类比思考。这种思考的方法和意识没有多大联系,反而是与日常生活中的各种事物有紧密关系。

1. 拟人类比。

进行创造活动时,人们常常将创造的对象加以"拟人化"。例如,挖掘机是模拟人体手臂的动作来进行工作的。它的主臂如同人的上下臂,可以左右上下弯曲,铲斗似人的手掌。

2. 直接类比。

从自然界或者已有的成果中找寻与创造对象相类似的东西。例如,电视信号发射塔的要求既有抗各级风力的性能,又能满足发射信号的需要。人们发现山上的云杉树受狂风长年累月的袭击,底部直径显著增大,树形长成了圆锥状,于是出现了圆锥形的电视塔。

项目十一　管理创新

3.象征类比。

象征是指用具体的事物或符号表示某种特定的意义,如鸽子象征和平,手形"V"象征成功、胜利等。象征类比是指将新事物的某些问题,运用具体的形象或象征性符号作类比描述,从而使新事物更具有创造性。

实践活动

（一）实训目的

1.通过创新思维训练,激发个人及团队的创新热情和战斗力,建立并运作高绩效创新团队。

2.通过创新思维训练,培养学生的联想思维能力。

（二）实训内容

1.联想接龙游戏。

"想到……就想到……"如想到米饭,就想到碗;想到碗,就想到筷子,想到筷子,就想到……以此类推。

安排学生分为 A、B 两组,进行游戏接龙,完成以下联系时间最短的小组胜出。

风——（　　）——（　　）——（　　）——收音机

2.请写出与"m"相似或相近的东西,写得越多越好,十分钟内完成,总数者最多胜出。

基础训练

一、单项选择

1.管理创新具备以下特点,除了（　　）。
　　A. 系统性　　　　B. 职能性　　　　C. 动态性　　　　D. 确定性

2.创新性思维的基本特征不包括（　　）。
　　A. 系统性　　　　B. 独创性　　　　C. 新颖性　　　　D. 灵活性

3.在操作头脑风暴法的过程中,应该遵循的原则不包括（　　）。
　　A. 以量求质原则　　　　　　　B. 当场评判原则
　　C. 自由畅想原则　　　　　　　D. 限时限人原则

4."挖土机"的发明是以下哪一种创新方法的运用（　　）。
　　A. 逆向思考法　　　　　　　　B. 联想创新法
　　C. 组合创新法　　　　　　　　D. 类比创新法

5.以下不属于组合创新法的是（　　）。
　　A. 按摩椅　　　　B. 房车　　　　C. 鸡尾酒　　　　D. 电视发射塔

二、多项选择

1. 管理创新的过程包括哪些阶段（　　）。
   A. 发现问题并分析问题产生的原因和背景
   B. 提出创新方案并进行筛选
   C. 创新方案的贯彻与实施
   D. 创新方案的修正与模式确立

2. 以下属于组织结构创新的有（　　）。
   A. 学习型组织　　B. 虚拟组织　　C. 扁平化组织　　D. 柔性组织

3. 以下属于管理创新内容的有（　　）。
   A. 组织结构创新　B. 管理模式创新　C. 管理制度创新　D. 管理理念创新

4. 组合创新的形式主要有（　　）。
   A. 功能组合　　B. 意义组合　　C. 材料组合　　D. 性质组合

5. 以下属于管理创新的方法的有（　　）。
   A. 头脑风暴法　　B. 反向思考法　　C. 直接类比　　D. 成分组合

案例分析

清扫电线上的积雪

美国北部某地区冬季格外严寒，大雪纷飞，电线上积满冰雪，大跨度的电线常被积雪压断，严重影响了通信。过去，许多人试图解决这一问题，但都未能如愿以偿。后来，某电信公司经理尝试着解决这一难题。他召开了一次座谈会，参加会议的是不同专业的技术人员，他要求与会人员必须遵守以下四项原则：

1. 自由思考，即要求与会者尽可能解放思想，不受拘束地思考问题并畅所欲言，不必顾虑自己的想法或说法是否符合常规做法和逻辑。

2. 延迟评判，即要求与会者在会上不要对他人的设想品头论足，不要发表"这主意好极了""这种想法太离谱了"之类的贬抑或赞誉之词。至于对设想的评判，留给会后组织人员来考虑。

3. 以量求质，即鼓励与会者尽可能多地提出设想，以大量的设想来保证有价值的设想的产生。

4. 综合改善，即鼓励与会者积极进行智力互补，自己提出设想的同时，注意考虑如何把两个或更多的设想结合成一个更完美的设想。

按照这种会议规则，大家纷纷发表意见。有人建议设计一种专用的电线清雪机；有人想到用电热来化解冰雪；也有人建议用振荡技术来清除积雪；还有人提出能否带上几把大扫帚，乘坐直升机去扫电线上的积雪。对于这种"坐飞机扫雪"的设想，大家心里尽管觉得滑稽可笑，但在会上无人提出疑义。

有一位工程师在百思不得其解，听到用飞机扫雪的想法后，突发奇想，于是，一种简单可行且高效率的清雪方法就此产生了。他想,每当大雪过后,出动直升机沿积雪严重的电线飞行,依靠高速旋转的螺旋桨产生的风力即可将电线上的积雪迅速吹落。于是他马上提出"用直升机扇雪"的新设想,这个设想又引起其他与会者的联想,有关用飞机除雪的主意一下子又多了七八条。不到一小时,与会的十名技术人员共提出九十多条新设想。

会后,公司组织专家对设想进行分类论证。专家们认为设计专用清雪机、采用电热或电磁振荡等方法清除电线上的积雪,在技术上虽然可行,但研制费用大,周期长,一时难见成效。那种由"坐飞机扫雪"激发出来的几种设想,倒是一种大胆的新方案,如果可行,将是一种既经济又高效的好办法。

经过现场试验,公司发现用直升机扇雪果然奏效,一个悬而未决的难题,终于巧妙地得到了解决。

思考:

1.该案例中运用了哪一种管理创新方法?该方法在实际操作中需要遵循哪些原则?

2.提出班级中存在的一个问题,并运用上述方法寻找新的解决方案。

参考文献

[1] 杨华.管理学基础[M].大连:大连理工大学出版社,2014.
[2] 张金成.管理学基础[M].北京:人民邮电出版社,2015.
[3] 张来顺.管理学基础[M].湖南:湖南师范大学出版社,2013.
[4] 吴锐.管理学基础[M].北京:首都经济贸易大学出版社,2009.
[5] 闫叔全.管理学原理[M].北京:人民邮电出版社,2013.
[6] 广小利,李卫东.管理学[M].北京:北京理工大学出版社,2016.
[7] 周三多,陈传明,鲁明泓.管理学原理与方法[M].上海:复旦大学出版社,2009.
[8] 王凤彬.管理学教学案例精选[M].上海:复旦大学出版社,2009.
[9] 张一驰,张正堂.人力资源管理教材[M].北京:北京大学出版社,2010.
[10] 朱林.管理原理与实训教材[M].北京:北京邮电大学出版社,2008.
[11] 单凤儒.简明管理学[M].北京:首都经济贸易大学出版社,2008.
[12] 兰丽丽,沈友耀,胡来龙.管理学基础[M].北京:北京出版社,2014.
[13] 李国政.管理学[M].北京:北京交通大学出版社,2009.
[14] 王栓军.管理学基础[M].北京:北京邮电大学出版社,2012.
[15] 朱友发,司树宏.管理学基础[M].北京:北京师范大学出版社,2010.
[16] 张彩利,靳鸿.管理学概论[M].北京:北京师范大学出版社,2010.
[17] 万强,苏朝霞,王闯.管理学基础[M].北京:教育科技出版社,2013.
[18] 李镜.管理学基础[M].大连:大连理工大学出版社,2004.
[19] 单凤儒.管理学基础[M].北京:高等教育出版社,2000.
[20] 陈海国.组织行为学[M].北京:清华大学出版社,2006.
[21] 周健临.管理学教程[M].上海:上海财经大学出版社,2001.
[22] 杨洁,孙玉娟.管理学[M].北京:北京社会科学出版社,2006.
[23] 倪杰.管理学原理[M].北京:清华大学出版社,2006.
[24] 周永生.管理学基础[M].北京:清华大学出版社,2006.
[25] 张友苏.管理心理与实务[M].广州:暨南大学出版社,2002.